爱玩好习惯

［美］麦克·拉克（Mike Rucker, Ph.D.）/ 著
陈晓颖 / 译

中国出版集团
中译出版社

The Fun Habit: How the Pursuit of Joy and Wonder Can Change Your Life
Copyright © 2023 by Mike Rucker Ph.D.
All Rights Reserved.
Published by arangement with the original publisher, Atia Books, a Division of Simon & Schuster, Inc.
Simplified Chinese Translation Copyright © 2024 by China Translation & Publishing House
著作权合同登记号：图字 01-2024-3312 号

图书在版编目（CIP）数据

爱玩好习惯 /（美）麦克·拉克著；陈晓颖译 .
北京：中译出版社 , 2024.7. -- ISBN 978-7-5001
-8001-2

Ⅰ . B848-49
中国国家版本馆 CIP 数据核字第 2024FF2089 号

爱玩好习惯
AIWAN HAO XIGUAN

作　　　者：	［美］麦克·拉克（Mike Rucker, Ph.D.）
译　　　者：	陈晓颖
策划编辑：	费可心
责任编辑：	贾晓晨
营销编辑：	白雪圆　郝圣超
版权支持：	马燕琦

出版发行：	中译出版社
地　　　址：	北京市西城区新街口外大街 28 号 102 号楼 4 层
电　　　话：	（010）68002494（编辑部）
邮　　　编：	100088
电子邮箱：	book@ctph.com.cn
网　　　址：	http://www.ctph.com.cn

印　　　刷：	北京新华印刷有限公司
经　　　销：	新华书店
规　　　格：	710 mm×1000 mm　1/16
印　　　张：	19
字　　　数：	228 千字
版　　　次：	2024 年 7 月第 1 版
印　　　次：	2024 年 7 月第 1 次印刷

ISBN 978-7-5001-8001-2　　　　　定价：89.00 元

版权所有　侵权必究
中 译 出 版 社

作者寄语

  2020年伊始，我开始着手敲定本书的终稿。当时，正值新冠疫情肆虐全球，所有人的生活都受到了巨大影响。待到这本书大功告成之时，美国已完成了百分之五十人口的疫苗接种，人们的生活进入了一种岌岌可危的新常态。毫不夸张地说，虽然这是一部关于快乐的书，却恰恰撰写于我们这代人有生以来最不快乐的岁月（但愿未来不会出现更大的不幸）。

  书中的所有想法都已经受过"正常"情况的考验，但新冠疫情却让我们遭遇了一种极端的"非常态"。疫情最严重的那段时间，大家关心的头等大事当然不可能是什么快乐，我本人也不例外。2020年5月，我大病了一场，虽然当初感染新冠病毒时被诊断为轻症状患者，但后期出现的后遗症连同疫情带来的各种压力却让我苦不堪言。我连续好几个月都处于失眠的状态，整个人能正常活着就已经不错了，哪里还敢觊觎什么快乐。虽然撰写这部作品给了我很大的满足感，但有时也会让我感觉自己是个冒名的骗子，每天都在奋笔疾书，写了一章又一章关于快乐的内容，自己却没有任何切实的感受。但是话说回来，我虽然有这样、那样的挫败和沮丧，但仍然觉得自己非常幸运。要知道，疫情影响了几百万人的生计，很多人失去了家人、朋友，当然，最不幸的还是那些被疫情带走的无辜生命。那段时间，与失控的病毒同样可怕的还有甚嚣尘上的种族歧视、屡见不鲜的不法不公、日益严重的政治动荡以及难以遏制的气候变化。全世界老百姓的日子都痛苦不堪，很多人最基本的生理和心理需求都无法满足，哪里还会为更高层次的精神追求而劳心费神。

如果说当时严峻的事态还有哪怕一丝好处，那就是它给了我们一个千载难逢回顾过往的机会——包括我们的日程安排、生活节奏、娱乐消遣和心中执念——让我们开始思考一些重要的问题：眼下的生活是我想要的人生吗？哪些是命运的巧合？哪些是我执着的结果？我还可以活得更加从容吗？我们甚至可以问问自己：日子还能过得更快乐些吗？

如果大家也在思考这些问题，一定能从这本书中找到一些答案。不管疫情之于我们是怎样一种存在，至少它让我们对书中即将探讨的几个重要概念有了些许感悟。疫情期间，我们都深切体会到了浪费生命、放弃爱好的痛苦，被迫与朋友和家人切断往来的孤独，以及与世隔绝的百无聊赖。之前总有人说"所谓的安全感，不过是一种盲目的迷信"，原来这话有一定的道理，那段时间，我们每个人都盼着找回曾经可以"勇敢探险"的生活。

没错，我们确实应该即刻找回"勇敢探险"的生活，找回属于我们的快乐——帮助亲人、朋友和整个世界回归到快乐的日常。

导 言

我这个人,大半辈子都在追求所谓的幸福。然而,幸福就像一个谜题,我始终未能找到答案。小时候,我一心盼着能在加州小城戴维斯找到自己的一席之地;后来,寻找幸福未果,我年纪轻轻就挣脱了家庭的束缚,跑到了外面的世界。从那以后,我便踏上了追求幸福的漫漫长路。

每个人都想过上幸福的日子,可是很多人都不清楚,幸福其实是一种需要学习的技能。当今世界,获取幸福似乎已经成为一种产业,各路专家、机构、组织都在研究如何能一劳永逸地解决"幸福"的问题。关于幸福的书更是一本接着一本地问世,分别从神经、心理、宗教、精神等各个方面对幸福进行了探讨。目前,大家似乎已经达成一个共识,那就是:一个人幸福与否,与财富、成就或任何其他外在因素都无直接关系。我们在追求幸福的路上总会遭遇各种困难和挑战,因此难免会感到茫然和无助。

似乎每个人都觉得只要获得幸福,人生的各种难题就可以迎刃而解。然而,事实却是:婴儿潮一代无法找回儿时的快乐,年轻一辈更是终日处于孤独、焦虑、透支的状态。大家都以为只要激活"幸福开关",其他困难便可以迎刃而解,不管外界形势多么严峻,也不妨碍我们获得内心的满足。让人意外的是,很多办公大楼甚至设置了禅修室。

然而,大家很快就会发现,追求幸福其实是个巨大的陷阱,对于大多数人来说,这种操作不仅不会让我们得到幸福,反而会让我们离幸福越来越远,我本人就是幸福陷阱的受害者。2016年,我一度狂妄地以为自己已经解锁了所有幸福密码:婚姻和睦,两个孩子都很健康;事业有成,身体强健,甚至参加过两届铁人三项赛;游历甚广,足迹遍布了世界五大洲;博士毕业,学术颇有造诣,在自己的专业领域也算小有名气。在外界看来,我就是人生赢家,日子过得应该不错。身为国际积极心理学协会的特许会员,我早已将"幸福"作为自己的研究方向,并潜移默化地将各种前沿发现应用在自己的生活当中。另外,我还是"量化自我"理念的忠实拥趸:不仅会从质量上优化自己的人生,还会对其进行准确的定量研究——我会标记出自己快乐和痛苦的日子,努力找出可能的相关联系,继而找到幸福的方法。可以说,我已经竭尽全力,但凡是我听说过的手段,都一一做过尝试。

对了,我还是一个非常活跃的博主,一直坚持更新自己的博客,每个季度(即3月、6月、9月、12月的23号前后)还会向读者发送简报。2016年6月23日,又到了我发布简报的日子。一切准备就绪,我按下发送键,有一种长跑跑到最后一圈胜利在望的感觉。我在简报最后讲述了自己与哥哥布莱恩刚刚一起完成的一项心愿——我俩成功挑战了目前全世界最快、最高的金达卡过山车[①]。

[①] 金达卡过山车:被称为"世界过山车之王",2005年5月在美国新泽西州落成。——编者注

可是，万万没想到，距离我发布那篇简报还不到二十四小时，我哥哥就毫无征兆地因肺栓塞离开了人世。一切都让人感觉难以置信：我的朋友、家人和读者还在津津有味地观看着我和哥哥的冒险经历，哥哥却已经无情地离开了我们。哥哥离世的噩耗让我充分意识到人生的无常，很多事情一旦错过，就真的没机会弥补了。震惊过后，我更大的感受是伤心难过，内心久久无法平静，不由自主地开始怀疑自己曾经的认知。

那之后没多久，我也不幸住进了医院，需要做一个髋部的大手术。手术苏醒后，我发现下肢一点知觉也没有，当时的我，真的再也无法维持积极乐观的心态了。以前的我，身体健康，阳光向上；如今的我，只感觉自己成了废人，终身再也无法参加竞技跑步了。我之前掌握那么多积极心理学的手段，当下却已全部失灵：不管我如何静心冥想，如何记录感恩日记，始终无法把幸福抓在手中，之前的所有招式都成了百无一用的花拳绣腿。我一直信奉所谓的幸福，如今却显得杯水车薪，这种认知上的落差越发加剧了我内心的痛苦。我一直以为自己活得很通透，如今却彻底迷失了自我。

谢天谢地，下肢终于恢复了知觉。我在接下来的几个月里接受了康复训练，其间也明白了一些宝贵的道理。我开始反思：是不是正因为我对幸福过于执着，反而才造成了自己今天的痛苦？果然，当我不再因为不够幸福而苛责自己时，神奇的事情真的发生了。之前，我把所有精力都用在了追求幸福上，如今才发现，我还有很多其他事情可做。我不再纠结于自己失去的东西，开始更多地关注当下，积极采取行动，主动寻找快乐。我们在后面部分将探讨很多寻找快乐的方法——可以是发挥创意与太太加强沟通这样的日常小事，也可以是打破常规、一举两得的物理治疗。感谢康复训练，不仅让我变成了一个肢体更加协调的舞者，还加深了我和女儿的父女之情。

随着时间的流逝，我的想法逐渐成熟，有种茅塞顿开的感觉。我终于明白，自己对幸福的追求——无论是在手术之前，还是在康复期间——不仅毫无收获，而且还对我造成了伤害。我花了太多时间和精力追求幸福，却忘记了应该好好地感受生活。

我的全新认识完全可以找到科学依据。人类之所以想要追求幸福，是想通过物质追求或行动手段来提高自己存活的概率。如果我们总是满足于现状，就可能导致止步不前。很多时候，激励我们前进的不是对幸福的追求，而是对现状的不满。虽然很多人早已参透了其中的道理，但依然有太多人在追求幸福的路上前赴后继。我们每个人都像极了西西弗斯，一直在机械地将巨石推到山顶，然后再看着它回落到山下。我们一直在坚持不懈地付出，希望自己能活得更加幸福，却从来不去思考自己的努力是否真的有价值。

如今，我对幸福的态度已经发生了一百八十度的大转变：刻意地追求幸福只会让我们更加关注自身缺失的东西，进而给我们造成更多的痛苦。（最近一些针对幸福的研究也印证了我的这一观点，后续我们还将一起探讨。）我渐渐明白，因为哥哥的离去而难过，因为自己的健康状况而担忧，这些都属于悲剧发生后的正常反应，悲伤和痛苦是生而为人无法避免的感受；然而在以前，我一直无视自身所处的现实情况，只是一味地追求幸福，甚至想要克服内心的悲伤、压抑的痛苦，所以才被推入了更加悲惨的深渊；在以前，我过分相信幸福的力量，完全忽略了体会、感受和哀悼也是人生不可或缺的重要部分。

话虽如此，如果我的痛苦真的来源于对幸福的过分执着，我该怎样做才能让自己活得更加轻松呢？深陷至暗时刻，我该如何重新找回光明呢？我不再纠结于自我反省，开始认真思考如何遵从本心，更好地发挥主动性和能动性；我也放下了自我苛责，开始主动采取行动，更加积极地面对生活。虽然我还是会悲伤难过，但却再次有了醍醐灌顶的发现：我无法保证自己时刻活得幸福，却可以让快乐与我长久相伴。只要稍加用心，我们就能营造出开心愉悦的时光——没错，即使伤心难过，也不耽误我们开心地生活。后面我们会具体谈到这一点，快乐可以与很多情绪并存，甚至可以超越其他情绪，成为我们当下心情的主宰。

快乐与幸福不同，快乐不是为了应对状况所做出的反应，而是一种实实在在的行动方向。我们可以随时掌控，可以随时激活。快乐的好处毋庸置疑，对我们的身心都有帮助，我们无须再患得患失，追求快乐可以带给我们巨大的力量。

快乐是提升幸福感的直接神经路径——据我所知，快乐也是一种需要训练才能掌握的技能，对我们这些深谙成人之道的大人来说尤为如此。而相比之下，小孩子倒是快乐的行家里手，因为他们不必面对摆在成人面前的三大阻碍：

1. 我们从小到大一直被灌输，追求快乐是幼稚且不当的行为。
2. 我们对快乐带给自己身心的好处，存在严重的认识不足。
3. 我们作为忙碌的成年人，要想追求快乐，必须做到有章可循。

我知道，这种反常规的建议听上去会让人有点不快乐。

不过请大家放心，读完这本《爱玩好习惯》，我们一定会对快乐的意义与价值有更加科学的认识，也能学会更多将快乐融入日常生活的技能和手段。所有方法都真切自然，不会让人感觉装腔作势、刻意逢迎；我利用这些手段不仅提升了本人的幸福感，还帮助了很多身边的朋友。

　　当然，我并不是什么闭关修炼的大师，我提出的"放弃追求幸福、开始寻求快乐"的理念有着非常充分的科学依据，后续我们将谈到的很多想法和技巧也都是我和团队研究多年的成果。每个人都有能力活得更加快乐，有些人只是还未找到合适的方法，而这本书一定能为大家提供相应的帮助。

目 录

第1章　快乐解药 / 01

第2章　玩耍时间 / 29

第3章　体味人生 / 65

第4章　朝花夕拾 / 91

第5章　胜利逃亡 / 109

第6章　天缘奇遇 / 131

第7章　奇葩友情 / 153

第8章　快乐育儿：如何走过
　　　　从新手父母到空巢家长的漫漫长路 / 171

第9章　快乐职场 / 199

第10章　苦中作乐，成就自我 / 231

第11章　快乐为本，扭转乾坤 / 257

结语：快乐星球 / 279

谨以此书献给我的哥哥布莱恩·洛克（Brian Rucker）。待到重逢之日，我希望见到你有亲人相伴，有朋友相随，可以吃喝玩乐、鼓腹含和。感谢有你，提醒我不要虚度光阴；感谢有你，让我有动力完成这部作品。我相信，未来会有更多快乐时光等着我。我知道，你会乐见我在快乐的路上继续探索。

爱你，我的哥哥。

第 1 章
快乐解药

> 曾经，我以为自己拥有一切
> ——身价百万、深宅大院、美女香车、华丽衣衫，应有尽有。
> 如今，我只想拥有内心的安宁。
> ——理查德·普赖尔（Richard Pryor）

那是一个寒冷的冬日，生活在无聊的亚利桑那州凤凰城的威尔·诺瓦克（Will Novak）突然收到一封邮件，内容是邀请他参加一场新郎婚前的单身派对。整个周末的活动安排听上去很有趣，除了可以在佛蒙特州纵情滑雪，还可以一边欣赏雪景一边体验烧烤、享用啤酒和意大利美食。美中不足的是威尔跟新郎安吉洛（Angelo）根本不认识，伴郎团里也没有他认识的人。他之所以会收到邀请，完全是因为办事的人发错了邮件。[邮件本来是要发送给伴郎团的比尔·诺瓦克（Bill Novak），结果不小心发给了威尔。] 不过，即使是错发的邮件，依然让威尔心情愉悦，他的小孩出生不到一年，终日操劳的他非常渴望能有机会放纵一下。

他越想越开心，于是便给对方回复了邮件："那我可真的去了？！从你们发来的邮件看，新郎安吉洛应该是个不错的家伙，我愿意送他步入婚姻的殿堂，希望他的另一半也跟他一样优秀。"因为知道组织者要统一购买服装，威尔还特意在邮件中说明了自己T恤的尺码。

当然，威尔根本没指望对方会再给他回信，可没想到，再小的石子也会掀起涟漪。伴郎团的人都觉得威尔是个搞笑的家伙——一定能给派对带来更多欢乐。就这样，威尔再次收到了邮件："如果你真的想来，我们也真的欢迎！"

这下换到威尔为难了，他真的想去吗？这趟旅程价格不菲，需要将近一千美元，他能把妻子和小孩留在家里，自己一个人出去疯狂吗？再说了，家里还要重新装修，经济压力本来就不小，他可以自己出去玩吗？还有……他真的要去参加一个陌生人的派对吗？可最后，他又转念一想，自己从十四岁起就再没滑过雪，如今的日子虽然过得充实，但跟大多数新手父母一样，"尿不湿轰炸"和睡眠不足已经成了自己当下人生阶段的最大刺激源。

于是，他没有拒绝邀请，反而斗志昂扬地在网上发起了一场众筹，筹钱的目的写得非常坦诚，"筹钱参加陌生人的单身派对"。老实讲，一个睡眠不足的新手爸爸和一群计划狂野派对的年轻哥们能够做出如此不靠谱的决定也不足为奇，但事情接下来的走向可就有点让人捉摸不透了：网上竟然有几十人——最后发展到几百人——参与了众筹，大家放下手里的正事，专门登录到相关网站，掏出腰包留下了几美元。就这样，还没等到截止日期，威尔就已经筹足了此次行程的所有费用：一共有224人参与了捐款，消息被转发了6 300次，共筹集资金4 615美元。（威尔把多出来的部分作为"奶粉钱"送给了新郎和已经身怀六甲的新娘。）

如果大家也觉得这件事有点荒唐，不妨设身处地想想威尔的感受：

抓住犯傻搞笑的机会

勇敢冒险，感受肾上腺素的飙升

跳出日常，享受无与伦比的快乐

来一场说走就走的旅行，开开心心地玩上一回

结识新的朋友

暂时逃离现实的喧嚣

威尔的经历说白了就是一种不加任何矫饰的纯粹的快乐。最终，他带着妻子的祝福登上了飞机，度过了一个开心的周末。那是一段他永远不会忘记的美好回忆，更让他成为别人眼中的传奇。多年以后，等到他的孩子长大了，看到自己爸爸参加派对的照片，想到他竟然会一反常规做出如此大胆的选择，孩子们一定会感到难以置信，也会忍不住开怀大笑吧。

我之所以讲这个故事，并不是想让大家都效仿威尔·诺瓦克，或是为了尝试新鲜事物而放弃本来的计划，这绝不是我撰写这本书的目的。我在这个故事中更关注的不是威尔，而是那些在场外为他摇旗呐喊的人，他们为何会有如此强烈的热情呢？大家之所以会对威尔（以及网络上各种另类的众筹项目）慷慨解囊，背后有一个非常重要的原因：

生活在这个时代，每个人都过得十分压抑，严重缺乏真正的快乐。既然我们自己无法纵情玩乐，至少可以点几下鼠标，帮助像威尔这样的家伙完成心愿。

然而，快乐对所有人来说都是——也应该是——能够信手拈来的福利。人生在世，每个人都会经历失望、痛苦和遗憾，快乐就像神奇的止痛药膏，可以缓解各种明枪暗箭带给我们的伤痛。

我们从出生的第一天起，快乐就对大脑的发育起着至关重要的作用，哪怕只是一个"躲猫猫"的快乐小游戏，也可以帮助婴孩更好地认识世界。等到再长大一点，寻求快乐又成了培养我们基本的

社交能力和运动技能的媒介，不仅能够教会我们建立和试探与他人的边界，还能帮助我们认清自己与外界的关系。到了青年阶段，寻求快乐又继续升级为我们探索世界的手段，我们可以在寻求快乐的过程中认清自身快乐的来源，可以通过扮演不同的社会身份最终找寻到成熟的自我。[《南方公园》中，谢夫（Chef）说过一句话，非常精辟，他认为"大学就是步入社会的序曲，可以让我们体验到人生的种种"。]

步入成年，我们会活得越发小心翼翼，这时候的快乐不仅可以为我们的生活增添色彩，还能帮助我们保持身心健康，因为追求快乐的过程总会伴随欢声笑语，不仅能帮我们减缓焦虑、疏解压力，甚至能帮我们提升自信和内驱动力。快乐可以改善呼吸和循环系统，降低脉搏和血压，释放更多的内啡肽。快乐可以缓解孤独和无聊情绪，帮助我们保持生命的活力。

快乐的本质如此简单，其潜力却不可限量。只可惜，大部分人成年后便放弃了保持快乐这个习惯，"我们总得长大呀，不是吗？"我记得《华尔街日报》曾经报道过这样一篇文章，标题为"寻求快乐是人类成长不该缺失的技能"。作者克莱尔·安斯贝瑞（Clare Ansberry）明确指出，很多人成年后就忘记了对快乐的追求；快乐技能之所以退化，主要是因为大家觉得快乐无用。可事实并非如此，"欢笑、放纵、开心、娱乐——这些都是生活压力的解药，可以有效化解压力、抑郁和焦虑等负面情绪"。

大家既然买了这本书，说明已经意识到自己生活中快乐严重不足。我亲爱的读者朋友，大家能有这样的意识已经很好了，要知道，很多人还一直固执地认为追求快乐只是一种分散精力、幼稚且危险的行为。我之所以如此笃定，是因为当我告诉别人自己在写一本鼓励大众追求快乐的书时，很多人都会流露出狐疑的表情，有些人会不经心地四处张望，有些人则会取笑两声后转移话题，还有些人表面上虽然点头称是，但心里却不以为然，说自己当下的状况还不允许自己把玩乐作为生活的重心。

没错，我们的社会最看重的还是生产效率，大家都认为快乐是个可有可无的"加分项"。我们不能每天都惦记着追求快乐，于是每年的度假就成了我们快乐的唯一来源。当然，有些人或许比较幸运，但最多也只能保证每个周末出去放纵一下。根据美国人力资源软件公司 Zenefits 提供的数据，美国是所有发达国家中工薪阶层带薪休假时间最短的国家，很多公司，甚至不得不利用各种制度鼓励员工休假。经年累月，我们把醒着的大部分时间都给了工作，生活中仅存的刺激完全来自旁观诸如威尔这样的奇葩选手的生活。我们整天看着他人的朋友圈过日子，从未想过其实自己也可以每天出门探险。

我虽然用了"探险"一词，但并不是真的让大家翻山越岭地去和陌生人聚会，或是参加任何其他的极限活动。我只是想说：我们应该用心生活，每天主动花时间和精力去追求快乐——我们要享受当下，不要把希望寄托在缥缈的明天，我们要"玩出快乐人生"。

要想玩出快乐人生，我们得先消除自己对快乐的偏见，充分认识到快乐对健康、幸福、成功都起着至关重要的作用。

追求劳逸结合，打造快乐生活

如今的人，完全不懂得劳逸结合，但我们又是如何走到今天这步田地的呢？大部分美国人和欧洲人都深受传统新教所宣扬的职业道德的影响，坚信努力工作是一种宝贵的美德，这也成了"美国梦"

的精神基础。对于清教徒来说,成功太重要了,不仅能定义自我价值,还能决定精神追求。为了让灵魂得到安宁,我们必须努力工作,收获更多成功,这才是人生大事!

但是,如果我们把工作视为一种神圣的存在,任何干扰因素——即所谓的快乐——也就成了可有可无的东西,甚至可能罪孽深重。

遵循这一逻辑,人们自然会推演出以下结论:要想创造财富,要想实现"美国梦",唯一的途径就是努力工作——虽然,当代社会学已经提出,个体与贫穷的关系非常复杂,但大部分人似乎依然固执地坚守着这一错误认知。记者兼社会评论家芭芭拉·艾伦瑞克(Barbara Ehrenreich)在她的《美国生存体验实录》中也充分证明了这一点。她在书中记录了自己从事各种低工资工作的经历,最后发现,如果没有个人积蓄或有效的社会保障,单凭努力工作根本无法改变勉强糊口的生存状态。

我们中大部分人还对"工作改变命运"这一言论深信不疑,认为自我价值的感受完全取决于自己的产出率。作家拉哈夫·哈夫斯(Rahaf Harfoush)曾在《忙碌与悬浮》一书中写到,强调"努力是一种美德"在工业革命时代的确有其巨大的积极性——哪怕有些努力根本无法兑现成果,同时还会让人失去快乐——因为那个时候,工作被细化成了可以计件、可以优化的重复劳动(即所谓的算法劳作),大部分人维持生计的方式都是在流水线上遵循自己的既定程序重复做同一项工作。就拿我祖父来说吧:当年,他在俄克拉何马州开了一家铸造厂,每天早上他都会和工人按时上班,每个人都非常清楚自己一天的工作任务。那种体力工作真的很辛苦,所以没人能坚持太长时间。大家都知道自己的工作量,只要把分内的活儿做完，就能得到相应的报酬。至于说工作以外的时间，绝对是工人的个人时间，工厂不会随意占用。

20世纪70年代，我们迎来了信息时代。很多人不再从事流水线的工作，转而开始在新兴的"知识领域"谋求发展。知识和创新成了可以创造财富的产品，人们不再需要与生产链轮、齿轮的机床打交道，但我们自己却变成了链轮、齿轮，变成了流水线上的各种设备，个人能力也相应地变成了可被利用、被优化的工具。我们每个人都变成了一台机器，都在没日没夜地为他人创造利润。

造成今天这一局面的因素很多，越发难以衡量的产出率就是其中一个。创意工作与流水线工作不同，前者依靠的是发散思维和过程驱动，根本没有统一定式。如此一来，工作似乎失去了明确的边界，分不清何时开始、何时结束。另外，由于工作没有可以计件衡量的明确目标，也造成很多人对自己办公时间的投入程度产生了怀疑。于是，我们为了挣钱养家，开启了"实时在线"的工作模式。再后来，先进通信工具的出现更是让我们的日子雪上加霜，无论我们身在何处，工作随时都能找上门。如今，很多居家办公的人都会深有同感，工作似乎没有做完的时候，工作、吃饭、睡觉都在同一空间进行，很难说大脑何时真正转换到了"下班模式"。除了睡觉，剩下的时间我们似乎都在工作，都在收发邮件。

近几年盛行的"零工经济"也向我们伸出了魔爪，让我们的工作和生活变得更加失衡。对于那些依靠优步、来福车、多达尔什这类网约车、配送或其他求职平台谋生的人来说，工作彻底成了生活的一部分，根本无法划分清楚。很多零工从业者最开始都是因为受到了"零工"两个字的蛊惑，以为自己可以自由支配时间。可是要知道，资本的力量根本不可撼动，零工从业者创造的价值会有很大一部分被他人收入囊中。其实，这类平台运行的逻辑就是诱使零工从业者拼命加班，做更多的工，赚更少的钱。如果大家也是零工从业者，随便上网一查就会发现，很多软件工程师早已公开承认，资本就是在利用他们的技能压榨零工从业者的利益，对此，他们都深感愧疚。

零工经济之所以能够发展延续，依靠的就是应用软件——App，而这些应用总是让我们产生一种错觉，以为自己可以掌控时间，而事实上却一直都在被资本操纵——这种情况虽然极端，却非个别现象。除非我们自己创业，否则遇到的几乎所有老板都会琢磨一件头等大事——即尽力压榨各种资源，使其发挥最大作用，其中当然包括人力资源。美国知名网络杂志 *Slate* 上发表过一篇题为"公司的健康 App 把我害惨了"的文章，文中提到了公司惯用的多种招数。文章的作者是安·拉森（Ann Larson），她认为公司推出职场健康 App 的真实目的，就是要把薪酬低、强度大的工作给员工造成的不良影响从真正的责任人老板那里转嫁到员工身上。当然了，他们也希望员工能身体健康，这样才能更长久地为公司卖命。当然，的确也有那种真心愿意为员工谋福利的公司，但毕竟只是少数。

工作和生活的界限一旦开始模糊，"拿出 110% 的劲头"这样的口号就彻底变了味道。据统计，在美国无论在哪个行业，工人的透支程度都达到了有史以来的巅峰。公司经常花钱请号召大家"忙起来"的加里·维纳查克[①]（Gary Vaynerchuk）和宣扬加倍付出最光

[①] 我见过加里本人，绝对相信他讲这句话的初衷是出于好意（我想格兰特也是如此）。过去几年，加里对自己提出的所谓"忙起来"的主张也有了动摇，我觉得有必要在此加以说明。

荣的格兰特·卡尔登（Grant Cardone）这样的名嘴：他们在台上滔滔不绝，台下的员工士气大振。越来越多的数据显示，越是被这些想法蛊惑，就越容易活得痛苦。杰弗里·费弗（Jeffrey Pfeffer）是斯坦福商学院研究组织行为的教授，他曾在自己的《打工致死》一书中讲过，当代职场对员工提出的"永远在线"的要求已经给员工造成了巨大的伤害。费弗教授在接受《斯坦福商学院视野》杂志采访时还提到了纳瓦拉大学高等商学院的纽莉娅·钦奇利亚（Nuria Chinchilla），纽莉娅将现代人这种不良的适应行为称为"社会污染"。这种污染——即以影响生活为代价的工作至上理念——所造成的伤害不仅仅是破坏家庭关系、影响友情关系这么简单，还会导致真正的死亡。世界卫生组织和世界劳工组织提供的数据显示，仅2016年，超长时间工作已经造成了745 000个死亡案例，比2000年以前的数据增加了29%。

　　公司总是在想方设法让员工加班加点地工作，这种现象并非近年来的新生事物。弗雷德里克·温斯洛·泰勒（Frederick Winslow Taylor）早在其1911年的大作《科学管理基本原理》一书中就讲述了自己通过增加工资、严控工作节奏等方法将处理生铁的工人的日产量从12吨提升到了47吨的壮举。如今，虽然我们的经济模式已经发生了各种变化，但泰勒提出的基本原理依然发挥着理论支持和实践指导的作用。（书中，泰勒丝毫没有掩饰他对部分工人的蔑视，甚至非常冷漠地表示那些人的脑子笨得简直跟牛没有区别。）这让我想起自己在读博期间接触到的目标设定理论，20世纪60年代中期以来一直被视为组织行为研究带头人的埃德温·洛克（Edwin Locke）和加里·莱瑟姆（Gary Latham）联合提出了"借助远大商业目标提高工人产出"的方法，并因此而声名鹊起。所有这些事例都说明了一个问题：优化人力资源、将其变成机器这一做法的确由来已久，最近的公司老板只不过是变换了一种招数，把"苦干"鼓吹成了荣耀。我们必须清楚事实绝非如此，苦干根本不是什么荣耀，只会毒害我们的生命。

仔细想想，如果没有奔命似的忙工作……如果没有坐在马桶上都得回复邮件……如果没有每天完成一万步的计划……大家是不是就会觉得自己不够努力？真的，我们已经被毒害得太久太深，已经到了无法想象的程度。所有牺牲和奉献都会让我们付出可怕的代价，生活幸不幸福在很大程度上取决于我们能否拥有足够多的快乐、游戏、休闲和放松的时间，现代的生活方式一直在吞噬这些机会，同时也在吞噬我们生命的活力。

跳出幸福陷阱，打破幸福执念

我在导言中已经提过，我和许多人一样，生活在现代社会的重压之下，一直把"幸福"作为自己追求的目标。过程中，我也与许多人一样，落入了量化幸福的陷阱。举个例子吧，我这个人喜欢冥想，为了"优化"自己的冥想体验，我特意买了一个小设备，据说能够提供神经反馈，让人了解自己在冥想中的表现。可是，我自从买了它，冥想体验瞬间变了味道：我开始变得急功近利，希望自己能做更多的冥想，彻底忘了利用冥想放松身心的初衷。如今，我们无论做什么，总会惦记着用 App 或其他什么小设备追踪做个记录，包括睡觉、运动，就连与爱人缠绵这样的隐私也会留下痕迹。

如此一来，我们无论参与什么活动，似乎都不再是为了开心，而只是为了积累数据。我们不仅会与昨天的自己比较，还会与邻居攀比，一旦自己的表现达不到既定目标，我们就会一直耿耿于怀。大家要知道，我们完全可以把时间和精力花在真正有价值的体验上，因为只有那些活动才能滋养我们，帮助我们实现真正的成长。幸福已经完全变成了海市蜃楼，只可远观，一旦靠近就会发现一切不过是一场虚空——于是，我们只好再次踏上寻找幸福的征程，直至最终陷入一个无限的死循环。

请大家记住，这一切并非我们的过错：科学已经证明，人类对此真的无能为力。大脑的初始设定决定了我们无法释怀自己当下的状态与盲目设定的幸福终点之间的差距。学者们经常用"享乐"一词来形容与快乐相关的感受。说到享乐体验，通常包括两部分内容——预期性愉悦和圆满性愉悦。科学界曾经一度以为，人类的行为主要受到的是圆满性愉悦的驱使——说白了就是为了获得愉悦的感觉而做事。但近来，科学界有了新的认识：对于大多数人来说，促使我们追求愉悦体验的往往不是体验本身，而是我们对潜在奖赏或正向结果的预期，以及预期得到验证时内心的美好感受。为何如此呢？原因主要有以下三点：

1. **人类善于做出预期**。我们但凡读过一本关于幸福的书，就一定听过"多巴胺"一词。多巴胺甚至已经获得了"幸福"荷尔蒙的美誉，因为当初人们普遍认为多巴胺这种神经递质有助于人类获得愉悦体验。然而，我在采访神经科学家布雷克·波特（Blake Porter）博士时，他非常明确地表示，"多巴胺能够让人开心的理论在神经科学界已经走到了尽头"。随着多巴胺研究的数量增加，科学家获得了惊人的发现：多巴胺的水平往往会在我们做快乐的事情之前飙升。以前，我们都以为多巴胺是感受到快乐后的产物，现在才知道，多巴胺带来的激动情绪主要源自预期。事实上，即使大脑预期的内容并非愉悦体验，也可能刺激产生多巴胺。如今，科学家普遍认为，多巴胺在人类演化过程中所发挥的主要作用是通过提高唤醒帮助我们对超出预期的事情做好准备。至于说超出预期的是什么事情，多巴胺其实并不在意。当下，业界还认为多巴胺的产生还与追求目标的行为有关，多巴胺可以激发驱动力，进而帮助我们跑到终点。

我们正是因为受到了多巴胺的蛊惑，所以一直都在毫无章法地追求所谓的幸福，从未好好地体验生活。人类天生即是如此，对幸福执念深重、欲罢不能。于是，我们每个人就都变成了在轮子上奔跑的小仓鼠，在科学家口中的"快乐跑步机"[①]上展开了漫长却无谓的奔跑。除了"快乐跑步机"，大家可能还听说过其他类似概念，比方说享乐适应性、享乐相对性、幸福设定值等——所有概念讲的都是"人类容易过高估计改变带来的影响，以为只要努力改变生活，就能获得期许的幸福"。然而，当初的改变一旦变成常态，幸福就又会回到"设定值"——也就是改变发生前的幸福水平。因为没有感觉到比之前更加幸福，我们只好再次踏上追求幸福的征程。

人类除了"快乐跑步机"还有两个"愚蠢的本领"，正是这些害得我们离幸福越来越遥远。

2. 人类善于适应改变。生活中不管发生什么事——好也罢、坏也罢——都只会对我们主观的幸福感受造成暂时且有限的影响。幸福真的很难捉摸，刚抓到手，旋即就会溜走。几十年来，科学界一直在尝试使用"适应水平"理论解释为什么人类总是感觉好的事情不会一直持续。不过，这一理论之所以能得到普遍关注，还要归

---

① 快乐跑步机：心理学中的一个概念，又称：Hedonic treadmiu，主要强调，幸福并不是我们某一个终点，而是一种状态。——编者注

功于1978年菲利普·布里克曼（Philip Brickman）、丹·科茨（Dan Coates）和罗尼·亚诺夫–布尔曼（Ronnie Janoff-Bulman）合作发表的一篇论文，文章对中了彩票大奖的人进行了深入的心理分析。相关研究发现，每个人都可能有过超出预期的绝佳体验——比方说彩票中奖——人生也会因此而经历短暂的兴奋和刺激，但我们很快就会适应当时的感受，对新的状态习以为常，回到之前的幸福水平。如果我们对新生活应对得不够好，甚至会感觉自己比绝佳体验之前活得更不幸福（比方说，中彩票的人可能会担心家人朋友惦记自己的意外之财），仿佛额外增加了负担［用嘻哈歌手克里斯托弗·华莱士（Christopher Wallace）——即声名狼藉先生（The Notorious B. I. G.）的话来说就是"意外之财、无妄之灾"］。当然，我们也不必太过悲观，最近很多研究已经证明，即便是那些中了大奖的人，也不会对生活丧失全部希望。如果我们能更好地消化、吸收自己的好运，就可以切实提高生活的满足感，只要我们能找到合适的武器，就可以"智取"自己对幸福过分的适应力。

3. 人类善于相互攀比。很多时候，幸福的感受与我们自身的体验并无直接关系，更多情况下是取决于跟他人比较的结果。

我们的幸福感受往往可以通过参考他人的相同体验得到预判。依照这个逻辑，我们的幸福似乎不亚于人类的集体幻觉。我们无论生活在怎样的处境，总会忍不住与他人相比。

法国一项社会人口研究发现：人类在面对选择时，对真正抽象意义的"多"并不感兴趣，只盼着能够超出周围的人即可。研究人员给了参与者两个选项：第一，他们自己的智商为110，而周围人的平均智商是90；第二，他们自己的智商是130，但周围人的平均智商是150。很多参与者都选择了第一个选项，即使降低自己的智商也无所谓。与之类似，当面对两周还是四周假期的选择时，很多人都选择了"别人有两周假期、自己有四周假期"的选项，而另一个"别人有八周假期、自己有六周假期"的选项则少有人问津。

人类固有的演化机制决定了我们会一直在"快乐跑步机"上无谓地奔跑。终于能去度假了，却依旧感觉不够尽兴，感受不到预期的幸福；终于被晋升了，上任没多久便失去了志得意满的心情。更有甚者，一旦发现实际情况与预期不符，不仅不会感到幸福，反而会更加沮丧。小孩子本来会因为节日收到礼物而兴奋，结果却因为别的孩子的礼物更酷而陷入糟糕的心境。好的体验带给我们的积极影响总是稍纵即逝，我们很快就会重新回到之前的状态（回到那个讨厌的幸福设定值），有时甚至比之前的状态更糟。

拒绝陷入"虚无"，追求真实快乐

大家有没有看过《魔域仙踪》？电影讲述的是一股强大的恶势力"虚无"吞噬幻想的神秘世界、留下一片萧瑟虚空的故事，深刻影射了"真实"世界中人类想象力的匮乏和缺失。我每次看到有人毫不走心地使用网络媒体，或是从事其他无聊活动，都会想到这部电影——感觉似乎真的有一股"虚无"的力量正在吞噬生活的乐趣和生命的意义。

我们不妨探讨一下社交媒体的使用情况。社交媒体当然具有一定的积极作用，也能带给我们一定的快乐，比方说它可以让我们与他人建立连接，帮助我们找回美好的回忆。我本人也很喜欢在网上与他人互动和分享，所以我并不想将社交媒体妖魔化。但是，有一点我们必须记住，这些 App 的设计宗旨就是要侵占我们的闲暇时间和注意力。我们一旦发现自己的某些做法会在社交媒体上获得更好的反响,就会慢慢借助评论内容和点赞数量把自己的记忆分成三六九等。至于说体验本身的价值,则会逐渐被我们忽略,甚至达到无视的程度。

这类应用的宗旨就是要把我们牢牢锁定在平台上,很可能在不经意的情况下造成我们行为的改变。长此以往,我们的做法只会让平台更开心,而不是让自己更幸福。我们放弃了很多实实在在的亲密关系,却把感情错付给了网络,让现实关系变得越发淡漠。不仅如此,随着自己网上粉丝数量的增加,我们的自我认定也会被外界的虚无大军所左右——可是,那些陌生人怎么会在乎我们幸不幸福?

以前,我们追求的目的往往就是体验本身,而现在,体验却成了一种辅助我们拥有某种地位的手段,可以帮助我们获得莫名其妙的社交虚拟货币。可是,这些货币根本毫无价值,不过是另一种形式的"虚无"。我们每次看到有人点赞,都会因为多巴胺的释放而获得暂时的满足,既然满足来得如此容易,我们又难免会一次又一次地就范。这听上去是不是有点成瘾的症状?没错,我们的行为就是成瘾的表现。最新的科学研究显示,人类的网络行为正在改变大脑结构,导致更容易出现抑郁、焦虑等状况。有些研究人员甚至认为,当下抑郁和自杀案例的攀升都与智能手机及社交媒体的普及有关。圣地亚哥州立大学的珍·玛丽·特温格(Jean Marie Twenge)教授在研究智能手机对大脑造成伤害的方面颇有建树,虽然有人批评她对数据的解读过于悲观,但她的研究的确证明了社交媒体对人类幸福造成了巨大的负面影响。

《快乐指南》一书探讨的也是有关快乐的科学。作者大卫·J.

林登（David J. Linden）明确指出，以前我们都认为快乐的反面是痛苦——但后来，随着我们对招摇过市的多巴胺加深了解，才发现原来即使是痛苦，也能激活大脑的奖励回路。现在我们清楚了，快乐的反面并非痛苦，而是无聊——因缺乏刺激或充实而造成的心理上的不悦。如果说无聊是快乐的对手，那"虚无感"绝对称得上是快乐的劲敌。

催产素——激发快乐的秘密武器

当前我们自以为能够维持幸福的方法根本无法丰富我们的人生，而只会让我们在"虚无感"中继续迷失。我们竭尽全力，想要获得幸福，即使能够如愿，幸福的感觉也会稍纵即逝。幸福如此难以捉摸，我们不明白个中缘由，只好在脑子里留下了一堆问号。

有什么解决的办法吗？有。快乐就是最好的解药——甚至在神经化学层面帮我们解决问题。跟别人一起寻求快乐的行为可以让我们产生另外一种开心荷尔蒙——催产素。这是一种非常重要的激素，只可惜我们对它知之甚少。具有利他价值的社交互动以及可以与他人产生连接的各种活动都可以激发出催产素，继而带给我们一种超越自我的真正甜蜜。相比之下，多巴胺的作用更像是一种让人暂时感觉良好的人造糖精。

我们在不知不觉中让他人掌控了自己的时间，虽然多少有种上当的感觉，却始终无力反抗。我们无视自己对能动性和主动性的需求，一味地用给威尔捐款的方式缓解内心的沮丧，要么就是在自己的社交媒体账号中上传一张老照片，通过看着别人给自己点赞来获得快感。事实上，这些做法并不能解决问题，因为网络上的互动并非真正的沟通，也因此无法建立真正的连接。我们无视身边一起用餐的家人，却热衷于在手机上给别人点赞，还把这种虚拟交流错当成一种社交互动，但内心深处还是会因为浪费了生命而感到心痛，解决心痛的方式就是让自己再一次堕入"虚无感"。

我们如果能够给快乐更多关注，就可以重新拿回生命的掌控权。我们如果能够有意识地增加体验，就可以通过与人共同寻找快乐而获得更加有意义的社交互动，就可以摆脱对人为创造多巴胺的过分依赖。快乐就是我们最好的解药，可以让我们走下"快乐跑步机"，真正丰富自己的生活，而不是简单粗暴地压抑自己对互动和活力的真实需求。

已有研究表明，催产素不仅能让人心情愉悦，还可以有效抵制负面冲动。德国吕贝克大学的沃尔克·奥特（Volker Ott）博士和同事在研究中曾给20位健康男性注射过催产素，结果发现这些人的自制力明显增强，零食的摄入量大幅减少。最终，研究人员得出结论：催产素能够有效控制与奖赏有关的各种行为。如果我们能够多做些可以释放催产素且让内心更为充实的活动，如果我们能够更多地满足自己快乐的需求，就可以学会更加理性地判断即时满足，在时间和精力的花费上作出更好的选择。催产素的释放似乎还能帮助我们加强同理心，继而帮助我们实现更多有效的连接和互动。如此一来，我们便可以摆脱"虚无"的桎梏，更好地滋养自己，更好地帮助真正在乎的人。有了催产素的加持，我们就会更愿意参与公益，就会更加清楚地认识到真正的社交既不是为了彰显自我，也不是为了与他人攀比，而应该是相互扶持，让彼此都变得更好。

重要提示：虽然已有研究表明催产素和多巴胺都会对人类行为产生影响，科学界也正在搜集更多相关证据，但由于二者的作用原理过于复杂，目前尚且无法得出确切的结论。神经递质并非一种非此即彼的存在，它们会相互作用、相互影响，在我们体内发挥着各种各样的影响。换句话说，催产素与多巴胺在大脑中也非对立关系——它们更像是相互支持的队友，人类要想获得更多快乐，需要二者共同发挥作用——催产素像是我们追求的目标，而多巴胺则是我们追求上述目标的理由。

快乐很简单，人人皆可得

多年来，我们对追求快乐一直抱有极大成见，导致我们对快乐的重视严重不足。因此，我们必须转变观念，重新为其正名，最先要做的就是认清其本质。幸福是一种心理状态，而快乐则是一种行动方向，快乐与金钱、教育和权力都无任何关系。如果说幸福是遥远的海市蜃楼，那快乐就是近在咫尺的后院乐园。等到我们讲完这章的内容，大家当即就可以采取行动，快乐就是如此简单。

我们如果从科学角度考虑，快乐还属于一个相对未被探索的领域，这让我想到了人们对待闪电的认识。人类从出现的第一天起就对闪电充满了敬畏之情，闪电是真实存在的自然现象，很多时候还具有一定的破坏性——即使时至今日，伤害仍在所难免，从这个意义上说，闪电确实颇具神秘感。科学家对雨云如何带电又怎样激发出火花等原理始终未能得出一致结论，因为闪电似乎与很多最基本的物理规律都存在矛盾。

同样的，我们对快乐的认识也处在一个非常神秘的阶段，很多针对其起源所做的科学判断大都是些较为主观的臆断。比方说吧，其中一个理论就认为，人类在进化的初级阶段就已经发现追求快乐有助于大脑的开发。不仅如此，与人同乐还能教会我们如何建立合作、达成协定，这为后来的社交规范和社会共识奠定了良好基础。人类的祖先正是在快乐和玩耍的过程中形成了各种积极的关系往来和有利的互助协定，进而为现代群体的互动形态奠定了基调，同时有效推动了社会的发展。

不过，话说回来，这些都是猜测，没人知道快乐对于人类进化究竟发挥了怎样的作用，也没人清楚追求快乐对人类的发展具体有哪些帮助。快乐与幸福不同，幸福是人类根据自身感受而定义的主观概念，而快乐却是一种真实存在的感受，我们只要采取行动，快乐便可信手拈来。快乐是人类普遍的原始需求，可以超越文化限制——不仅人类会寻求快乐，就连动物也会主动找乐子。寻求快乐的形式多种多样，可以很简单，比如两只小狗的嬉戏；也可以很复杂，比如爱因斯坦游戏般摸索出很多重大的理论。

如果有人非要给快乐下一个简单定义，可以参考以下版本：所谓快乐就是获得愉悦体验的操作。不过，为了更好地了解快乐，我们不妨深入研究一番：

1. 寻求快乐重在采取行动。寻求快乐的操作具有很强的即时性：此时此刻，我们要么处于快乐状态，要么没有，答案非常明确。科学来讲，我们会用享乐状态这一术语来描述快乐体验的情绪特质，即通常所说的效价。我在讨论理论部分时会尽量做到深入浅出，但还是烦请大家记住享乐和效价这两个流行的心理学术语，以便我们可以更好地理解后面的内容。正效价的体验往往可以让人心情愉悦，而负效价的体验则没有这一功能。我们如果能够改变固有认识，多给自己一些寻求快乐的时间，就可以累积更多正效价的体验，继而收获更多愉悦的心情。相反，如果我们总是在纠结自己过得是否幸福,就说明潜意识里我们已经认定了自己并不幸福(或至少不够幸福),这种心理落差——这一不太理想的幸福指标——就会变成我们关注的焦点,左右我们的心智,削弱我们的自信,让我们忘记自己本来具有很强的能动性,完全可以自由支配自己的时间。

2. 寻求快乐可以帮助他人。快乐犹如大海,正所谓海纳百川。过分纠结幸福的人总是传达出一些诸如"心有余而力不足""要想助人、先要自强"等心态,寻求快乐刚好可以让人突破自己,让我们把格局打开。我非常喜欢神经科学家丽莎·费尔德曼·巴勒特(Lisa Feldman Barrett)对寻求快乐的描述:"从自己的宇宙中心走出来,在外面游荡几分钟,即走出我的空间,进入我们的世界。"

寻求快乐的本质就是如此,受益的不仅是我们自己,还有其他的参与者,与朋友开怀大笑是不是就有这种感觉?喜剧演员约翰·克里斯(John Cleese)的描述非常精辟,他说:"大家聚在一起开怀大笑时,根本不可能保持所谓的社交距离,也不会有任何阶级差异的概念,欢笑绝对是民主最为强大的助推器。"

当然,这也不是说寻求快乐必须得有人相伴,一个人的快乐同样具有强大力量,对性格内向的人来说尤其如此。不过话说回来,我们在乎的人绝对是我们快乐的最大来源。我之所以说寻求快乐可以帮助他人,原因在于一个人得到的快乐并不会以其他人的损失为代价。17世纪末,快乐(fun)一词首次在英语中出现,其最初的意思是欺骗或哄骗,而且该意思至今仍在沿用。或许,正是这个原因使我们对寻求快乐产生偏见。此时此刻,我恳请大家放下心理包袱,在继续下面的内容之前,咱们先达成一个共识:任何以伤害他人为代价的操作都不是寻求快乐的行为。

3. 寻求快乐完全属于自主行为。我们前面刚刚讲到寻求快乐可以帮助他人，快乐的这一属性或许会让人有种道德绑架的感觉，提倡寻求快乐的做法似乎与要求员工保持微笑的办公室政治画上了等号。别忘了，我们说过，快乐与幸福不同（对此，科学已经有了明确的研究结论），快乐没有统一的标准，怎样做能让自己快乐，这件事别人说了不算，只有我们自己能决定。快乐属于自主行为，跟他人无关，完全由我们自己做主。每个人可以有完全不同的快乐方式，而玩乐的唯一共同点就在于它的正效价——能够让我们从中汲取力量。当然，如果有人把自己对玩儿的理解强加给我们，就可能对我们造成伤害，或许这也是快乐的名声一直不太好的一个原因，我们将在后面探讨快乐的作用的章节里解决这一问题。

4. 寻求快乐可以打造非凡体验。快乐可以有很多层次——看搞笑的漫画而嘴角上扬；获得巅峰体验而体会到形神合一，这些都属于快乐的感受。对不同的人来说，获得快乐的方式也不尽相同，有的人可能觉得与爱人相拥一起看网飞①的电影是在寻求快乐；有的人可能觉得帅气地打一通架子鼓是在寻求快乐。快乐最难能可贵的地方就在于不管我们如何理解，它都可能带领我们超越平凡，进入一个科学无法解释、言语无法衡量的神奇境界。

我觉得大家可以把不同效价想象成轮盘赌桌上的两种颜色，自己决定一下哪种颜色代表正效价，哪种颜色代表负效价。一旦养成寻求快乐的习惯，我们就可以操控赌桌的颜色，让自己尽可能成为胜利的一方。当然，我们无法保证小球永远不会落入负效价区域，但至少可以通过让自己获得更多开心体验而减少负效价体验的时间，即使运气不好，也可以乐在其中。我之所以喜欢轮盘赌桌这个

---

① 网飞：Netflix，美国奈飞公司的简称。总部位于美国加利福尼亚州，是一家会员订阅制的播放平台。——编者注

比喻，是因为我喜欢轮盘上的绿色，如此一来，即使我输了赌局，至少还能继续享受我钟爱的绿色。快乐具有超强的力量，有时甚至能瞬间扭转不好的情绪。如果用传统的线性思维衡量快乐，大家会发现有些快乐完全超出了自己的认知，超出了效价可以衡量的范围。我们完全可以摆脱自己对主观幸福的简单欲求，那些不过是以自我为中心的杞人忧天。而快乐带给我们的巅峰时刻则可以暂时超越一切——无论我们当下的心情是开心还是难过——有幸拥有这种巅峰体验的人都表示，那是一种无法言说的神奇感觉，我愿意称之为"天缘奇遇"。

快乐名人堂：阿尔伯特·爱因斯坦

爱因斯坦不仅有着超乎常人的大脑，而且据说还是个非常有趣的人。大家一定都见过他那张经过剪裁的标志性照片，但或许对照片背后的故事并不了解。照片出自亚瑟·沙瑟（Arthur Sasse）之手（见图1），拍摄于1951年3月14日爱因斯坦72岁生日聚会。原始照片提供了更多信息：爱因斯坦坐在车子的后排座位上，两边分别是妻子爱莎（Elsa）和高级研修学院院长弗兰克·艾德洛特（Frank Aydelotte）。当时，他们正准备离开生日聚会现场，乘车赶回位于新泽西州普林斯顿的家，结果一直有人给爱因斯坦拍照，还不停地让他冲着镜头微笑，沙瑟就是其中一位。估计爱因斯坦实在是被拍烦了，叛逆地做出了一个搞笑的表情。事后，爱因斯坦本人非常喜欢这张照片，请人冲印了很多张，还搞怪地签上名字送给很多朋友。再后来，他索性将这张照片直接用作了明信片。

图1 阿尔伯特·爱因斯坦
拍摄地点：新泽西州普林斯顿的普林斯顿大学；
拍摄时间：1951年3月14日

似乎任凭谁都无法阻止爱因斯坦的搞笑行为，他的脑子转得特别快，随口就能说出个好玩的梗。爱因斯坦很少穿袜子（大概是觉得穿鞋子就够了），总是任由胡子、头发野蛮地生长，在家门口接受采访时，竟然穿了一双毛茸茸的粉色拖鞋。当然，他对搞笑的执着还不止于此——沙瑟把照片寄给编辑准备出版时，出版社曾对照片是否适合见报做过一番争论，爱因斯坦毕竟是位大名鼎鼎的科学家啊。若不是沙瑟做了主编的工作，告诉他科学家本人特别喜欢，恐怕我们今天就见不到这张经典照片了。

沃尔特·艾萨克森(Walter Isaacson)在他的传记文学《爱因斯坦：生活和宇宙》中写过，爱因斯坦之所以能成为伟大

第1章 ｜ 快乐解药 25

的科学家，这与他求知欲强、标新立异的性格有着极大的关系。科学研究显示，幽默和智慧是相辅相成的关系。有能力搞笑的人大多具有超乎常人的认知能力，爱因斯坦就是最好的证明。传言称，爱因斯坦（继相对论后）提出的另一伟大理论就是做汤时可以顺便煮一颗鸡蛋，此乃一举两得，既补充了营养，又省去了刷锅的麻烦。

快乐并非逃避现实的迷幻药

我想很多人读到这里已经开始心动，只要再推一把，就将主动做出改变。不瞒诸位，我就听过有人最初耻于追求快乐，认为那无异于吊儿郎当度日，后来尝试了我们即将讲到的方法后，发现人生竟然有那么多开心的事在等着自己，这样的消息自然让我激动不已。

如果大家依旧心存疑虑，至少再听我多说一句：我并不是在兜售逃避现实的迷幻药，大家如果今年读了这本书，明年并不会成为电影《火烧人》的男主角（除非有人真的把玩火当成一种快乐）；我也不想让大家忘记甚至否认人生依旧会有困难、委屈和困惑，因为这种说法无异于一碗毒鸡汤——大家千万不要认为自己不该有任何负面的情绪，这样想只会给自己造成更大的伤害。后续我会详细阐述掩耳盗铃的严重后果，不过现在，让我们一起走出"永远保持积极心态"的错误认知，充分认识到每个星期我们都需要花时间完成不愉快的工作，都需要为人类的发展尽自己的微薄之力。生活除了每天往复的日常，还会出现很多意想不到的事情，有些很可能不尽如人意。

我想告诉大家，我们的社会一直在打压对快乐及休闲的追求，我们都是这种错误认知的受害者。就像一段时间以前，总是有人鼓吹要减少睡眠，甚至将休息和调整的做法妖魔化——直到科学证明这种理论不仅有害健康，而且愚蠢至极，大家这才重新找回了自己的睡眠——而如今，我们要做的是停止将快乐妖魔化，科学已经证明了休息对人类的重要作用，快乐也是如此，对每个人都不可或缺。

大家如果还是接受不了寻求快乐的想法，担心过分享乐会让自己走上自我放纵或自我逃避的歧途——那我们更该好好想想，自己的反应是不是刚好说明自己已经被固有认知禁锢了太久，甚至彻底放弃了重生改变的希望。我们一定要拿回自己对人生的掌控权，找寻到生命的快乐。事不宜迟，咱们现在就出发吧。

采取行动：打造快乐助推器

要想养成寻求快乐的习惯，我们可以从以下步骤开始：第一步，翻看曾经的照片，找出最能够代表快乐的一张，最好是你本人的开心瞬间（如果没有本人的开心照片也没有关系，任何一张你认为捕捉了快乐瞬间的照片都可以）。把照片打印出来，给它配一个漂亮相框摆放在桌上，喜欢的话，手绘一个边框也不错。每次当你感觉心情失落或是产生了自我怀疑时，请你抬头看一眼这张照片。

完成第一步后，我们要做的第二步就是在脑海中回忆照片记录下的美好瞬间。这一做法跟后面我们要介绍的很多方法一样，也有充分的科学依据，已经得到了科学的证实。《幸福杂志》发表过一项研究，研究的是各种回忆对改善情绪所能产生的不同作用。研究对象都是学生，他们被随机分成几个小组，第一组每天花十分钟凭记忆（即认知图像）回想一段美好往事；第二组借助一些纪念品追忆往事，比如照片或是剪贴簿；第三组属于控制组，他们要做的是思考当下的情况。研究结果发现，前两组学生在做了一个星期的相关练习后，纷纷表示自己在接下来一周都很开心——相比而言，第一组借助认知图像的学生开心的程度更强。

  翻看照片有利于改善我们的情绪，如果我们能在此基础上回顾曾经的快乐过往，那岂不是一举两得。我们将在后面用一整章的内容探讨重温旧梦的好处，不过，现在大家要做的是找出一张这样的照片，不断地提醒自己：我不仅有能力寻求到快乐，而且可以获得永久的幸福。人生无论出现怎样的困难，快乐之光都可以把前路照亮。

第 2 章
玩耍时间

> 我之所以能有今天的成就，
> 是因为我不允许自己过得不开心，
> 没想到我赌赢了！
>
> ——旺达·塞克丝（Wanda Sykes）

读完第一章，希望大家对快乐的可贵之处已经有了更加深入的认识，或许有人也渴望学习一些有用的方法，以便更好地驾驭快乐的力量。我们都知道前路不可能一帆风顺，总会有重重困难，我们该怎么办呢？以下是我教大家的第一招：每天都给自己安排一些新鲜有趣的活动，不要拖延，就从今天开始。如果在实践过程中遇到阻力，大家也千万不要沮丧，发现问题积极解决就是了。不如趁热打铁，现在就开始吧！

我经常鼓励别人在日常生活中找寻快乐，但听到的最多回应就是"我没有时间"。本章的目的就是要帮助大家解决这一问题。若想养成寻求快乐的习惯，就要学会抓住每个能让自己开心的机会。接下来，我们就讨论一下如何改变自己的生活习惯，如何通过各种积极体验丰富自我。只要坚持下去，大家一定可以拥有更多、更好的选择。

梳理自己的玩耍模式，操作起来非常容易，其效果也非常明显，一定可以支持我们在快乐的道路上走得更远。梳理玩耍模式的做法可能有些前卫，甚至超出了我们的传统认知，但大家一定会因为认清了自己而感觉到无比放松。过去，或许有人告诉过我们，应该每天清点自己的工作计划以便提高效率，有人甚至可能花钱学过相关课程，抑或是请专人帮助自己提高效率。现在，我们要做的是调动体内最为叛逆的那个自我，我们要清点的不是工作计划，而是快乐计划。韦氏词典对英文清点（audit）一词给出的解释是绝对严肃的审核查验，既然如此，我们不如换个更加准确的词——"改造计划"如何？大家一定要敢于突破，擦亮双眼，不要被自己之前的想法和观念所左右。相信我，我们一定能发现很多寻求快乐的机会，同时也不会伤害到所谓的效率。

为了更好地梳理玩耍模式，请大家借助横轴、纵轴——困难程度和快乐程度两个指标——及由此形成的四个象限对自己的日常活动加以分析（如图2）。

图2 运动模式图票

开心活动指的是那些做起来轻松愉快的事情，也就是日常愉悦及快乐的瞬间，至于具体是指哪些活动，只有每个人自己心里最清楚。不过，我还是可以给大家一些例子作为参考：聊天、玩闹、培养个人爱好，这些都可以划为开心活动。虽然此类活动常常被认为没什么用处，但科学证明事实恰恰相反。马修·基尔金斯沃斯（Matthew Killingsworth）就读于哈佛大学，他在撰写博士论文期间就已发现：即使是短暂的幸福，也可以带来巨大的人生满足。这类活动虽然持续的时间不长，也不需要投入过多精力，但日积月累却可以带给我们宝贵的感受——活出生命的价值和意义。由此看来，我们必须让这种短暂的玩耍时间成为自己日常活动的标配。

积极活动指的是那些虽然很快乐但却有一定难度的活动。有意义的快乐时光往往都需要我们走出舒适区（回到舒适区后，还可以继续回味活动当下的快乐），包括学习掌握新技能、应对超出预期的挑战，以及诸如爬到山顶领略壮丽美景的刺激选择等。这类活动无法随时随地进行，但只要我们愿意接受挑战、克服困难、付出艰辛、增长见识、领略自然魅力、深入人际交往，这种巅峰体验就会带给我们远远超出预期的奖赏。大家不妨想想，什么样的活动会让自己感受到生命的活力呢？

痛苦活动指的是那些执行起来十分困难但又不会带给我们什么快乐的事情。人这一生不可能只遇到快乐的事，大部分人都需要面对无趣的工作、讨厌的任务，可是没办法，为了谋生，我们不得不认真完成。不同的人对痛苦活动的界定也不尽相同，但笼统来讲，痛苦活动大多包括：工作任务、个人职责、家庭责任（如打扫卫生、清理院子等）及其他义务（如纳税）等。要想甄别出令自己真正痛苦的活动并不容易，因为我们的真实喜好常常会被情感或文化所累。

比方说，我和太太在对各自的生活进行清点时，都冒天下之大不韪地把晚上给孩子洗澡划成了痛苦活动。(情况说明：我俩都很爱孩子，但这并不意味着养孩子是个轻松愉快的工作。2004年，相关人士针对得克萨斯州909位职业母亲做过一项调研，结果显示，照看孩子带给女性的快乐感受竟然与做家务处于同一水平。)

最后是消极活动，这类活动做起来非常容易，但却不会带给我们任何有用的价值，最多是能让我们安静下来。盲目机械地刷新社交媒体或没完没了地看电视都属于消极活动，交浅言深的友谊及迫于无奈的应酬也属于这一类。很多人的大部分空闲时间都给了这类活动，而消极活动于我们而言没有任何好处，只能把我们带向无尽的"虚无感"。

大家都如何安排自己的生活？

现在不妨花时间好好想一想：我们的日子都是怎么过的？

我们要做的事很简单：第一个星期，以小时为单位记录自己的所有活动（一个星期共168小时），判断一下每项活动可以划为玩耍模式中的哪一类。具体有两个操作方法：如果大家平时就有记日记的习惯，而且只想得出一个差不多的数据，参考自己上周的日程安排就够了。

但是，如果大家想有一个更加准确的判断，可以在接下来的一个星期坚持每天认真地做记录。

不要忽略遗漏任何一个细节：睡觉、做饭、吃饭、通勤、工作、空闲时间、家庭时间、争吵、做爱、运动——请将七天中所有的开心和无聊都准确记录在案。

> 经过此番梳理，相信大家一定能对自己的日常活动有更加清晰的认识，弄清楚哪些活动有利于自己养成快乐习惯，哪些只会适得其反。只有发现了问题和阻碍，我们才能做出相应的调整，继而拥有更加快乐的人生。

大部分书写到这儿似乎要给我们盖棺论定了。它们会让我们把自己的分数加起来，结合分数判断出自己的"快乐类型"。我也发明了一个测试工具，已经放在网上，感兴趣的人可以自行上网查看（https://share.michaelrucker.com/fun-type）。其实，我并不想在此武断地对各位的快乐类型加以判断，前面我们已经说过，快乐追求属于个人的主动选择，我不想把大家禁锢在某个既定的身份里，也不想基于某种所谓的正确活法把大家分成三六九等，我让大家做自我评估的目的不在于此。我的目的是让大家通过自我评估找到适合自己的活动——仔细斟酌自己的每个选择，看看自己的时间都花在了什么地方，认真琢磨那些活动是否真的有利于当下或长远的幸福。

我希望大家最终可以在开心活动与积极活动之间实现一种平衡，不仅如此，还可以（合理地）减少花在消极活动和痛苦活动上的时间。还有一点也很重要，我们要给自己留出休息和调整的时间。虽然我一直在提醒大家找寻快乐，但大家也要懂得适可而止，否则会导致更大的透支。

读到这里，有些人会忍不住追问，好吧，我知道了，但具体我应该花多少时间在追求快乐上呢？初次尝试的话，我建议大家不妨从一天两个小时开始，这一说法绝对有事实依据，具体可以参考以下两个研究项目。第一个研究来自玛丽莎·谢里夫（Marissa Sharif）

博士、卡西·莫吉纳·福尔摩斯（Cassie Mogilner Holmes）博士和哈尔·赫什菲尔德（Hal Hershfield）博士，根据他们的研究结果，一个人每天最佳的放松时长为2到2.5个小时（超过5个小时会让人产生无所事事的负担，并因而造成负面的心理影响）；第二个研究针对的是美国人的空闲时间，研究结果发现，参照美国人的平均时间使用数据，2个小时的空闲时间对于大多数人来说是可以实现的基准水平。

根据美国劳工统计局对"美国人的时间分配"所做的研究，美国全职人员平均每天的空闲时间是4.09个小时，周一到周五一般为每天3.34个小时，周末为5.87个小时。不难想象，如果家里没有小孩，空闲时间还会更久，可以达到每天5.93个小时，但即便是有小孩的父母，他们的空闲时间也并不少，也能达到每天4.12到5个小时。参照皮尤研究中心提供的数据，当代异性婚姻中，尽管父亲已经在非常努力地帮衬妻子，尽可能地分担家务，但男女两性投入家庭的时间仍然存在一定差异，母亲拥有的空闲时间依旧少于其伴侣。皮尤研究中心报告显示：每星期属于母亲的空闲时间要比父亲的少2.7个小时。

我们并不知道当初那些参与研究的对象如何借助"玩耍模式"对自己的空闲时间进行了界定，但研究人员确实把以下活动都列为了休闲活动，包括看电视、社交、阅读、锻炼、运动、放松、玩电子游戏以及其他类似活动。

如果大家觉得每天4到5个小时的自由时间太多了（或是严重超出了预期），不妨看看另一项调查得出的结论。保险公司直通线也对两千人做了一项类似的调查，发现大家认为最佳的空闲时长竟然是每天6小时59分钟！换句话说，这一研究的受访者都认为目前大部分人拥有的空闲时间还远远不够。

当然，让大多数人每天拿出 7 个小时放松，这的确不太现实，但每个人都应该对每天 2 个小时的空闲时间拥有绝对的主动权。既然如此，我们就先从 2 个小时做起吧。

重新认识何为财富

听到财富一词，大部分人首先想到的都是一个人的经济状况，接下来要么会慨叹自己身无长处，要么会得陇望蜀地不懂知足。很少有人会想到让自己成为拥有更多时间财富的"富人"。但是，如果我们的人生目标是拥有更多快乐和更多体验，就必须改变固有的财富思维定式。卡西·莫吉纳·福尔摩斯 2010 年的研究显示，只要我们把更多心思花在拥有更多自由时间而不是更多金钱上，生活就会变得更加快乐。福尔摩斯让参与者完成一项会引发他们思考金钱的练习，发现所有人都会把产出效率作为自己追求的方向；随后，福尔摩斯又引导参与者把心思放在时间上，结果神奇的事情发生了：大家至少在短时间内把社交互动放到了比工作更重要的位置。由此，我们不难看出：时间财富或许能让人更加清醒地认识到快乐的好处。此外，其他研究也发现，普遍来讲，注重时间的人要比注重金钱的人活得更加幸福。加州大学洛杉矶分校与宾夕法尼亚大学的几位教授做过的一项联合研究发现，比起时间，美国人大多会更加在乎金钱，而长远来看，反倒是那些更加在乎时间的人拥有的幸福更多。

很多人或许会对这一说法存有疑虑和担心，但请大家清楚一点："高效的生活"和"快乐的生活"不一定非得是此消彼长的关系。

减少工作时长，未必会降低工作业绩，我发现自己和同事恰恰是因为花了更多时间放松身心、恢复精力，才变得比以前更加高效，继而创造出了更加优异的成果（如果大家已经有了一定的经济基础，完全可以根据自身意愿做出改变，到时候就会发现我的话完全属实。当然，我也理解，有些人的条件的确不允许自己做出改变）。越来越多的企业也已经认清了一个事实：一味地延长工作时长，一旦达到极限，员工的工作产出便会不升反降，对于前一章我们提到的那些从事创意、探索性工作的人尤其如此。

累积时间财富之所以能帮大家找寻到更多快乐，最后还有一个原因：财富的来源是对未来潜在收益的投资，这个道理我们都懂，但却鲜少有人用这一逻辑思考时间财富，特别是自己对空闲时间的使用。如果大家的脑海中已经出现了某项活动，请仔细思考这项活动对自己来说属于单纯的成本支出，还是可能带来收益的有效投资。快乐可以让我们得到滋养，绝不仅是无谓的消耗。打个比方，如果我们花费 30 分钟消极地在社交媒体上浏览别人的度假照片，这种行为就属于单纯的成本支出，结果只会让人感到"虚无"。相反，如果我们花费 30 分钟开心地为自己下次度假制定攻略，那我们就是在做投资！开心活动和积极活动不仅能够让我们获得当下的满足，还可以丰盈我们的内心，帮助我们成就更好的未来；消极活动偶尔也可能成为投资行为，但多数情况下还只是一种成本支出。那么痛苦活动呢？痛苦活动就更是成本支出了，但它与消极活动不同，它虽然也是成本，但却属于必要支出，是我们为了达成某种目的而必须经历的艰难过程，虽然也是成本，但却必不可少——颇似人生这一大项目的后勤支出；相较之下，消极活动则大多是那些可以避免却因为自身疏忽而未能避免的支出。

经常听到有人说"金钱乃身外之物,今天还腰缠万贯,明天就可能不名一文"——这话用来形容时间同样适用,甚至更加贴切,因此我们一定不能对时间的使用掉以轻心。时间是一种非常有限的资源,所谓"积累时间财富",就是想办法增加自身可以掌控的时间。既然如此,请大家在梳理好自己的玩耍模式后即刻开始给生活做减法吧,千万不要再给自己增加额外的负担了。

减少生活中的痛苦

如果大家已经对自己的时间安排做了清点,或许就有了意想不到的发现,现在我们就一起探讨该如何积累时间财富。首先,请大家看看自己的哪些痛苦活动可以删减,以便为自己留出更多时间寻找快乐。

前面我们已经提到过玩耍模式的四个象限,我们当然无法回避痛苦活动象限中的所有活动,但只要我们认真梳理,就会发现原来很多事情是可以避免的。之前之所以没发现,是因为我们从未以批判的视角认真审视过自己的习惯。熨烫衣服这件事就是一个可以引起广泛共鸣的例子:除非我们就职于少数几个依旧要求西装革履的行业,否则熨斗已经没有存在的必要。再说,我们完全可以购买不需要熨烫的衣服,这不就省事了吗?大家一旦认识到自己为了"维持个人形象"付出了多大成本,就会像我一样恍然大悟:原来,除了熨烫,好多家务劳动和个人护理工作根本不必做得那么频繁——甚至可以彻底省掉。

尼尔·艾亚尔(Nir Eyal)是研究习惯养成的专家,也是畅销书《专注协定》(*Indistractable*)的作者,我很幸运能与他成为挚友,正是从他身上，我学会了如何大幅删减曾经最令我头疼也是耗时最多的一项活动，即收发邮件，特别是那种由一个正常信息引发的没完没了的邮件往复。"可是我总得回复人家啊！"我也很无奈，"不回复的话，是不是太不礼貌了？"尼尔告诉了我一个聪明的办法，他说："迈克，如果你不想收到那么多邮件，就不要发那么多邮件给别人。"以前，我只想过别人给我造成的麻烦，从未想过自己给他人带去的不便，要想避免无谓的邮件往复，最能掌控局面的不是别人，而是我们自己。从那以后，我每次发邮件之前都会认真把关：这封邮件真的有必要吗？大部分时间得出的结论都是"没有"，于是我就会告诉自己赶紧收手。受到尼尔的点拨后，我又想出了另一个好办法。对于那些正文只问了句"有什么想法？"的邮件，我都选择不予回复。如果信息缺乏实质内容，发件人没有给出任何具体信息，那显而易见，我也没有必要在上面浪费时间。这两个办法帮我减少了很多收发邮件的痛苦，让我每星期至少多出了3个小时可以去做更快乐的事情。

  对于那些无法删减的工作，我们可以将其外包给他人。我之前讲过，我所认为的痛苦活动中有一项是每晚给两个小孩洗澡。容我事先声明，在我太太安娜（Anna）看来，每天洗澡不单纯是为了"维持所谓的个人形象"，而是生活不可或缺的一部分，连续两晚不洗澡在我家简直就是罪不可恕。（我时常会想，家里若是没有太太，两个孩子不仅可能会终日蓬头垢面，还很可能会营养不良。）我和太太都喜欢陪孩子，但每次到了给孩子洗澡的时间，家里一定会闹得鸡飞狗跳。两个孩子死活都不肯下水，我和太太只能跟他们斗智斗勇。孩子们似乎能够感受到我俩的紧张情绪，像是故意要把我俩的斗志消磨殆尽似的。后来，为了减少痛苦的时长，我和太太决定让两个孩子一起下水，结果适得其反，两个孩子总会在水里打闹，甚至闹到不可收拾的程度。说了这么多，大家一定能理解我和安娜为什么都不愿给孩子洗澡了吧？我俩的办法就是一直拖着，直到其中一个人实在忍无可忍而选择英勇就义。整个过程真的太痛苦了。

　　之前，每次想到这个问题，我俩能想出的唯一办法就是请一位阿姨，可一方面我们经济上负担不起，另一方面也确实觉得没有必要。后来，随着洗澡的压力越来越大，我们终于想出了个好主意，"要不然，咱们找个临时保姆吧，一个星期来三次就行，晚餐时帮咱们带带小孩，洗澡时间负责给小孩洗澡"。最初，我俩觉得这样的安排多少有点别扭，哪有专门请保姆给孩子洗澡的？后来想想也就无所谓了，只要能解决问题就行。大家猜怎么着？我们真的找到了一个这样的保姆，她叫卡特琳（Caitlin），我们家孩子简直太爱她了。她活生生地把一项痛苦活动变成了好玩的事（比方说，她每次拿个大浴巾给我家老幺包裹起来时，都会假装孩子是个墨西哥玉米饼），两个孩子（有时）竟然会放弃反抗，跟保姆玩得不亦乐乎。终于，每星期至少有三个晚上，我和安娜可以拥有短暂的二人世界，可以好好地吃饭，不用在心里挂记给孩子洗澡的事。再后来，意想不到的事发生了：两个孩子开始盼着保姆给他们洗澡，就算换成我和太太出手，他们也不像之前那么抵触了。当然，我们也从卡特琳那里偷师了不少（"好玩的"）办法。总而言之，给娃洗澡的时间不再像之前那般痛苦了，每个星期，有三个晚上，我和太太不用给孩子洗澡，可以享受二人世界，但我们与孩子相处的美好时光不仅没有减少，反而增加了不少，真可谓是一举多得。

　　以下是几个非常典型的痛苦活动，常常有人跟我提起，所以我帮大家想了些主意，看看能否减轻大家的痛苦：

- "全天候"关注新闻无异于"自寻烦恼":过分浏览负面新闻绝对是一种痛苦活动,尤其是那些我们无法左右的事情,不仅会在我们刷新闻的过程中对我们造成伤害,甚至事后还会引发不良影响。不过话说回来,我们也不能两耳不闻窗外事。那我们究竟该怎么办呢?我的建议是一个星期集中一个小时看新闻,找几个靠谱的平台,不要相信社交媒体的推送,最好的办法是关闭移动设备上有关新闻更新的各种提示。我甚至见到有人会(遵循古老的心理手段)为自己设定一个"忧国忧民"的具体时间,如此一来,整个星期的其他时间,他就可以卸下包袱,释然地生活了。不如我们也给自己规定一个刷新闻的具体时间吧?接下来,我们再来看看其他办法。

- 遭遇无聊会议,可以选择离开:这世上难道还有比打断正经工作去参加冗长的无聊会议更令人痛苦的事情吗?我的朋友布拉德·威尔斯(Brad Wills)曾是一家科技公司的高管,那时,他经常鼓励下属不要浪费时间参加那些无谓的会议。对,没错,他会鼓励下属悄悄离开。若是有人质疑,他会出面替他们说话。当然,不是谁都能遇到如此开明的老板——但礼貌地拒绝一些无聊的会议,其实比我们想象的容易得多。

- 关于健身房的再思考:我经常主动为健身俱乐部提供设计建议,因为我实在太爱健身了。但即使如此,我也想告诉大家:如果你讨厌健身,完全可以选择不去!锻炼的方式很多,不一定非要去健身房,完全可以选择一个不必专门跑一趟的地方,比如在家里做做力量训练,或是到附近公园爬爬山都行。(健身俱乐部也应该多开发一些好玩且适合各种人群参加的项目,这样才会有更多人将其视为快乐的选择。)

- 把洗衣服这类日常家务交给专业人士:这一点无须多加解释。但我也清楚,很多人会觉得无力承担这笔花销——只有尝试后才会发现,其实根本构不成什么真正的负担,反倒会后悔自己为何没有早点借助外力。想一想,只要花上几美元,我们就可以节省出多少时间?大家也可以重新审视一下自己的预算,看看从哪里可以节省出这几美元。可以借助外力的事情,除了洗衣服还有很多,比方说账目统计、排长队,这些事都可以请人帮忙,花钱解决问题可以帮我们节省很多时间。

- 消除痛苦的工作环节:认真分析自己工作的流程,仔细权衡烦琐的行政手续或工作流程是否有其存在的意义。这件事说起来容易,但实际操作起来很难,对于如何开展工作,大部分人已经有了一套固有的想法。我的朋友露丝玛丽(Rosemary)是一位用户体验/用户界面设计师,自从从事了这份工作,她每天被灌输的都是绘制线框——新数字产品元件及布局的基本线路图的重要性关乎整个设计的成败。但从业多年后,她终于发现这一令人挠头的步骤其实跳过也不会对最终的设计结果造成任何影响。拜拜了,线框!大家也可以想想自己的工作中有哪些无谓的环节可以省掉?

- 关于家务劳动:让孩子参与进来,一起分担!我的朋友克里斯蒂(Christine)一直以来都是一个人承担家务,她总觉得孩子太小,根本帮不上忙。不过,最终她决定让他们参与试试——结果发现孩子们完全能够胜任刷碗、洗衣服这两项她最痛恨的家务活。过去几年，我在社交媒体上多次刷到"适合孩子的家务"的视频，每次看过后都是会惊讶不已。很明显，许多父母都低估了孩子参与家务劳动的能力。视频的制作者是家政专家托妮·安德森（Toni Anderson），她基于自己"快乐主妇"的多年经验提出了一个貌似疯狂的想法，即孩子两三岁以后就可以参加基本的家务劳动了。

停止消极，拒绝"虚无"

经过梳理，我们如果发现自己在消极活动上花了很多时间，那也千万不要自责——这绝对是个好消息。之前，我们消极地让渡了自己的时间，现在我们知道了，这些时间完全可以掌控，只要我们稍作改变就能产生立竿见影的效果。《创意僭越》（Creative Trespassing）的作者塔妮亚·卡坦（Tania Katan）的经历就很能说明问题。数年以前，塔妮亚曾在一家公司任职，直接接受首席执行官的领导，她的这位老总超级外向，总是强调集体的力量——塔妮亚甚至开玩笑说那人恨不得大家都长在一起，"一起用餐、一起做事、一起上厕所"。然而，这种风格并不适合塔妮亚，每天她都需要有些独处的时间才能更好地完成工作。于是，她选择拒绝屈从于公司既定的社交文化。午餐结束后，她会一个人出去走走，要么漫无目的地闲逛，要么约朋友去咖啡店碰个面，她想通过自主的独处获得自由空间，从而更好地思考问题。谁也没想到，其他员工竟然开始主动联系她，希望她能带着自己一起逃离。"我竟然不经意间发起了一场散步革命。"她说。（后来，她还在散步时遇到了一位大学教授兼视觉艺术家，两人一拍即合，很快修成正果。说来也巧，对方竟然是一家散步主题博物馆的馆长,或许正是有散步这一共同爱好才让两人走到了一起。)

我们每个人都和塔妮亚一样,也会时不时感受到所处文化带给我们的社交压力,那我们该如何在社交中发挥主观意图呢?我们将在第七章中做具体探讨。

此时此刻,还是让我们把注意力放在浪费了我们最多时间和精力的消极活动上吧。盲目地浏览社交媒体、时事新闻和娱乐八卦,这些都是最为普遍的消极活动。

请大家帮我一个忙:拿出你的手机,打开那个能够显示你每天平均屏幕时间的功能。我没听错吧?你是不是倒吸了一口凉气?一天下来,你竟然浪费了那么多小时在"虚无"的事情上?

尼尔森调查公司最新的调查结果显示,我们每天花在媒体上的时间竟然有大半天。别误会,我对媒体的态度绝非全盘否定,看一部喜欢的电影或电视剧完全可以成为一项开心活动(若是与朋友和亲人一起观看则体验更佳)。但是,专业人士经过多年研究已经得出结论:心不在焉看电视的操作非常容易引发负面情绪,那些拒绝在屏幕前久坐的人往往活得更加快乐。

由于手机及其他便携设备的出现,我们对社交媒体的依赖达到了一个全新的高度。很多研究都证明了过度使用手机会给我们造成各种影响——大学生只要能够减少花在社交媒体上的时间,哪怕每天只减少三十分钟,内心的压抑和孤寂就会得到迅速而明显的缓解。我们都知道,社交媒体公司的经营逻辑与垃圾食品公司的如出一辙,二者都会想方设法让我们对其产品上瘾。可是,即便心知肚明,我们还是忍不住一有时间——不管是两分钟还是两小时——就伸手拿过手机然后沉迷其中。关键是我们还把花在社交媒体上的时间误认成"快乐"或"放松"的时光，就算已有大量科学事实证明并非如此，我们还是会忍不住就范。

为何会如此？因为但凡我们感受到中性或负面效价的情绪，比如不快乐时，最容易摆脱心理不适的办法似乎就是刷新社交媒体。另外，我们也都希望生活能够充满新意，渴望与人互动，而多巴胺带给我们的预期奖赏的确具有很大欺骗性，会让我们产生错误的认知，以为社交媒体能满足我们对新鲜感和归属感的需求。

就这样，我们在"虚无"的深渊里越陷越深。社交媒体的体验与很多我们习以为常的消极活动一样，根本无法带给我们任何有价值的记忆，只会浪费宝贵的时间。我们的大脑非常讲究效率，所有无关紧要的日常活动都会被它统一编码、统一存储。如果同样内容的东西已经有了二百个副本，你认为大脑还会全部保留吗？当然不会，相同的活动经过大脑编码后会慢慢退化成同一个简单的记忆。大家不妨想想自己通勤的经历，五十次的通勤经历都能历历在目吗？还是它们早已被压缩成"一次"通勤方式而已？

说了这么多，我们究竟该如何防止自己沉迷于消极活动呢？在社交媒体上浪费时间、与酒肉朋友开展无谓的应酬，这些活动都只会让我们自我消耗。如果我们对酒精上瘾，可以把家里的酒倒进马桶以绝后患，但社交媒体不一样，毕竟我们不太可能放弃使用手机。不过我倒是听说有这样一位女士，她为了防止自己过度使用手机，特意买了一个密码箱，每天到了固定时间，就会让老公把手机锁进密码箱。(这个方法确实有用，只可惜没过多久她就拒绝把手机交给老公了。)我认为真正有效的方法是下载一个拦截App，通过预先设定有效拦截那些自己认为毫无用处的网站信息。

接下来我们一起看看，基于玩耍模式，我们下一步应该怎么做。

广泛拓展快乐档案

我们已经知道，想要杜绝或减少积习已久的消极活动并不是一件容易的事，有时可能需要借助外力，幸好行为科学已经为我们指明了方向：想要改变不健康的生活习惯，相对容易成功的做法是用新习惯代替旧习惯。打个比方吧，吸烟的人要想戒烟，专家给出的建议是每次想吸烟时就嚼一粒口香糖。研究发现，有了替代习惯，戒烟成功的可能性就会大大提高。

创建快乐档案：快乐档案就像一个包含了各种活动的清单，除了我们在玩耍模式中已经列出的开心活动和积极活动，我们还可以进一步发挥想象，挖掘出一些自己可能会喜欢的活动。当我们需要找寻快乐时，不必苦思冥想，可以随手打开清单，直接从中挑选一些有趣的事情。这种做法与前面提到的口香糖替代是一个逻辑，有清单做后盾，我们在行动时更容易找准方向，不至于走回从前的老路。

三步学会创建快乐档案

第一步：头脑风暴

我们可以先想出一种最靠谱的方法，不仅要写好清单，更要将其保管好（保管方法很多，可以写下来、创建 Word 文档、谷歌文档、全能便笺等）；然后，再根据过往的体验和当下的感受总结出所有能让自己开心愉悦的活动，可以是（跟小狗玩耍之类的）小开心，也可以是（带小狗出门旅行的）大计划。

打开思路，着眼将来，重新再做一遍上述练习。未来的自己会喜欢怎样的活动？有哪些事情虽然现在没做过但未来会想尝试？

如果是我，我可能会想去太空旅行，且目前已经凑够维珍银河之旅的首付款。

至于说完成第一步需要多长时间，这倒是个见仁见智的问题。有些人觉得应该设定一个时间限制，有些人则更愿意花上几天甚至几个星期好好思考，二者并无好坏之分，只要适合自己就好。

第二步：添加规则

有人可能会提出疑问：本来是快乐的事，为什么要弄得这么复杂？还得事先想好一个清单，这是不是有悖于快乐的初衷了？如此一番操作，快乐岂不成了负担，而不再是什么奖励了？对于这样的观点恕我不敢苟同，具体原因如下：梳理出自己喜欢的活动，不仅可以给我们一种选择的自由，还可以为我们指出选择的方向。科学证据显示，如果我们能够减轻心理负担，不必时刻琢磨出新的创意，获得快乐的可能性就会更大。生活在各种欲望充斥的社会，大部分人都需要发挥主动性，用以满足内心对秩序感的需求。

添加规则的操作除了其本身具备的意义，过程中还能带给我们更多有趣的、获得快乐的点子。艾瑞克·瑞兹（Eric Rietzschel）博士和同事做过一项研究，结果表明，很多人都会因为有限制条件反而变得更具创意，空穴来风、毫无章法的想法则会消耗我们更多认知。一旦认清了自身的快乐模式，类似的想法就会应运而生（例如，"我清楚地知道自己爱看演唱会，有没有哪些乐队的现场表演会令我很喜欢呢？"）。如此一来，我们便可以省出精力去做更加正确的决定，抑或是采取更多、更有效的行动。一旦快乐想法成了体系，我们就可以把精力放在更重要的事情上了——没错，感受快乐！

我们需要思考这样一个问题：快乐档案中所谓的规则究竟要细致到什么程度呢？其实不需要太细致！我认为只要做到以下两点

即可：

1. 按照自己的标准给各项活动分类（如：活动类型、实施难度、适宜季节等）。

2. 整理出"精选列表"。（大家如果想知道我当下的精选列表，可以通过下面的网址进行查看：https://share.michaelrucker.com/fun-list。）

第三步：精选列表

提炼精选列表是建立个人快乐档案的最后一步，差不多也是最难的一步：我们要从自己冗长的快乐清单中选出八到十五项在接下来几个月内能够成行的活动。入选最终列表的所有活动必须具有可行性（比方说，再次参加铁人三项赛虽然会带给我快乐，但因为我做了髋关节置换手术，所以已经不再可行）。

头脑风暴、拓宽思路自然重要，但只是开始，因为几百个活动和想法无疑会增加我们选择的负担，根本无法直接带给我们快乐，这一现象就是专业人士所说的选择过剩。

选择过剩会造成什么问题呢？大家可以想象一个周五的晚上，你待在家里，计划着看一部电影。你是愿意从一千部片子里选择一部，还是从十部片子里选择一部呢？如果你的答案是后者，你已经凭直觉预测出了相关研究得出的结论：对于那些只想挑选一部电影观看的计算机用户来说，如果能从已经精选出来的列表中选择，决定往往会更加正确。不难想象，如果让你从一千部片子中做选择，光是看预告片恐怕就得花上几个小时，估计主意还没拿定，你人已经睡着了。

选择过剩的最大问题是我们很难快速将众多选择排列出优先顺序，所造成的直接结果就是让人无从选择。为何会如此？大家还记得我们人类天生就善于比较吗？大脑在面对不同选择时，自然而然就会将这个想法与下一个想法做对比，到最后才能判断出哪个活动最能让我们开心。既然我们是在创建快乐档案，我可不希望大家被无休无止的比较所累。

为何建议大家精选出八到十五个选项呢？这一数字区间我也参考了相关的科研数据。有这样一项研究：研究人员让受试者先后在六、十二和二十四个选项中做出选择，选择同时用核磁共振扫描其大脑的活动，结果显示十二个选项最能给人以满足感。科学家由此得出结论：大脑在面对八到十五个选择时，做出的决定最为稳妥。

大家如果觉得寻求快乐需要展现出自己叛逆的一面，那不妨超出两个，准备一份包含十七个选项的列表，然后按照列表顺序一个接一个地尝试吧。事实上，比选项数量更重要的是要在列表中包含几项积极活动。如果大家无从判断未来的巅峰体验会是怎样一种感觉，一定要仔细阅读下面的内容。

前往巅峰体验的五条通道

《美国心理学会心理学词典》将巅峰体验定义为"一种凝聚了敬畏、陶醉或顿悟且超越时空和自我的感觉"——用它来描述积极活动再精辟不过了。我在寻找获得此类体验的"通道"时发现，儿时熟悉的电子游戏其实就是一种非常有效的手段。此类游戏设计的指导思想就是要兼顾趣味和挑战、风险和奖励，这不正是积极活动的标志性特点吗？当然，电子游戏不可能像印地赛车联盟那样，能让快乐维持很长时间，往往是电源一关，快乐也就当即停止了，但我们完全可以参考这样的设计理念，在自己的真实生活中找寻到更多的快乐。

亚历山大·曼德里卡（Alexandre Mandryka）是一位游戏设计师，他的个人简历显示他一共开发了二十四款游戏，全球共有五千五百万用户。不过，在我看来，他更像是一位帮人创造巅峰体验的行家，我们完全可以参考他研发刺激游戏的思路，帮助自己打造出非凡的巅峰体验。我们在创建快乐档案时，也可以参考他的部分甚至全部思路，这有助于我们更好地拓宽视野。大家很快就会发现，即使不去攀登珠穆朗玛峰，我们也可以拥有刺激的人生。

1. **进阶升级**

曼德里卡说过，游戏中的巅峰快乐大多来自难度的不断提升以及持续的过关斩将，换句话说就是：在焦虑区和舒适区之间来回切换比固守在任何单一区域都更容易带给我们刺激感受。我们不妨再看一个现实世界的例子：回想一下我们自己第一次骑自行车时的感受。刚开始，即便还装着辅助轮，我们也会感觉非常兴奋——当然，这种兴奋很快就会消失，于是我们会卸下辅助轮，之后会有短暂的恐惧——搞定！——很快，我们便可以把控平衡，内心又有了新的成就感！待到保持平衡已经不再是问题，我们又会开始新的尝试，调整速度、增加距离，甚至尝试些高难度的动作。我们会选择不同的骑行路线提升自己的能力，还会寻找变化的风景以获得不同的体验。

非常巧合，米哈里·契克森米哈伊（Mihaly Csikszentmihalyi）提出的心流理论的核心也是在困难与能力之间实现一种平衡。所谓心流，指的是艺术家、音乐家及其他技艺精湛的人经过上万小时的练习而精通了技艺后达到的一种近乎催眠的沉浸状态。心流状态就是一种巅峰体验——但大多需要事先投入大量的时间与精力。积极体验则不然，每个人都可以拥有，只要实现困难和能力的平衡就可以做到，哪怕只是一次低难度的"升级"，也会带给我们很多欢乐。

在曼德里卡看来，鼓励玩家不断升级可以避免其长期处于一种"虽然愉悦但时间久了就会麻木的状态，一旦如此，最终的结果就是内心的空虚"。可以这样解释，只有需要不断学习的开心体验才不会让我们陷入"虚无感"。曼德里卡曾在自己的博客中写道，"有些游戏没有什么难度和级别限制，玩起来也会让人开心，但我认为这种开心的感觉就像是上瘾，会麻痹我们的大脑和身体，让我们把精力花在一些毫无意义的浮夸设计上，其目的就是让人释放出更多的多巴胺，以从中获得更多快感。"

2. 学习体验 + 自主决定

学习是件快乐的事——当然，得是我们自己主动选择学习的东西。大家或许听过下面这个故事：法国有一位老板，他的员工为了给他制造惊喜，帮他安排了一次在法国战斗机上享受"壮志凌云"的体验。对有些人来说，所谓的惊喜生日派对真的会成为一种惊吓——大家能想象这位老板面对空中特技飞行时内心的忐忑吗？还没开始飞，运动手表已经显示老板出现了心率过速的情况。等到飞机以每小时 870 英里①的时速飞到 700 多米的高空时，慌乱中老板竟然按下了弹出按键。不管他对空中格斗的兴趣有多浓厚，相信有一点我们可以达成共识：我们要想获得快乐，从事的活动必须是自己的主动选择，而不应该是别人的强行安排。很多活动，安排合理就是巅峰体验，否则便可能造成一辈子的心理创伤。（这位法国老板虽然戴着降落伞安全落回到了地面，但被他抛弃的战斗机却落得了个灰飞烟灭的下场。）

---

① 1 英里 =1609.3 米。

我们的直观感受完全可以找到科学依据作为支撑：学习的过程只有与自主决定统一时才会带来真正的快乐。如果大家是在按照他人意志感受所谓的刺激体验，那么很大概率不会获得什么前所未有的巅峰体验。有人对设计实验室——小孩和老师使用工具一起设计、制作、玩耍的课后班做了相对广泛的研究，发现小孩子在自己能做主的情况下玩得最开心。研究人员分析了创意实验室里发生的各种互动，最终找到了获得快乐最简单的配方：自主决定＋学习体验。

3. 不确定性

曼德里卡在自主决定的基础上，又巧妙地联想到另外一种获得快乐的手段："快乐来自对不确定性的主动探索。"人类对不确定性有一种近似于飞蛾扑火的执着，我们非常喜欢那种不知道接下来会发生什么的悬念。大家想想，读小说时，是不是反转越多、悬念越大我们就会读得越开心？

艾伦·迪克斯（Alan Dix）是斯旺西大学计算机代工厂的负责人。在他看来，只要加入一点意外元素，再无聊的活动都可能变成快乐的源泉。比方说，等水烧开这件事绝对是平常得不能再平常了，但如果水壶的设计可以让水开时跳出一只唱歌的小鸟，那么等水烧开这件事就会成为一件趣事。迪克斯在文章中写道，这种创新听上去或许有点冒傻气，但其目的很简单，也不是为了炫酷，就是为了好玩。一把魔术水壶当然无法带给我们什么巅峰体验，但我们如果能把不确定性与更加有意义的活动结合起来，就会因为所参与的积极活动而感受到更多快乐。(我们将在第三章讨论可变快乐，到时候再对积极活动进行更加深入的分析。)

4. 情绪浓度

老到的游戏设计师都知道，沉浸式游戏之所以能带给玩家更多快乐，利用的不是精美画面，而是人类的基础情绪和本能，就是要让玩家感受到悬疑和魔力——人类几千年来都在通过讲述故事的方式认识世界，所以我们对此会有天生的共鸣。

情绪感受与巅峰体验的关系密不可分，这一点显而易见，完全不需要提供科学研究作为佐证。坠入爱河、结婚生子这些人生大事都属于我们的巅峰体验，而花时间培养亲密情感——尤其是浓烈的正面情绪——正是获得快乐的重要途径，每个人都可以实现。

当然，情绪浓度并非只存在于人际关系之中，我们还可以发挥创意，思考一下自己的生活：如果大家觉得日子单调无聊，不妨问问自己：如何能让我的人生故事变得更加丰富和有趣？这个月（或今年）我可以做件什么事把人生故事推向一个小高潮呢？如果有人觉得自己的人生故事缺乏戏剧张力，相信我，我们绝对有能力做出改变，书写出更加精彩的篇章。

5. 勇于冒险，突破边界

我知道，不是每个人都喜欢运动带给身体的刺激感受，但不可否认，刺激的运动对很多人来说都是获得快乐的有效手段。斯蒂芬·林（Stephen Lyng）是一位研究自主冒险行为的社会学先驱，他将这种冒险称为边缘行为。在他看来，很多人之所以愿意参加那些可能会给身体造成伤害且需要一定特殊技能的活动，是因为从中可以获得一种无比充实的独特体验。巅峰体验往往能够引领我们打破日常活动的条条框框，如同乔治·瑞泽尔（George Ritzer）在他的《在幻灭世界活出精彩人生》中所说的一样，这些活动可以让我们暂时忘记所谓的职业地位、工作效率、收入差距等。马斯洛（Maslow）也认为，只有那些突破了"日常需求和驱动"的主动行为才可能成就我们的巅峰体验。路易斯维尔大学的沙恩·斯考特（Shane Scott）

和马克·奥斯丁（Mark Austin）针对那些（用自行车做各种危险动作的）自行车越野骑手做过一次调查，结果发现他们的乐趣不仅源于身体的刺激，参与调查的人纷纷表示，冒险行为是他们挣脱社会桎梏的一种方式，骑行带给他们的快乐在很大程度上来自对理性、物化的日常世界的反抗。

冒险当然也有它的问题，我看过滑板运动员思凯·布朗（Sky Brown）2020年分享的一个视频。她年纪轻轻却非常擅长特技，所以颇有一些名气。她在视频中分享了自己受伤后的感受：她从一侧的U形场地腾空飞起，经过空中的加速却未能安全降落在另一侧场地，整个人当场就被撞昏了。直升机第一时间将她送到医院，视频中她躺在病床上，气息微弱，眼周围都是瘀青。她表示，正常情况下，她不会分享有关事故的视频，因为她希望自己带给别人的都是快乐；但这是她摔得最重的一次，她想告诉粉丝，"有时候，摔跤也没有关系……我想让每个人都知道，不论我们做什么都要开心，只要心中有爱，就可以无所不能"。任何从事极限运动的人都要认真权衡风险和回报，更要充分了解潜在的风险。其实，很多活动的实际风险远远低于公众的预想——比方说，我们完全可以去探索攀岩这项运动，只是请大家记住，如果没有什么经验，千万要记得戴好护具。

大家还有什么其他想要了解的吗？马斯洛在《走近存在心理学》中曾经谈过巅峰体验的十六种好处，以下是我基于他的分析为大家提供的一些建议，希望每个人都能从事更多积极活动，获得更多真正的快乐。此类活动都有以下特点：

- 可以帮助我们摆脱禁锢
- 让我们与周围环境融为一体

- 带给我们一种成就感
- 可以实现艺术表达和无限创意
- 让我们充满力量，感受到自己的与众不同

小心提防快乐的劲敌

关于积极活动，我们已经讲了很多。接下来，不如再给自己上个双保险，了解一下那些扼杀快乐的潜在陷阱和限制。

成瘾、依赖、痴迷

我在工作中总是会遇到很多狂热的健身爱好者。我之前说过，我参加过两次铁人三项比赛，大家或许觉得我一定也是个健身狂人。健身圈一直流行一句话：如果一个人能够长期坚持锻炼，"要么是在努力，要么是在逃避"。一个人怎么可能平白无故每星期在健身房锻炼长达十五个小时？当然，也会有人相信这些人对健身的执着是出于真爱，可运动行为学家马克·安舍尔（Mark Anshel）却将这样的执着称为锻炼成瘾。很多专家认为对运动的依赖——虽然运动本身是一种获得快乐的健康方式——但也很可能导致严重的行为问题（有人会有非常极端的想法，比如"余生，我会把跑步作为生活重心"）。

追求快乐一旦做得太过分，就意味着当事人失去了自控力和主动性，快乐的名声自然也会受到牵连。神经学教授大卫·J.林登是我们第一章提到的《快乐指南》的作者，他认为人类的大脑无法区分善恶，吸食海洛因或滥交时激活的大脑回路与从事诸如冥想或馈赠等善行时激活的大脑回路完全相同，这就是为什么快乐虽然本质上是好事，可一旦追求过度，好事也会变成坏事。不断重复的体验会引起神经结构的长期变化，这一现象被专家称为神经可塑性。因

为记忆会存储在大脑里，所以林登认为，成瘾或许是人类的一种学习方式。特定活动会产生诸如内啡肽一样的天然的神经化学物质，让人心情瞬间变好（人跑完步会感到兴奋就是这个原因）。开心的活动的确会让人产生切实的快感，让人趋之若鹜、欲罢不能，甚至让人蒙蔽双眼，无视有用的常识。

如何判断自己的某种激情是否正朝着不健康的、痴迷的方向发展呢？加拿大心理学家罗伯特·J. 瓦勒兰（Robert J. Vallerand）提出了"激情二元模型"的理论。瓦勒兰将适度激情（有益的）与过分激情（有害的）做了严格区分，以二元模型为基础做了很多实验，结果都显示，适度激情——自觉主动从事某项活动的强烈意愿的确可以引发正面情绪，提高生活的满意度。

与之相反，过分激情则无法让人获得真正意义上的滋养，这种活动只要一停下来，当事人就会感觉到内心空虚。比方说，你已经跟爱人说好要彼此分担家务，但整个周末你却（对事先说好的事不管不顾）一直沉迷于打高尔夫。这种情况下，打高尔夫不仅不会让你感到心满意足，反而会增加你的负罪感。除了负罪感，过分激情还可能引发以下问题：

- 脱瘾症状（症状与成瘾类似）："我要是不运动就会变得很暴躁。"
- 固执己见："即使可能对自己或他人造成伤害，我也必须做那件事。"
- 无视风险："我就是要铤而走险。"瓦勒兰的研究显示，达到痴迷程度的自行车手，即使是下雪天、温度跌至零下也会坚持骑行。不仅如此，过分激情常常伴有成瘾行为，例如，病态的赌博很可能让人倾家荡产。

一个人一旦失去了自我控制和自我调节的能力，就只能听命于令其上瘾的活动，这时候，快乐的阴暗面就跑了出来，原本对愉悦的追求也就相应地变成了一个痛苦的过程。

抑郁症

如果有人已经深受抑郁或其他精神疾病的困扰，千万不要再给自己增加额外的心理负担，不要幻想自己能够通过"追求快乐"解决全部心理问题。很不幸，大多数人遇到心理问题都不太会主动寻求帮助，总觉得难以启齿。然而事实上，引发精神问题的无论是神经化学物质还是以往的创伤经验，最好的办法都是寻找专业人士的帮助或是进行药物治疗。

比方说，如果有人患上了重度抑郁症，专业的治疗尚且很难让人快速痊愈，怎么还敢指望凭借意志力来解决问题？如此妄想只会给我们造成更加致命的伤害。我二十多岁时曾经因为病毒感染住过一次医院，病毒引发了严重的神经和心理并发症。当时，正是专业人士的帮助将我带出了黑洞，让我顺利完成了本科学业。不仅如此，面对各种难以承受的压力时，我还服用过活性腺苷甲硫氨酸来改善自己的情绪。如果你也感觉自己需要借助外力，千万不要觉得难以启齿，得到帮助后，你会发现快乐其实就在不远处等着你。

加班加点，缺乏睡眠

这其中的道理很简单：睡眠不足，生活就不可能快乐。睡眠不足已经成为人们日益普遍的公共健康隐患，根据美国国家睡眠基金会对睡眠与认知表现所做的生理研究，成年人每天需要保证7到9个小时的睡眠。如果睡眠不足7个小时，身体就会感到困倦疲惫，大脑的功能也会出现一定障碍。

我们面临的另一个问题是工作太辛苦。查尔斯·A.切斯勒

（Charles A. Czeisler）是哈佛医学院研究睡眠医学的教授，在他看来，我们在任何一个二十四小时的周期里都应该保证自己有连续 11 个小时与工作无关的生活，而每个星期则应该保证至少有一天时间什么工作也不做——如果能够连续两天，效果更好——这样的操作可以有效避免不好的睡眠习惯。切斯勒教授还认为，一个人每星期的工作时长不应超过 60 个小时。

如果你和美国三分之一的成年人一样，每晚睡眠时间也不足 6 个小时，就算你愿意努力做出新的尝试，就算你想方设法让日子快乐起来，恐怕到头来还是会竹篮打水一场空。人在睡眠不足的情况下，做什么事都无法恢复元气，甚至连玩耍都会成为一件苦差事。同样道理，缺少自由时间，整日加班加点，也会妨碍我们找寻真正的快乐。

将快乐与高唤醒混为一谈

对于快乐，每个人都应该有自己的定义，应该参考自身的需求和欲望，养成适合自己的习惯，千万不要被他人的想法左右。艾瑞斯·莫斯（Iris Mauss）博士是伯克利情绪与情绪调节实验室的主任，多年来一直从事幸福科学的研究，在这方面做出了巨大贡献。在她看来，美国人和西方人特别容易把"快乐"与高唤醒（比如充满活力、兴奋不已）的积极体验混为一谈。"我认为，我们的文化忽略了斯坦福心理学副教授珍妮蔡（Jeanne Tsai）一直宣传的低活跃度或低唤醒的情绪，如镇静、平和、安宁。"安静地读书、冥想、收拾花园都属于低唤醒活动，有些人可能不认为这些活动是在"寻求快乐"，但事实并非如此，这些活动可以让人获得一种内心平衡和精神力量，在当今社会这些感受绝对属于稀缺资源。

过度优化时间安排

每次我遇到有人对我的研究方向感兴趣，特别是一些年轻的

"技术控"，发现他们都会向我标榜自己多么善于在百忙之中抽出时间找寻快乐。"我工作起来就像一台机器，细致到每分钟都做好了安排，"一位年轻的企业家说道，"就连上厕所的时间我都会充分利用，比方说登录个交友 App 安排个约会什么的。"说这种话的大都属于一类人，他们一辈子都在追求自我优化，总想钻生活的空子。他们都认为我不该唱衰一周 80 个小时的工作安排，因为工作对于他们来说也是开心的事情。他们说得或许没错——但生活一旦被工作所裹挟，人生就丧失了丰富性，选择空间也会被无限压缩。这些人或许觉得自己很了不起，即使坐在马桶上也能安排约会行程，即使工作忙得"脚后跟打后脑勺"也能找到快乐，但总有一天，每个人都得学会给自己的日程安排做减法。人生在世，终极目标应该是活出真实自我，实现主观意图，而不是过度优化时间安排。

活出真实自我，实现主观意图

我希望大家读完这一章后可以切实地认识到时间的有限性和机会性。我并不认同"每一分钟都不能浪费"这句老话。要知道，一段快乐幸福的日子可以帮助我们撑过日后的许多无聊甚至是困顿。如果我们始终无法正确看待时间有限的本质——当然了，每个活着的人都无法知道自己何时大限将至，也无法知道自己的离开究竟是福还是祸——就很难保证不会浪费时间，并因此而错过很多能带给我们巨大快乐的活动。

我认识的很多人都会在积极活动上花费大量时间，要知道，这都是他们有意地主动选择。他们的工作也很忙，要想有时间玩得开心，也得刻意做出安排。我们总以为"神奇时刻"不需要事先计划，这种想法根本不对。没错，神奇时刻确实很难计划出来，但我们必须为其预留出时间，这就需要我们多少做些计划，需要我们学会一些方法。

我哥哥的早逝让我真正意识到了追求快乐的重要性，他离开那年只有四十一岁，我完全无法接受这一突如其来的噩耗，之所以能撑过那段悲伤的日子，正是因为我们成年后虽然大部分时间都在各自生活，却依然拥有很多共同的幸福回忆。

我和哥哥一直在帮彼此完成人生夙愿，我们一起去过慕尼黑啤酒节，也造访过芝加哥喜剧团。他住在印第安纳那段时间，我们还一起参加了黑魔王节——绝对是重金属音乐和精酿啤酒爱好者的天堂——那是布莱恩的最新发现，也是我们人生探险旅途上的重要一站。（他喜欢精酿啤酒，我喜欢重金属音乐——二者的结合堪称完美。）

就在哥哥去世前的一个月，我俩还一起出了趟远门。那段时间我同时做着两份工作，公司还面临重启，整个人承受着巨大压力。但是，因为工作原因我必须去趟纽约，于是我当即决定：哪怕推掉一些公务，也要找时间跟布莱恩见一面。那会儿他住在新泽西的普林斯顿，我俩说好一起去趟新泽西杰克逊的六旗游乐园。如果大家也喜欢坐过山车，一定知道那里的金卡达是全世界第一高、第二快的过山车。于是，六旗游乐园当然成了我俩的不二之选，因为赶过去相对容易。其实对我来说，并不容易，非常折腾，往返得8个小时。不瞒诸位，一路辗转，我也几度发起了牢骚。

可是，到了游乐园后，我所有的负面情绪当即消散。我和布莱恩很开心能够再次团聚，两个人玩得不亦乐乎——当然，有些项目还是让人难免心生恐惧。十年前，我俩在加州的六旗游乐园也想尝试坐过山车，结果却败兴而归——因为哥哥身材过于魁梧，很多游乐项目都玩不了。这次来到新泽西，我俩走向过山车时内心非常紧张,金达卡不会也拒绝我们吧?

终于排到了,我和哥哥兴奋地找到座位。我们知道规矩,必须确保安全,要听到安全带咔嗒锁好的声音,否则打死也不能冒险。我紧张地看着布莱恩把自己塞进座位,觉得这次多少有点希望。只见他深吸一口气,收紧腹部,终于,在工作人员的帮助下,我们听到了安全带系好的声音!

不一会儿,我们就出发了。那感觉太棒了,跟我们想象的一模一样,绝对的快乐一百分!接下来的一整天,我俩开口闭口讲的都是乘坐过山车的感受。虽然当天很多游乐项目让我们吃了闭门羹,但有了过山车的经历就够了,我俩已经战胜了最恐怖的大魔王!第二天,哥哥开车送我去了机场,分手前,我俩吃了一顿胜利大餐,一边吃一边像两个孩子似的回想着乘坐过山车的经历。我跟布莱恩有太多快乐的美好瞬间,这只是其中一个。

图3 打卡金达卡过山车
拍摄地点:新泽西州杰克逊市;拍摄时间:2016年5月14日

大家如果对安排快乐的想法还有迟疑，不妨再听我唠叨最后一句：就算日程安排得再紧，我们也能从中发掘出意外和惊喜。尽管这听起不太符合逻辑，但是为了给惊喜、快乐、意外留出时间，我们必须成为一个"寻找快乐的有心人"。（当然，有时我们的确做了计划，以为自己会玩得很开心，结果却发现毫无乐趣，这也很正常——正因如此，我们才要不断尝试啊。）

我们谁都无法掌控未来，生活注定充满了意外——但这并不是坏事，哪怕意外会带给我们痛苦，我们也不能将其全盘否决。我们能做的就是在有限的生命中竭尽全力，活出更精彩的人生。

快乐名人堂：马克·萨瑟兰（Mark Sutherland）
——纪录片《狗狗艾比的一生》的原创者

大家是否听说过狗狗的遗愿？对于马克·萨瑟兰和他的小灵犬艾比来说，正是这样一份遗愿清单改变了他俩的一生。那年，小狗艾比十三岁，马克注意到它的动作明显变慢，身体也很虚弱，关节似乎也出现了问题，走起路来时常一瘸一拐。兽医认为艾比很可能有患癌风险，马克这才意识到艾比或许时日无多，之前他养过的两只灵犬都是在这个年纪离开了他。

那段日子，马克破天荒地放下了工作。"于是我就想，不如带着狗狗出趟远门吧。"

马克替狗狗想了好多好玩的遗愿：往（世界最高的）红杉树上撒泡尿，在拉斯维加斯享受一次餐饮上门的酒店服务，去迪士尼体验一次小人国的娱乐项目。就这样，遗愿清单上列出了越来越多的"第一次":第一次见新朋友(海豚),第一次在雪地上奔跑,第一次露营,等等。

马克坚定地给自己的生活按下了暂停键,带着自己的爱犬开启了旅程。他们计划从南加州(加利福尼亚州南部地区)的海滩出发,用几个星期的时间玩遍全国,最后再带着艾比感受一下大西洋的海水。他们在加拿大的小干草岛露营时,意想不到的事情发生了:艾比的身体状况竟然有了好转,不再一瘸一拐,竟然撒了欢儿地在岩石上奔跑。马克说,"它又开始蹦跳,又开始微笑了,我眼见着它变回了曾经那只年轻的小狗。"

就在那一刻,他做了一个更大胆的决定:放弃原来的返程计划,只要小狗活着,就带着它一路走下去。原本三个星期的旅行持续了将近三年,可以说,艾比在确诊癌症之前一直都活得特别快乐。死前的几个星期,它的状态似乎也有所好转,于是,马克带着它去了趟大西洋海岸——这原本就是他计划好的旅行终点站,终于,在艾比生命的末尾,他们的旅程画上了完美的句号。

过去三年,马克为艾比拍摄了上百个小时的视频资料,如今已经编辑成一部完整的纪录片。马克说:"这部影片想要传达的信息很多,其中一个就是想提醒大家从沙发上站起来,走出家门去感受真正的人生。我当然不是让大家放弃有意义的追求,更不希望大家终日无所事事,我只是想说,行走在路上,我们要用心留意沿途的风景。"

第 3 章
体味人生

> 很多人认为自己坚持锻炼、合理饮食、纳谏如流，所以应当活得长寿，事实或许真能如此。可是，对生命的衡量为何一定要看时间的长短，而不是看生命的质量呢？
>
> ——加布里埃尔·伊格莱西亚斯（Gabriel Iglesias）

通过梳理玩耍模式，我们不仅找回了很多先前浪费的时间，还为日常的生活增添了不少新的乐趣。接下来的这一章，我们将探索一个百炼成钢的方法，借助各种工具让日常生活变得更加欢乐、更加幸福。

"体味人生"这一操作既有科学理论支持，又有事实依据做证，具体包含以下五个要素：

- 故事编辑
- 活动绑定
- 可变快乐
- 增加选择
- 追忆过往

"体味人生"的操作真的非常神奇，只要使用几个工具就能让我们的生活发生天翻地覆的变化。我在读博士学位期间参加了一项实习工作，实习单位是加州一家医院，当时医院里有一位医生结束了自己的生命，有关方面因此决定采取行动，帮助当地医务人员疏解心理压力。那位医生的死对整个医疗系统敲响了警钟，许多医生都承受着巨大的工作压力。当然，任何职业都面临着身心俱疲的风险，但针对医务人所做的研究结果显然更加普遍，原因在于医务人员面临的人际压力更大，研究结果更能说明问题，而其中受到影响最大的当数内科医生。那位医生的自杀对整个医院都是巨大打击，数据显示，其实所有医生都承受着巨大压力。

我到岗后见了医院的医疗总监，对方表示医院愿意接受新的理念，愿意采取行动主动配合。当时，大量文献都已证明积极心理学手段可以助力培养人的抗压能力，这位医疗总监了解后也深受鼓舞，但那些手段真的可以帮助内科医生缓解压力吗？如果能如医疗总监所愿，有效提高医务工作者的抗压能力，我们是不是就能避免更多医生出现崩溃的状况？

我与医疗总监深入聊了几次，之后被派去了医院的福祉委员会——除了我和医疗总监，委员会另外还有十几位成员，都是内科医生，代表了不同的科室。我们都知道，培养抗压能力绝非易事，而在医院的环境下难度更是可想而知。我听取了各个科室的建议，发现很多制度已经根深蒂固，导致很多建议根本无法实施，涉及要让内科医生暂停工作或参加外部培训等。要知道，对医生来说时间是多么稀缺的资源，很多创新想法很可能根本推行不下去——甚至会给医生造成更大压力和疲惫——权衡了风险后，都成了空谈。

既然在委员会找不到方向，不如看看能否从更多的内科医生那里找到突破口，毕竟他们是真正的受害者。于是，我开始约见医生，很快发现了问题的关键所在：所有医生都认为救死扶伤的职责比天还大，相较之下，自己的事情似乎都不值一提。

当医生真的很不容易。想当初，不扒一层皮根本不可能从医学院毕业。学医的学生必须懂得放弃个人利益，要做到大公无私，始终把救死扶伤作为凌驾于一切——包括自身幸福——之上的最高追求。任何有悖于救死扶伤的事情都成了实习医生眼中的大忌——哪怕只是晚上看场电影这样的小事也不行。为了从医学院顺利毕业，这些未来的内科医生恨不得放弃了所有与功成名就无关的生活，包括人生感受和自我关爱。

我们更多人即使没有读过医学院，对这种感受也不会陌生。所有从业人员如今似乎都充满了斗志，医学院的学生不过是当下普遍心态的极端体现罢了。太多的人都认为工作能体现人生的成功和意义，于是职业发展就成了我们人生的大事，至于说生活的其他方面，也就只能被排在后面。

通过与医生聊天我发现，大部分医生虽已毕业多年，但人生的排序——工作优先——似乎并没有改变。当然，随着医生逐渐适应自己的职业角色，人生其他需求必然还会凸显，一辈子只想救死扶伤的想法也会有所松动。再后来，待到一切尘埃落定，一心只做医生的吸引力会继续大打折扣。曾经的他们，以为凭借坚韧和热情就可以坚持到最后，后来却慢慢发现这一想法根本不现实。他们不由自主地开始计算自己为工作所做的各种牺牲，痛苦不断地吞噬他们的心灵。医疗行业当然是备受推崇的职业，然而，哪怕是这些最有奉献精神的从业者也需要拥有自己的生活，因为，一旦缺乏生活，我们就会丧失很多学习知识、体验人生的机会，导致无法增长见识，无法提升智慧。

随着工作的推进，我与委员会的几位内科医生渐渐熟络了起来。其中一位医生明确表示愿意尝试一些前沿的理念，在此我们姑且称呼她为安东尼娅①（Antonia）。安东尼娅之所以加入福祉委员会是因为她本人也承受过心态崩溃，同事的自杀让她久久无法平静，她希望能尽全力帮助更多医生改善心理状态。她也清楚地意识到了自身的问题，自从成为一名住院医师，她几乎完全丧失了个人的生活。

我们决定行动起来，看看哪些小的改变可以帮助安东尼娅活得更加投入和充实。安东尼娅虽然很有斗志，却不太知道该如何开始，于是我建议她回想一下自己上医学院之前的生活，或是小时候的日子。"那时候的你会做些什么？做什么事会让你开心？"我问她。她当即回答"画画"——不过，马上又解释说那不过是她一个不太靠谱的爱好，画得一点都不"专业"。于是，我带着她做了故事编辑的练习——调整我们看待人生价值和人生重点的滤镜——让她重新认识绘画对于她的幸福有多么重要。当初，绘画确实是安东尼娅重要的快乐来源，可考上医学院后，这一爱好被彻底挤出了生活的选项。事实上，安东尼娅想得不对，绘画对她而言绝非可有可无的爱好，她身为医生的生活严重缺乏自我表达和玩耍娱乐，这正是她几近崩溃的一个重要原因。

帮助安东尼娅重拾爱好并不容易，但我俩始终没有放弃。我们仔细研究了她的作息安排，从中找出了一些可以用来释放创意的零散时间。她发现自己可以把画画与值夜班绑定在一起，没有病人找她的时候她就可以画画，把自己遇到的困难用漫画的方式表达出来。过程中，她不仅释放了压力，还重新找到了情绪的创意表达。

---

① 在福祉委员会工作期间，我与很多医生打过交道，对每个人都心怀尊重。我与医院集团签署了实习合同，对于所做的工作必须做到严格保密，所以安东尼娅虽然确有其人，我却不能使用其真名。不仅如此，我还将她的经历与其他人的信息杂糅在了一起，以便更好地保护她的隐私。

在此基础上，我俩又对更多选择进行了探索，比方说让她参加一些儿时喜欢的活动等。一切似乎步入了正轨，她的"快乐档案"变得越来越丰富。当然，我们并未止步于此：如果不采取切实的行动，再多选择也都形同虚设，只会让人感觉更加窒息。我们细心讨论，认真精简，挑选出了她最喜欢的几项活动，希望她能从中得到真正的快乐。举个例子吧，安东尼娅一直有记日记的习惯，每天都会把自己感恩的事情记录下来。于是，我们就把她的这一习惯做了些微调，让她改变关注重点，不要记录感恩，而是要记录并追忆让她开心的事情。

可想而知，我当时想帮更多医生改善状态的尝试并不成功，很多人都对所谓的快乐嗤之以鼻，认为追求快乐只会耽误重要的工作。好在还有安东尼娅和另外几位医生非常配合，他们终于发现快乐其实是一剂难得的补药，不仅可以帮助自己恢复元气，最终还能帮助自己的精力得到全面提升。事实证明，医生只有懂得享受人生，才更有精力好好行医。

后来，我虽然离开了医院的福祉委员会，偶尔还是会约安东尼娅出来喝杯咖啡，顺便了解一下她的近况。我很开心地看到她脸上再次绽放了笑容，因为她又拿回了人生的主动权。工作之余，她又拓展了新的兴趣爱好，甚至创建了一个网站，专门探讨艺术与幸福之间的关系。我们终于发现，快乐才是治愈身心疲惫的良药，我觉得自己俨然成了一位研究药物的科学家，安东尼娅的改变说明我的办法已经成功通过了"临床实验"。

接下来的部分，我需要大家的配合，请问自己以下几个问题：哪些人生故事的思路潜移默化地破坏了我追求快乐的能力？旧有的故事对我来说还有帮助吗？抑或是跟安东尼娅当初的错误认识一样，已经成为应该破除的陈规陋习？怎么做才能摆脱陈旧故事的羁绊，才能迈开前进的脚步？

故事编辑

我了解故事编辑这一概念是因为读了提摩西·威尔逊（Timothy Wilson）博士的《改弦更张》（*Redirect*），作者探讨了信仰在塑造主观事实方面发挥的强大力量，并提出人类具有"编辑自身故事进而改变自身行为及幸福感受的能力"。故事编辑可以帮助我们改变以往的错误认识，让我们充分意识到追求快乐绝非浪费时间的愚蠢行为。

如今，大多数人都被迫处于一种"永远在线"的状态。强大的社会规范限制了我们对快乐的重视度，对快乐的追求更是成了一种禁忌。要想有所突破，我们首先就要从故事编辑做起。事实上，只要我们能够意识到这些限制的存在，而且下定决心让自己活得更加快乐，我们的战斗就已经有了很大的赢面。只要多加练习，哪怕是最日常的场景，故事编辑也能将其变成体验快乐的机会。我们要做的其实很简单，就是命令自己享受快乐，这是最好的善待自己的方式。

首先，我们要检视自己对快乐是否抱有成见。我们一定要反复提醒自己：追求快乐与追求高效并不矛盾。（如果大家还有所怀疑，不妨继续往下读：我会继续帮大家答疑解惑。）快乐并非"锦上添花"，它是保证人生幸福的最基本要素。所以，如果我们想找回力量，放弃旧的剧本，第一步要做的就是改写故事走向，将快乐纳入自己的人物设定。

当然，仅凭指令并不能产生愉快的想法，我需要刻意练习，而且要对自己有足够的耐心。对很多人来说，哪怕只是要求他们放下焦虑，就已经耗尽了他们的气力，这绝对不是危言耸听。威尔逊和他的同事（弗吉尼亚大学）做了一项实验，他们让参与者在以下两个选项中做出选择，一个是坐下来思考十五分钟，另一个是忍受电击十五分钟，没想到，竟然有三分之二的男性和四分之一的女性竟然选择了电击。后来，同一所大学的莎拉·阿赫马迪（Sarah Alahmadi）也和同事做了一个相关研究，发现如果不是刻意为之，我们大都不会优先考虑愉悦的想法，原因或许在于我们总是低估此类想法带给我们的欣喜和好处。研究人员最终得出了结论：如果没有主观意识的参与，我们或许永远不会把快乐作为人生的主要追求。大部分人一辈子兢兢业业地工作，希望能够功成名就，却从未想过就算真有那么一天，我们大概率已经丧失了享受功成名就的能力。

不过大家不要悲观，只要我们找到合适的正向刺激——提醒自己放松思想、享受当下并非什么罪过——快乐其实离我们并不遥远。有这样一项研究，研究人员把参与者分成两组，给了他们一些"思想的抓手"，鼓励他们思考自己喜欢的任何话题。在参与者创建出自己喜欢的话题清单后，研究人员让他们再花上几分钟认真思考列表上的话题。接下来的几天，实验组还会持续收到相关话题提醒，但对照组则不会收到任何消息。最终，研究结果显示，接收到提醒的参与者可以更轻松地集中注意力思考喜欢的话题，过程中不太会胡思乱想，更容易乐在其中。至于如何驾驭专注愉快话题的能力，我们将在下一章进行深入探讨。

人类的初始设定决定了我们不太过多地思考快乐。要想做出改变，我们需要在生活中加入一些简单的提醒，帮助自己把喜欢的事情带回到意识层面。哪怕只是稍加引导（"改变方向"），我们就可以重新构建生活中那些最日常的时刻，如排长队、等水烧开等，将它们变成自己的快乐瞬间。面对生活的无聊，我们必须克服自己的错失恐惧症（FOMO），社交媒体的各种推送就是造成这种恐惧症的罪魁祸首。我们要找到方法沉浸在属于自己的快乐记忆里，现在就可以尝试，方法也有很多：我们可以回顾之前创建的快乐档案，也可以在手机日历上设置提醒，帮助自己回想过往的美好瞬间（这一功能与脸书的"为你推荐"有点像，不同之处在于这次是我们自己设定的日历提醒，可以自己决定想追忆的事情）。

成功的故事编辑还可以帮助我们养成成长型的思维模式，这是卡罗尔·德韦克（Carol Dweck）博士在她的《思维模式》一书中提出的概念。德韦克发现那些拥有成长型思维的人往往具备更高的主观能动性，他们会主动把握自己的人生方向，相信只要主观努力，就可以提升自我、改变现状。一个人如果没有成长型思维模式，就会把自身能力视为一种固定属性，认定自己无法掌控人生的走向。

要想培养成长型的思维模式，我们首先要学会重新解读人生中的不幸。比方说，我们如果遭遇拒绝或是犯了错误，正确的想法应该是"我喜欢积极的挑战，下一次我或许会更加刻苦，但会从中获得更多快乐"。

与之相反，我们如果固守旧的思维定式，每次遇到挫折就只会甩出一句"一点都不好玩，这不是我的强项，我以后不会再做了"。

大家如果觉得一下子做出如此巨大的改变实在太难了，不妨先从一些小事做起。比方说，我们可以这个周末就给自己放个假，没错，就是这么简单。研究显示，思维模式的这一小小转变就可以产生积极的效果，如同真实度假一样，也会带给我们诸多心理上的好处。一旦感受到这些微小转变带来的切实好处,我们一定能鼓足勇气尝试更多、更加大胆的转变。

随着不断的练习,我们故事编辑的能力会有所提升,继而会发现很多曾被自己忽略的获得快乐的机会。打个比方,我们可以把午休当成真正的"放松时间",找机会做些快乐的事,跟老朋友约个饭局什么的。如果我们足够幸运,或许也能像(前一章我们提到的)塔妮亚·卡坦一样,在放松时间邂逅自己的灵魂伴侣。即便没她那般幸运,至少也可以因为感受过快乐的力量而更加努力地对快乐展开追求。

快乐名人堂:比尔·莫瑞(Bill Murray)

比尔·莫瑞是位大名鼎鼎的明星,参演过诸多脍炙人口的好莱坞大片——如《疯狂高尔夫》《捉鬼敢死队》,演艺事业后期还拍摄过大量的独立电影。最近几十年,他似乎超越了影视明星的人设,一跃成为当代的民间英雄,坊间流传了太多关于他的传奇故事:面对陌生人发出的快乐邀请,他从不拒绝,总是爽快地应承下来。记得有一次,他身在纽约,有陌生人邀请他一起去KTV唱歌,他二话没说就答应了,而且一直待到最后,唱得很是开心,还给大家买了酒。还有一次,他碰到有新人在拍婚纱照,他凑上去抢镜,给了新郎新娘一个巨大的惊喜。在苏格兰,他参加了一位人类学专业的学生组织的派对,不仅玩到最后,还帮忙收拾了餐具。这些传奇故事——很多都在纪录片《比尔·莫瑞的传奇人生》中得到了汤米·阿瓦洛内(Tommy Avallone)的证实——充分说明他从未将自己区别于其他人，任何探索的机会他都会勇敢尝试。

莫瑞最初发迹于芝加哥喜剧团，后来成了《周六夜现场》的主持人。他这一路走来，事业发展的剧本完全都在他的设计之中。众所周知，他没有经纪人，如果有什么工作机会，别人会给他电话语音留言，他心情好时就拿来听听。电影《捉鬼敢死队》的成功把他推向了一线明星的地位，但他本人却将其视为事业的低谷，因为自己丧失了对演艺事业的激情——于是，他放下正当红的事业，前往巴黎索邦大学学习了四年历史和哲学。2014年，查理·罗斯（Charlie Rose）问他还有什么未达成的心愿时，莫瑞的回答并不是未获得奥斯卡奖，而是自己还未真正做到活在当下。"我想看看自己究竟能够坚持多久，真正做到活在当下、感受当下。"2020年，吉米·坎摩尔（Jimmy Kimmel）打电话祝他七十岁生日快乐，莫瑞回应说，"我还很年轻，要是我犯了事，应该按青少年犯罪处理"。他的确很年轻，接这通电话时用的竟然是史努比造型的电话。

活动绑定

上一章，我们对自己的时间安排做了清点，已经认识到时间有限，必须在众多选择间做出取舍。我没有本事让大家每天凭空多出几个小时的时间，却可以教会大家通过活动绑定的方式获得类似的感受。

活动绑定绝对堪称魔法——虽然一个星期的时长并没有改变，却可以让我们凭空多出几个小时的快乐时光。操作起来也不难，我们只需仔细审视自己的时间安排,把之前未能充分利用的时间巧妙地运用起来,多在其中融入一些积极元素。当然,我们必须保证一点,就是不要因为活动绑定而影响基本的生活需求——包括睡眠、冥想、发挥创意等。只要我们足够用心,活动绑定就可以把我们之前最无聊甚至最痛苦的很多时刻变成更加愉悦的体验。想想安东尼娅的做法,她把值夜班的时间与画画爱好有效地结合在了一起,并由此得到了不同凡响的效果。

活动绑定这一简单操作可以增加获得快乐的机会,我们可以将其应用在玩耍模式的任何一个象限。打个比方,我们可以把开心活动象限和积极活动象限的两个活动结合在一起,继而获得加倍的快乐(既看了脱口秀表演,又实现了与好友的重聚),也可以在完成一项痛苦活动(如打扫房间)时安排一项开心活动(如收听最喜欢的播客节目或电子书)。

活动绑定的另一种操作是按照先后顺序把一件不想做的事与一项有奖励效果的活动捆绑在一起。行为科学家早就非常清楚,要想促使人类从事痛苦活动,用开心活动作为鼓励是最为有效的办法。早在20世纪20年代,约翰·霍普金斯医院的库尔特·保罗·里克特(Curt Paul Richter)就已经发现,饥饿的老鼠如果预判将有食物出现,就会明显增加身体活动。大卫·普雷马克(David Premack)对这一现象进行了更为深入的研究,提出了"强化相对论",业界普遍将其称为普雷马克原理,即"当且仅当A的独立程度大于B时,任何一项A的反应才会强化任何一项B的反应。"说得通俗点就是,如果我们把做某件不太好玩的事作为做另一件好玩的事的前提,那完成第一件事的概率也会大幅提升。

如果大家自己有小孩,对这种绑定肯定早就不陌生了。很多时候，家长为了让孩子做一件重要的事，会承诺做完之后给他们奖励，以此作为诱惑。"你先把自己的房间收拾干净，然后我就带你去买冰激凌！"科学证据显示，我们完全可以使用同样的方法帮助自己完成那些令人感到痛苦但又不得不做的工作。快乐是最好的激励工具，为什么不好好利用呢？

严正提醒：这种方法也可能适得其反，痛苦体验可能并不会因为开心体验而得到弥补，反而可能把后者一起拖入深渊。所以，我们在活动绑定时一定要实事求是、思虑周全。比方说，一边听喜欢的电子书一边遛狗这一绑定听上去不错——但很可能有一天你听得太投入，爱犬趁你走神的工夫津津有味地吃起了地上的垃圾。（这是我朋友身上发生的真事，小狗就算没有乱吃垃圾，也不会乖乖听话，所以一边遛狗一边听小说对她来说很不现实。另外，比起听电子书，她更喜欢阅读的乐趣。）同样，我建议大家也不要将耗费脑力的工作（如准备报税单）与幸福的二人时光捆绑在一起，这种绑定不仅会让报税工作显得更加痛苦，而且还会破坏与朋友、爱人相处的良好氛围。所以，请大家谨记，活动绑定这一方法有利有弊，使用时一定要掌握分寸，否则就会适得其反。

从我本人的经历来看，经过一段时间的训练，活动绑定确实给我的生活带来了巨大影响。以前，我曾是铁人三项比赛的一位参赛选手，可四十五岁时的一场手术彻底断送了我挚爱的跑步运动。不难想象，这种变化对我来说多么难以接受。以前，跑步是我自我疗愈的一种方式，当医生告诉我因为股骨头压迫骨盆以后都无法跑步时，我整个人都崩溃了。由于无法维持以前的运动水平，我的体重快速增加，一度出现了高血糖的问题——我的本职工作可是倡导健康生活啊，毫无疑问，身体出现的状况对我的事业也构成了一种打击。

医生告诉我，以后若是还想运动，就必须做髋骨置换手术。就这样，我经历了一场大手术。手术后的那几个星期，我根本跑不过我那两个好动的孩子，身体状况严重影响了我和女儿的关系，我无法再像之前一样跟她到处乱跑了。最初的康复训练非常痛苦，但我必须坚持，因为我想找回跟女儿相处的快乐时光，于是，我想到了活动绑定这个办法。

图4 月光夜跑
拍摄地点：加州戴维斯；拍摄时间：2014年7月12日

那段时间，女儿对舞蹈产生了浓厚的兴趣，于是我打破传统，将单调孤独的康复训练变成了舞蹈学习。我请来一位舞蹈教练，他发明的舞蹈动作不仅适合我的身体状况，而且还能让我和女儿其乐融融地相处。就这样，康复训练成了我积极象限中一周一次的固定节目，不仅让我恢复了健康的体魄，还加深了我和女儿的感情，不仅让我俩的舞蹈技能日益精湛，最重要的是还让我俩度过了无数快乐的时光。

可变快乐

那种感觉太好了，知道为什么吗？因为那一刻你已经等了整整五个月。如果你正饥肠辘辘，突然有人扔给你一块饼干，你的感觉肯定是："老天，这是我这辈子吃过的最好吃的饼干！这肯定不是什么普通饼干，对吧？是什么呢？盐焗饼干吗？老天，真是太好吃了。哦，这不是盐焗饼干，只是……普通的乐之饼干，到底是不是啊？老天，反正这是我毕生吃过的最好吃的饼干！"

——出自艾迪·墨菲（EDDIE MURPHY）的电影《野马秀》

研究显示，对于被剥夺了快乐的人来说，一旦重新获得开心的体验，他们的感觉会来得更加强烈。按照这个逻辑，我们也不能一直做开心的事，换换心情或是打破常规也是不错的选择，增加变化可以帮助我们抵抗享乐适应性，避免再次回到大脑设定的幸福水平。我们在第一章已经讲过，每个人都有自己的幸福设定，不论外界情况如何变化，享乐适应性总会将我们带回到初始的设定值。请大家记住，大脑并不希望我们长期处于感觉良好的状态，幸福存在的意义就是鼓励我们采取积极行动。心愿达成，我们会很开心，但开心的感觉会慢慢消退，这就是我们之前所说的"快乐跑步机"理论。

加州大学圣地亚哥分校的雷夫·D.尼尔森（Leif D. Nelson）和纽约大学的汤姆·梅维斯（Tom Meyvis）经过联合研究发现，如果我们在好的体验——比方说按摩——中间安排一段意想不到的停顿，体验得以继续后，当事人的感觉会更好。反之，如果我们做的是一件无趣的事，暂时的停顿只会让事情变得更加无趣。总而言之，短暂的休息过后，再次适应的过程会让我们重新清晰地认识到之前习惯了的刺激。打个比方，如果我们在建筑工地工作，尽管有巨大的噪声，但最终也会慢慢适应，工作会渐入佳境。但是，如果休息后重返工地，大家又会重新意识到噪声的存在，产生比之前更为不快的感受。

尼尔森和梅维斯发现，不管体验本身的效价如何——不论是积极体验还是消极体验，中断后我们的感受都会增强。按照这一逻辑，我们应该养成良好的习惯，从事痛苦活动时尽量减少休息时间，而从事开心活动时则应时不时停下来或穿插做些其他事情，以便强化幸福的感受。

举个例子，有人曾对吃巧克力这件事做过研究。参与者被分成三组，第一组可以随意摄入巧克力；第二组可以按照平时习惯摄入，第三组则被禁食巧克力。一个星期后发现，第三组参与者再次品尝巧克力时会获得更开心的体验。有时候，暂时放下有趣的事，可以帮助我们在以后获得更多快乐。

当然，放下喜欢的事，把它留到日后再去体验，这种操作并不容易，并不是谁都能做得到。前面提到的巧克力研究中，很多第三组参与者的中途退出就足以说明问题。

要想从某项活动中获得更多快乐，我们还可以增加更多不确定性。提摩西·威尔逊做过类似的研究，他和同事把礼物分发给参与者，第一组被明确告知了送礼物的人及送礼物的原因；第二组则没有收到任何相关信息。结果发现，收到礼物后，第二组参与者愉悦的时间会更长。惊喜、好奇和神秘感都能增加可变快乐，所以艺术家、魔术师、演员总是会利用这些手段提升受众的体验。只要稍作改变，我们就可以让快乐体验持续更长时间。千篇一律的日子会让人感觉流光易逝,这时候,我们就需要一些花样——打破日常——让时间慢下来。如果我们投入当下,用心感受已经习以为常的生活,时间也会为我们慢下前进的脚步。

做新鲜事之所以能让大脑慢下来,主要因为大脑在加工新信息时没有任何捷径(只能靠"摸索"前进)。大家不妨想想开车的经历:刚开始学习驾驶时,开车带给我们的绝对是强烈的感官体验,我们得同时兼顾前面的车子及一个后视镜和两个倒车镜,不仅要默念交通法规,还得协调手脚。总之,大脑一直在超负荷地工作,下了车后整个人都会疲惫不堪。不过,随着我们不断练习,大脑慢慢掌握了驾驶的要领,知道该把注意力放在哪里——比如前车亮起的刹车灯——也知道哪些信息可以完全忽略。长此以往,开车的很多操作都成了一种下意识动作。熟练后,我们每天开车上班时,心里想的已经不再只是驾驶动作,可以想些其他事情。但是,如果给开车加点花样——比方说戴上一副厚手套和一副大墨镜——我们则又会紧张,肯定会对这样的驾驶体验深有体会。(出于安全考虑,大家千万不要做这样的尝试。)

常规体验特别容易逃离我们的记忆——举个例子,大家还记得两星期前上班路上发生了什么吗?很难记得,因为这样的经历太过普通,让人感觉转瞬即逝,根本不会留下什么印象。耶路撒冷希伯来大学的黛娜·艾维妮-巴巴德(Dinah Avni-Babad)博士和伊拉娜·里特夫(Ilana Ritov)博士先后做过六次实验,研究了日常活动对人类时间感知的影响,六次结果都说明人类从事常规活动时对时间的感知要短于从事非常规活动。

如果我们能在生活中加入更多有趣且新鲜的体验,如果我们能给大脑输入更多全新的信息——学习、旅行、认识新朋友、尝试新活动——回首过往时内心就会获得更多的满足。神经科学家大卫·伊格曼（David Eagleman）曾经说过，时间是一种弹性存在，如果大脑开足马力、认真工作，我们就会感觉时间被延长了。伊格曼连同切斯·斯泰森（Chess Stetson）和马修·P. 菲斯塔（Matthew P. Fiesta）一起做了一项实验，结果显示大脑如果把记忆标记为强烈、丰富的体验（通常发生在我们做新鲜且兴奋的尝试时），时间就会变慢。参与者被要求从三十一米高空跳下，最终会平稳地落在安全网上。当问到他们自我感知的下落时间时，他们预估自己的下落时间要比预估他人的下落时间长36%。研究人员因此得出结论，"记忆编写越丰富，事情就会越凸显，我们感觉持续的时间也就越长"。

可变快乐不仅会延长我们对时间的感知，也会给我们造成麻烦。如果我们总是与他人做比较，内心的满足感就会变得忽高忽低。大家还记得上次晋升时自己心里有多开心吗？我们在第一章就提到过，随着对新角色的适应，我们开心的感觉会慢慢消散。晋升初期，我们会因为辛苦工作得到了回报而感到开心，毕竟，不仅涨了工资还提升了社会地位。但是，那种感觉很快就会消失，因为我们很快就会适应新的社会地位带给我们的职业认可和经济条件，心里又开始了对其他奖赏的觊觎。尽管整体情况有了改善，但升职前的很多担忧还会对我们继续造成困扰。缘何如此？人类的进化过程决定了我们会不断根据身边人的情况——他们的成就、品位、地位——调整对自己的预期，最初的满足感终会消退，我们会再次回到"快乐跑步机"上原地奔跑。

政治科学家弗朗西斯·福山（Francis Fukuyama）在他的《历史的终结与最后的人》中曾经说过，人类对某些东西的渴望"并不源于自身的需求，而是因为看到了别人的欲望"。大部分人多少都会有攀比之心，攀比对象也会随着自身地位的改变而改变。除非刻意采取行动，避免自身落入攀比的恶性循环，否则我们与他人的竞争永远都无法停止。

一项又一项研究已经证明，人类的主观幸福不仅受到数量（工资收入及社会地位的绝对水平）的影响，还取决于与他人比较的结果（工资收入及社会地位的相对水平），这种现象就是所谓的"关系定位"，大部分人都会因为自己比（作为攀比对象的）他人出色而感到更加幸福，如果超出的水平太多，反倒不会产生相同的效果。

很不幸，讲到攀比，可变性就成了我们的羁绊。我们总觉得比别人出色一点似乎并不难实现，只要我们再努力一点点就能做到了。就是因为这个，我们的"快乐跑步机"永远也无法停止——除非我们能做到根据自身欲望设定具体目标。如果我们能够自己定义成功，来自外界的压力就会明显减少，他人的表现也不会对我们造成太大的影响，我们就可以把更多精力放在能带给我们真正快乐的事情上。

针对关系定位的困扰，有些人想出了一个解决办法：即让自己永远处于头部领先地位。于是，他们背井离乡，前往汇率更低、政策更宽松的国家，那里会有很多志同道合的外来客，可以给他们强烈的归属感。

比方说，很多西方人会去果那邦、巴厘岛、泰国这些地方生活，目的就是享受位置经济学的红利。有些人对此举颇有微词，但也有人认为此类操作可以帮助发展当地经济。无论怎样，如果我们设置自身期望时依据的是相对水平，借助位置经济学优势的确可以提高资源的利用率，继而为我们提供更多获得快乐的机会。

话说回来，享受位置经济学的红利并不真的需要我们搬去别的国家。我们只要稍做功课，根本不用千里迢迢地背井离乡，也可以成为位置经济学的受益者。我们可以在本国找一个生活成本较低的地区生活，好处绝对立竿见影，原本用来租房或抵押贷款的资金有了更好的去处，可以被拿来做更多快乐的事情——帮助我们提高生活质量，提供更多优质选择。这种做法就是所谓的"生活方式迁移"，当初我和妻子逃离昂贵的湾区搬到经济实惠的卡罗来纳州就是出于这种考虑。

米凯拉·本森（Michaela Benson）和同事凯伦·欧莱利（Karen O'Reilly）两位博士给了"生活方式迁移"一个更为详尽的定义，即"各年龄层较为富有的个体改变居住地，临时或永久地搬迁到可以明显能改善其生活质量的区域的做法"。学术界用于描述这一现象的术语并不统一，除了"生活方式迁移"，还有很多其他的说法，包括国际退休计划（IRM）、便利移民、居住旅行、（国际）逆城市化等。不管专家用的是哪个概念，所有尝试过这一做法的人都有一个共同的逻辑，就是改变生活位置，获得更多快乐。如果我们足够富有，可选的地方自然也会更多，但即使经济条件一般，也可以利用这个方法——比方说，我们可以从市中心搬去相对偏远或劳动力短缺、工资收入相对较高的地区。

温馨提示：大家一定要记住，一味地搬家并不能保证我们获得更多快乐，如果已经想好要去享受位置经济学的红利，一定要事先做好未来计划。因为，过不了多久，我们的"标准"——幸福设定值——就又会屈服于适应性，到时候我们还要继续搬家吗？所以，要想获得更多快乐，真正的秘诀是在保持期待不变的前提下去操控各种体验变量。另外，我们也不要太过于天马行空，不要把某个目的地想得过于浪漫。比方说，我们可能会因为脑海中法国农村宁静的风景、浪漫的葡萄园和五彩的村庄而搬去那里，但到了以后才发现现实跟想象大相径庭，结果只能是后悔莫及。这也就是说，决定之前，我们要做好功课，做到实事求是，如此才能追求到更多快乐。

增加选择

如果我们能有更多、更好的机会，就能做出更正确的选择。既然我们的目标是获得更多快乐，不如现在就来探讨一下如何增加快乐的选择吧。无论是什么人，只要愿意尝试，就一定能找到大量机会感受真正的快乐。之前安东尼娅的例子就充分说明了提高意识的重要性，我们一定要主动留意可行的快乐选择，心有多大，舞台就有多大，我们有时候要做的就是发挥想象力和创意，在快乐档案的基础上再多做一些头脑风暴。

如何通过头脑风暴寻找更多的快乐机会呢？大家可以试试"五法练习"的方法。顾名思义，所谓五法练习就是要迫使自己想出五种在未来几个星期或几个月内可行的全新——从未尝试过——的选择，比方说跟老朋友去看一场电影、学习一门好玩的课程、重拾被遗忘的兴趣爱好，等等。如果大家觉得想出五个太难了，可以先试着回答以下问题：

- 过去参与的哪些活动让我感到了开心和快乐？
- 朋友从事的哪些好玩的活动我也可以尝试一下？
- 我可以把哪些好玩的活动与自己一直从事的事情绑定在一起？

如果大家已经想好了五个选择，请从中挑出可以马上实施的一个。如果感觉很难做决定，不妨想象一下五件事都完成后自己分别会有怎样的感受。内心感受就是衡量的标尺，可以帮助我们做出排序。大家如果已经做出选择，接下来就请倒推一下实现快乐的步骤，有了思路后就可以一步一步地执行了。

要想解锁更多快乐，发挥创意也是一个有效办法。私享活动、VIP 体验都可以成为我们快乐的源泉，原因当然有很多，但最明显的一个就是这些活动具有排他性。不过，我们如果真想参与某项活动，解决门卫也并不是什么难事，只需找到开启后门的钥匙即可。我个人最喜欢的办法是为活动贡献自己的一份力量，这个方法对我来说绝对是屡试不爽，不仅助力我参加了根本承担不起费用的会议，还给了我与一线当红明星推杯换盏的机会。

20 世纪 90 年代，我还是一名在读研究生，有幸能利用暑期去欧洲背包旅行。旅途中，我听说法国戛纳电影节要举办一场"电影对抗艾滋"的活动，其间会邀请很多国际知名电影人出席。没错，按照常规渠道，我这个无名小卒根本没机会参与这种活动，于是……我想到要另辟蹊径。怎么办呢？我绞尽了脑汁，"我能为活动做点什么呢？"最终，与一群好玩的伙伴一起帮忙整理活动纪念品就成了我这个无名小卒的入场券。

图 5　第六届"电影对抗艾滋"晚会现场
拍摄地点：法国戛纳；拍摄时间：1999 年 5 月 20 日

晚会现场安排了一个慈善拍卖环节。伊丽莎白·泰勒（Elizabeth Taylor）女士为了隆重推出某件拍品，特别提出要邀请一位年轻人上台给她帮忙。我刚好符合条件，于是主办方就请我这个志愿者上了台。我自然是欣然接受，完全没想到竟会因此红极一时。第二天的落日时分，我走出我们几个穷学生合住的房间，竟然发现自己和伊丽莎白·泰勒一同登上了法国颇受欢迎的报纸——《尼斯晨报》的头版。这一切之所以能成为现实，主要是因为我发挥创意，想办法度过了那样一个快乐的夜晚。

拓宽选择的另一种办法是蹭旅行和蹭快乐。所谓蹭旅行，就是利用信用卡的积分加速积累里程奖励，借此换取免费机票。我和妻子第一次尝试这种方法时还有点害怕，但过了没几个月便开始后悔当初为什么没有早点下手了。操作恰当的话，获得奖励积分的速度会远远超过我们的想象。过去，找到相关信息或许还有点难度，但如今，只要登录谷歌，就会发现最新的操作方法随处可见。

很多人或许还不知道，其实信用卡的很多回馈活动都可以增加我们的快乐体验——例如会员专属活动、私享旅游、名厨邀请宴等。如今，各种回馈活动比比皆是，我索性给这种用累积积分参与此类活动的行为起了个名字，称为蹭快乐（因为活动内容已经不仅局限于旅行了）。我们几乎不用付出什么努力就可以拥有源源不断的选择。只是，蹭快乐的做法还不如蹭旅行那么普遍，毕竟参与回馈活动的大多都是旅行公司；另外，信用卡所能提供的各种体验服务又都被其他功能信息给淹没了。其实，发掘更多的可能性并不难，只需给自己的办卡银行打个电话，问问在哪儿可以找到更多体验活动即可。就我个人而言，我最喜欢的蹭快乐的方式是作为VIP客户受邀参加演唱会，我就是利用信用卡积分去看了早安夹克乐队

（My Morning Jacket）"恶整皮影"的巡回演出。当然，如果你不喜欢观看演唱会也没关系，总能找到适合自己喜好和品位的选择。我相信，大家只要找对方向，就离找到切实的快乐不远了。

追忆过往

追忆过往的操作可以帮助我们走出"快乐跑步机"的无限循环。心理学家妮可·弗利达（Nico Frijda）对此所做的阐述非常精辟，"要想克服满足适应性，一个最好的办法就是时刻想着自己有多幸运"。

学会感恩有诸多好处，这一点已经得到学界的广泛共识。怀着感恩的心追忆美好过往，这是一种相对极端的感恩方式，有效借助了意向感恩的手段。而所谓意向感恩主要有三个特征：（1）感恩他人；（2）感恩简单的快乐；（3）内心充满富足感。

大家如果认同感恩过往，并已养成追忆过往的习惯，就会发现快乐其实无处不在。这样的追忆可以给我们提供一个切实的提醒，让我们懂得感激生活中的快乐体验，进而减少内心的遗憾和缺失。我们如果能够养成感恩生活中快乐的习惯，自然也会感恩其他美好，放大快乐的力量。

当然，对与某些表达感激的方式，科学界一直抱着批评的态度。就拿加州大学河滨分校心理学系的索尼娅·林博米尔斯基（Sonja Lyubomirsky）来说吧，她和同事发现，如果以每周一次的频率在日记中表达自己对生活的感恩，确实可以有效改善心情，可一旦频率增加到每周三次，所有好处都会消失殆尽。记录感恩日记还有一个坏处，那就是它会让人想方设法寻找感恩的对象——而这个过程只会给人造成伤害，因为一旦寻而不得，当事人就会觉得自己一事无成。另外，感恩日记还会让我们深刻认识到自己与幸福之间的差距。话虽如此，大部分专家总体上都还是认同感恩的做法——体验生活，感恩生活——相信这样做会对我们的身心健康产生积极影响。怀着感恩的心追忆过往不同于普通意义上的感恩——不同于那种搜肠刮肚寻找感恩对象的惯常做法——前者是以行动作为导向，需要我们积极参与日后可以感恩的活动。我们庆祝的是自己的切实收获，感恩的是自己主动创造感恩机会的能动性。

大家只要多加实践，就会发现"体味人生"的系列操作可以让普通的日子变得活色生香，所以尽管大胆尝试自己（以及我在此所提供）的各种想法吧！如果发现什么方法不管用，就把它从快乐档案中删掉；如果发现什么东西奏效，就不要让它溜走，一定要把它变成自己追求快乐的工具。如果大家已经把一些想法付诸实践，不妨好好享受内心的惬意和松弛，因为我们已经勇敢打破了社会规范，学会了给自己和家人朋友带去欢快、惊喜和玩乐的新方法，今后的生活一定会因此而变得异彩纷呈。

我们寻找快乐的旅程还没有结束！接下来我们要继续升级，创建一个反馈路径——为自身的不断进步和螺旋式上升提供有力的保障。

第 4 章
朝花夕拾

> 每次回忆都会勾起太多曾经的过往。
>
> ——史蒂夫·赖特（Steven Wright）

面对嘈杂而忙碌的生活，全社会普遍呼吁要学会享受当下。没错，我们确实应该提高意识，更好地活在当下，而正念就是一种非常有效的方法。埃克哈特·托利（Eckhart Tolle）、斯宾塞·约翰逊（Spencer Johnson）及他们的前辈都论证了活在当下的力量，不仅能改变现状，还能为快乐提供补给。此外，活在当下还有助于形成宝贵记忆，即确保我们感受到所有令人兴奋的细节。其实，除了享受当下，另外一种资源也能带给我们快乐，只可惜常常被我们忽略，即所谓的朝花夕拾。单纯主张活在当下的人士或许会反对我的看法，但如果一个人不懂得通过回忆享受快乐，就会白白浪费很多生活的乐趣——昨天、去年抑或是过去十年，太多的快乐都会冰消雾散，成为泡影，这岂不是太可惜了？

我在本章主要想告诉大家如何充分利用"体味人生"的最后一个要素——追忆往昔，希望每个人在享受快乐之后依旧能感受到它的力量。很多书籍和网文都对"正念"这一手法进行了细致的剖析，详尽地告诉了我们该如何感受当下、活在当下。在我看来，追忆过往与活在当下刚好是两个相反的操作，追忆过往的目的是帮助我们事后继续感受快乐的力量。我希望各位能够充分利用自己的记忆，记忆无所谓好也无所谓坏，只要使用得当，都可以在某个快乐发生多年以后持续带给我们幸福和力量。

以下，我给大家介绍四种朝花夕拾的方法，每种方法都有具体的操作细节：

1. 时间旅行：人生的巅峰时刻并不多见，就算偶尔能发生，也会如昙花般稍纵即逝。但是，有了追忆过往的方法，我们就可以将那样的瞬间充分延长。

2. 分类管理：这个方法可以教会我们如何充分利用自己的美好回忆；至于说那些不好的回忆，我们则可以将其埋藏起来，这样对我们的身心健康更有好处。话虽如此，其实即便是不好的记忆，有时也能带给我们幸福和力量。

3. 提示操作：我们前面已经讲过，大家可以提前做出寻求快乐的安排。对于追忆过往，大家也可以借助科技手段，提前做好相应计划。

4. 信息反馈：我们在养成快乐习惯、追求新鲜事物的过程中，只要足够用心，就能充分了解哪些活动能让自己快乐，而哪些纯属浪费时间。在上一章提到的"体味人生"的系列操作，其中最后一步就是事后花时间回顾审视自己的体验。假以时日，我们一定能更加精准地挑选出属于自己的快乐活动。

方法一：开启时间旅行——保留过往记忆

人这一辈子，那些最为开心的时刻加在一起也不过几小时而已，认清了这一事实，我们必定会加倍努力留住各种宝贵记忆。虽然这并不是我们本章探讨的重点，但我依然觉得有必要告诉大家，当下的即逝感可以帮助我们认识到流光易逝，可以提醒我们充分享受生活。举个例子，太多人完全记不清自己婚礼当天的场景，要想避免此类事情发生在自己身上，我获得的最好建议就是时刻留意自己当天的感受，关注欢乐的混乱氛围，关注身处其中自己的感受和热情，也就是说，我们要花时间帮自己留下记忆的画面。我有幸事先得到了如此宝贵的建议，即使婚礼当天我喝了很多酒，至今依然对当晚的一切记忆犹新。婚礼刚结束，我就重温了美好记忆，刻意保留下了最幸福的瞬间。不过，大家也不要太过紧张，过度地提醒自己美好时光稍纵即逝也可能给自己造成心理压力，甚至败坏当天的兴致。

我们再说回本章的重点：有幸获得巅峰时刻，大家一定要充分感受，但事后也别忘了重温美好回忆。我们本章讨论的很多操作都可以帮助大家重温美好回忆，对于婚礼、度假以及其他难得的体验，我个人有个最喜欢的回忆方法，甚至给它起了个好听的名字——"记忆百宝箱"。我自己就有这样一个百宝箱，毫不夸张地说，我的箱子沉甸甸的，里面承载了我太多美好的回忆。大家的百宝箱可以是一个实物，也可以——出于节省空间的考虑——是一个数字宝库（或是二者兼而有之）。无论形式如何，百宝箱里收藏的宝贝都是一样的，都是那些能带我们回到过去的纪念品，旧车票、景点介绍、冰箱贴、照片、小物件、经典语录等。我们之前就说过，寻求快乐的方法因人而异，重温美好回忆的方式也是如此。我不想直接告诉大家具体该用什么方法，但以下是我收集的好点子，大家可以从中挑选适合自己的操作。

- 制作度假记忆罐。每次去了什么好玩的地方，不妨收集一些小的纪念品（如小石头、贝壳、碎布、明信片、小画片等），把它们放进一个大玻璃罐里，然后再将其摆放在书架上作为装饰。

- 我并不建议大家每天记日记，但针对自己喜欢的时刻，大家可以写些小故事将其记录下来，然后再把它们放进文件夹，待到有了新故事还可以继续放进去。我女儿和前面提到的安东尼娅很像，也非常喜欢画画，所以画漫画就是她收藏美好记忆的方式。

- 制作主题相册。婚礼相册有多重要大家都知道，不过，除了婚礼相册，任何有意义的活动都值得拥有一本主题相册。如今，市面上有很多便宜的照片打印服务，我们也不必担心相册看多了会磨损，即使真的有磨损，我们也可以重新制作一本。对于非常重要的活动，我们甚至可以制作两个版本，精美版本摆放在书架上，便宜版本可以拿来供大大咧咧的孩子翻看。

- 设计精美的剪贴画。这一方法我本人并未尝试过，但知道很多手巧的人都喜欢使用这种方式保留快乐记忆。如果大家不知道该如何操作，不妨用谷歌搜索一下，相信一定能找到很多灵感。

- 如果大家已经知道什么活动会让自己兴奋，不妨为自己打造一个私人微型博物馆，让美好记忆的纪念品充斥到生活的点滴之中。对我父亲而言，爵士唱片和各种型号的大号都能有效提醒他对音乐的热爱；而企业家兼收藏家杰里米·费赛尔（Jeremy Fissell）则喜欢在仓库里摆满大大小小的便携式音箱。

> **快乐名人堂：大卫·斯佩德（David Spade）与克里斯·法利（Chris Farley）**
>
> 我们活一辈子必定会面临生活的不幸和亲人的离去，而所谓的遗物刚好可以帮助我们回想起过去重要的事和重要的人。2015年，在纪念电影《乌龙兄弟》上映二十周年的庆祝活动上，大卫·斯佩德通过脸书分享了他挂在办公室的一张电影海报，上面有他已故搭档兼好友克里斯·法利（Chris Farley）的签名。法利于1997年与世长辞，享年三十三岁。当初，两位喜剧演员是为了好玩才在对方的海报上签了自己的名字，谁能想到二十年后，朋友签名的海报竟然成了二人宝贵友谊的心痛见证。斯佩德说过，如果任由自己沉浸在对朋友的思念之中，他恐怕会号啕大哭，"然后克里斯肯定会吐槽我，说我是个爱哭包"。

方法二：分类管理过往，拥抱美好未来

我们全家都超爱看电影《头脑特工队》。不知道大家看没看过，这是一部动画电影，讲述的是小女孩莱利（Riley）想象中的世界。电影的受众应该是小朋友，不过因为是皮克斯的作品，制作过程非常严谨，编剧特意咨询了两位顶级心理学家，希望故事不仅能吸引各年龄层的观众，还能从更加专业的角度探究人类的记忆和情绪。随着故事的发展，观众可以先后看到主人公莱利的五种情绪化

身，分别为喜悦、悲伤、厌恶、恐惧和愤怒。喜悦（由艾米·波哈尔AmyPoehler配音）作为叙事者一直在想方设法让莱利拥有更多快乐记忆。她之所以如此坚持，原因在于：我们所关注的感受和体验可以决定我们的现在和未来，以及我们看待周围世界的角度。

我们如果能够利用刚刚养成的快乐习惯，创造出更多美好回忆，身心都会大受裨益。芭芭拉·弗雷德里克森（Barbara Fredrickson）博士（及其之后出现的一些专家）通过研究已经证实，从长远角度来讲，将正面情绪加以拓展并记录下来，可以帮助我们提升适应能力。来自麻省理工大学的研究人员也发现，激活好的记忆可以帮助我们消解抑郁的情绪。快乐记忆不仅可以成为鸡尾酒会上的开心话题，还能帮助我们长久积累心智和社交的资源。到时候，即使我们的生活暂时失去了快乐，累积的资源也能提供一定的抗压力，帮助我们继续撑下去。因此，当我们用追忆过往的方式提升快乐能力、培养快乐习惯时，其实就是在为自己打造更加美好的未来。

撰写日记是一种非常有效的方式，不仅可以帮我们储存记忆、梳理感受，还能将事件和活动整合起来，让它变成一个更加连贯的故事。日记是我们的专属地盘，记录什么内容完全自己说了算，我们可以按照个人意愿调整或删减发生的故事，可以庆祝或哀叹自己的生活。

如果大家也认为记日记是"体味人生"的好办法，不妨参考以下建议，看看究竟记录哪些内容可以让我们更好地"体味人生"。

基本操作：

- 记日记的具体方法并无一定之规，大家可以采用列点的方式，也可以使用描述性段落，重要的是尽可能地涵盖那些难忘的细节，比方说：我为什么会觉得快乐？具体感受如何？

跟谁在一起？时间、地点等背景信息是什么？大家如果不擅长写作，千万不要给自己设定字数要求，也不要规定写作时长，这样做只会消磨兴致。只要记录下足够多的细节就好，标准就是等到日后再来翻看日记时，上面所记的内容可以帮助我们回忆起当时的状态。对于日记的详细程度，我个人经验是如果太过扼要，待到重新回顾时，很多东西就会想不起来，我希望类似的状况不要发生在大家的身上。如果大家对写作抱有很大热情，那快尽情发挥吧——记日记本身就已经是件快乐的事了。

- 撰写日记的过程中，可能的话，我建议大家纳入一些能够帮助自己牢牢锁定记忆的抓手（照片、歌词等，如果是线上的电子日记，甚至可以上传一段视频）。有了这些文化符号，我们的记忆会变得更加完整，不仅涵盖了我们的主观想法，还融入了一些可以触摸的客观现实。它们就像记忆的锚，可以帮我们更好地保留宝贵的记忆。

有了这些基本操作，大家就可以更好地回忆过去了，但如果还有余力，还可以继续升级，加入一些科学证实过的有用元素。弗雷德·布莱恩特（Fred Bryant）和约瑟夫·弗洛夫（Joseph Veroff）的大作《用心体味生活，拥抱阳光人生》对我本人产生了非常大的影响，二人在书中详细探讨了人类该如何梳理自己的积极体验。该书虽是一部学术作品，但却提供了很多简单易行的体味人生的办法，其中包括我们在此讨论的追忆过往的操作。关于撰写日记的方法，我在他们给出的建议的基础上做了一些调整，以下列出的是我个人最爱的方法，希望能够帮助各位。如果有谁想要深入研究，不妨把那本书找来仔细看看。

给日记加点料

- 在日记中加入具体的感受。既然是大家自己的日记，鼓励以自我为中心应该也不会犯什么大忌。这段记忆属于积极活动吗？如果答案是肯定的，那请说明原因。让我们心情大好的记忆都有哪些特点？能让我们拥有归属感吗？能让我们为自己感到骄傲吗？能让我们获得成长吗？

- 如果使用得当，感恩之心也将成为一种强大的工具。大家如果觉得有必要，完全可以把自己的感恩回忆也记录下来。大家会感谢那些帮助我们保留记忆的元素吗？回忆本身是否有值得感激的部分？对于面子上的友谊，大家是否会心怀感激？如果一段记忆让我们获得了真正意义上的成长，让我们懂得敬畏或慨叹人生，大家是否会格外感恩呢？

- 借助正念强化感知，继而锁定美好记忆。描述记忆时，请尽量记录下感官感受：食物味道如何？演唱会的音效好吗？徒步过程中嗅到了怎样的秋天的气息？在公园与爱人手牵手放到天空中的风筝长什么样子？整个学期未曾见面，再次拥抱同学的感觉如何？

- 只要不觉得刻意，我们还可以一边记日记一边做出一些发自本心的肢体表达。快乐的肢体表达可以帮助我们强化大脑的积极记忆，进而提升追忆过往这一操作的效果。记录快乐回忆时，我们可以尝试开怀大笑，看看能否更好地保留住记忆的美好。

- 在结束手头的日记之前，我们可以设想一下未来可否继续从事类似活动。通过这种设想，我们可以更好地提升重温过往的能力（如果能做个切实的计划，效果还会更好），而这种设想也是我们"体味人生"的有效手段。

- 除了在日记中记录回忆，我们还应该找机会与他人分享。大家既可以真的把某段日记拿出来给人看，也可以用别的方式对其加以回顾，比方说口头讲给别人听，或在社交媒体上发布，并标注提醒相关的人。

- 记录不快乐的内容同样重要。我们可以把自己经历的艰难时刻（连同当时产生的想法和情绪）记录下来，包括我们的应对办法——如果在回顾过程中，我们可以自然而然地改变看法，不快乐的事情就成了一种积极的力量。记录不快乐（无论是单独记录，还是连同快乐记忆一起记录）可以让我们对美好时光更加感恩，可以提供给我们有价值的反馈，提醒我们未来不要再做出类似的错误选择。

快乐并非人生的全部

虽然我一再强调做人要追求更多快乐的体验，并将其植入自身的记忆，但我们也不能忽视甚至压抑其他并不愉快的记忆，毕竟谁也不可能永远保持心态积极向上。讲到这里，我们不妨再来看看《头脑特工队》，电影告诉了我们一个非常宝贵的道理：当喜悦的化身试图阻止悲伤在大脑中形成记忆时，莱利的精神（连同故事情节一起）陷入了危机，她的世界几近崩塌。后来，莱利终于学会正视自己悲伤的情绪，人生才得以继续，也才获得了更多快乐的记忆。故事传递的道理与心理学家布雷特·福特（Brett Ford）、菲比·莱姆（Phoebe Lam）、奥利弗·约翰（Oliver John）及艾瑞斯·莫斯的发现不谋而合：一个人若能正视自己（包括积极和消极）的情绪和想法，说明这个人心理非常健康。

我前面说过,我非常钦佩芭芭拉·弗雷德里克森针对积极心态的重要作用所做的研究。她最初只想研究人类的积极情绪,但很快发现:消极情绪即使不占据主导地位,但产生的影响同样不容忽视。有些研究甚至认为,如果我们只关注积极情绪,那么很可能使我们变得心不在焉、麻木不仁。凯文·拉桑德(Kevin Rathunde)博士曾经说过,从事创意活动时,大脑中的积极情绪和消极情绪会进行对话,二者会实现一种平衡以给出最好的结果。有些心理学家〔如丹·西格尔(Dan Siegel)博士〕针对负面情绪提出了一种"先认识、再平抚"的做法,另有一些研究也证明,如果我们能够识别自己的负面情绪(如我很生气、我很恐惧等),就说明我们在同时运用左右大脑以减弱杏仁体及其他相关区域做出的反应,如此一来,情绪的作用也会得到相应的缓解。如果有小孩子感到不安或焦虑,使用这种方法安抚他们尤其有效。

无论大家用什么方法强化自己的记忆,我认为一个总的原则就是要正视自己的负面情绪和想法,只有这样才能更好地认识并感激生活的美好馈赠。以下是我本人的一些经验,写出来仅供大家参考。

- 我有一个日程提醒工具,用它来发送节日贺卡效率特别高。我的邮件群发列表中,虽然有些亲人已经故去,但我并没有将他们的联系方式删除。相反,我每年群发祝福时,都会一个一个地将他们的联系方式勾选为非群发对象,每一次的勾选都能让我回忆起与他们在一起的美好时光,也让我在各种节日到来之际有机会怀念这些亲人和朋友。
- 我以前每次看到大腿上的疤痕就会想起自己再也无法长跑的

事实,并会因此而感到沮丧。但自从我学会了故事编辑的办法,伤疤的作用似乎也发生了改变。如今,每次看到疤痕,我都会把它当成一种宝贵的纪念,提醒自己在铁人三项比赛上曾经取得的辉煌成绩。不仅如此,我现在也更加懂得感恩:若不是医生帮我做了手术,我恐怕已经动弹不得,如何还能跟孩子们拥有那么多欢乐的回忆?疤痕有时还会提醒我多安排一些带孩子出门的活动(工作性质决定我有时需要静心思考,难免会减少一些肢体运动)。

- 我本人也有记日记的习惯,记录的大都是些快乐的事。但是,如果哪一天遭遇了特别不快的事,我也会把它们记录下来。通常情况下,我不太会翻看那些不快的回忆,因为记录过程本身已经让我得到了排解,感觉痛苦已经从大脑移植到了纸上。如果有一天孩子们发现了我的日记,我希望他们可以明白快乐并非人生的全部,每个人都会经历不幸,需要用坚忍和勇气才能撑过去——但即便是在痛苦的当下,我们也要坚信,快乐就在不远的前方等着我们。

重要提示: 专家普遍认为,如果我们记日记的目的不纯,比方说不是为了探知自己的感受、提升自身的见识,而是为了无休无止的自我陶醉或自怨自艾,那日记的好处就会大打折扣。尽管很多人士和产品都在鼓励大家坚持每天记日记,但我个人从未找到任何可信的证据能够证明必须每天记日记才能产生好的效果——反倒有些未经科学论证的证据告诉我,每天记日记会给人带来一定的负担,让本来快乐的事失去乐趣。而且,事实上,很多人只是偶尔冒出过记日记的念头,真正动手者凤毛麟角。塔莎·欧里奇(Tasha

Eurich）博士是知名的组织心理学家，也是畅销书《洞察》的作者，她曾经这样告诉我："一个人如果每天坚持写日记，要么会陷入过度自省的怪圈，要么会坠入自怨自艾的心境。所以更好的做法是遇到大事时——比方说，要做一个重大的决定，或遇到了一个巨大的困惑——我们可以通过记录日记让自己暂时跳脱出来。也就是说，记日记不应只是一种被动的习惯，而应成为一种解决问题的方法。"既然如此，我们都应找到一种适合自己的时间安排，尝试变换方法让记日记成为快乐的事。如果大家依旧觉得很难养成记日记的习惯，那也不必着急，我们可以先尝试下面这第三种方法。

方法三：提示操作——让 App 成为得力助手

日常生活中，许多人都会用效率软件提醒自己完成一些重要工作。毫不夸张地讲，使用这些软件有时会给人一种被冷酷主人奴役的感觉，无论是那些忙得恨不得把一分钟拆成两分钟用的日子，还是那些本已做好当天计划结果早上 8 点老板就打来电话霸占了一整天时间的时候，效率软件总是让人感觉自己的生活正在被无情吞噬。

这些应用之所以有效果，部分原因在于一旦在日历上设置了某项活动提醒，我们就会乖乖地着手应对。日程安排仿佛具有一种魔力（科学证明的确如此），无论如何都能逐一实现。既然如此，我们不如也用它来获得更多快乐吧。一个简单易行的办法就是事先安排好快乐时间。既然我们已经养成习惯，尊重事先安排好的日程，那即使在日程中安排一些与工作无关的事，肯定也能得到优先对待。大家到时候就会发现，与老友聚会也成了我们一定会完成的事项。

我们前面已经说过，追忆过往、回顾过去可以增加我们的幸福感，我们如果能在自己的日程中安排一段回忆时间，一定可以增加快乐感受。大家下次再制定一周计划时，请给回忆留点时间，安排出时间翻看一下老照片，找老朋友叙叙旧，或者单纯回顾一会儿上周末的开心经历。

研究人员已经对几款勇于帮助我们回忆过往的数字工具进行了研究。举个例子，为了帮助大家养成日常回忆的习惯，康奈尔大学的科学家团队设计并测试了一个名为"冥想盆"的系统，该系统可以根据订阅者提出的要求向其发送邮件，帮助其唤醒相关记忆。邮件内容可以是当事人之前在社交媒体上分享过的照片，也可以是简单的文字消息，目的就是提醒当事人把自己之前的经历记录下来（如：你还记得自己现场看过的最棒的演唱会吗？那是谁的演唱会？你是跟谁一起去的？）。研究人员发现，大家更喜欢一些毫无预期的提醒，也更愿意依照提醒回忆过往，抑或是将记忆诉诸笔端。

脸书的年度回顾功能已经得到了广泛应用，这类社交媒体的确也能帮我们更好地记住过去。此外，一款名为"时间机器"的应用（https://share.michaelrucker.com/timehop）也有类似功能，其工作原理是从我们的社交媒体上收集老照片和旧帖子，然后再发送过来提醒我们曾经的过往。不过话说回来，这些应用虽然有用，却都存在一个问题，就是强化哪些回忆完全由他人说了算。鉴于此，英国诺森比亚大学心理系的丽莎·托马斯（Lisa Thomas）和帕姆·布里格斯（Pam Briggs）提出可以用类似"我的社交书"（https://share.michaelrucker.com/mysocialbook）这样的应用来弥补这一缺点。登录"我的社交书"网站，我们可以将之前上传至社交媒体的内容编辑制作成一本纸质书，每次回忆的时候，大家可以拿出来翻看。两位心理学家还发现，剪贴簿也是与人（伴侣、家人、朋友）分享幸福瞬间的好方法，研究对象在制作完剪贴簿后，普遍会表现出与人分享和讨论的意愿。与之相比，单纯使用社交媒体无法构成真正有益的社交行为。二人还提出，回忆过往对任何年龄段的人都有好处（大家之前普遍的想法是回忆只对老年人有帮助）。再举一个我家的例子：我和妻子带着两个孩子一边翻看婚礼相册（或回看婚礼录像）一边回忆婚礼现场时，家里的氛围好极了。我们会鼓励孩子勇敢发问，对于很多婚礼细节或是他们不认识的亲戚朋友，我和妻子都会开心地给出解释。如此这般回想起当天的场面，我还会忍不住联系久未谋面的老友（正是翻看老照片激发出了这样的积极举动）。

方法四：增加信息反馈，充分"体味人生"

如果有人大学读的是心理学专业，那么在读书期间就应该已经掌握了很多干预心情的手段。心理干预的目的是让人进入某个特定状态，可以是日常生活，也可以是组织环境，然后对其进行干预影响。大家一定要清楚，我们在强调"体味人生"的操作时，可不是为了对大家的心理进行干预，千万不要将其当成一个硬生生的工具，也不要期盼着它能帮我们发现问题（如我不开心）并找到出路（如我现在开心了）。我们已经讲过，很多心理干预手段都会导致事与愿违的后果。

我们应该将"体味人生"的操作视作一个完整的体系，将其融入自己的生活——利用它来获得更多快乐回忆及有价值的反馈。我们要充分利用预先安排好的追忆过往的时间，把回忆变成心智的宝藏，帮助自己来充实完善未来的人生计划。

回忆为我们提供了难得的机会，可以让我们得到宝贵的反馈。我们都很清楚，人在玩得开心的时候根本不会思考这些问题。我曾经访问过杜克大学的乔丹·埃特肯（Jordan Etkin）博士，她认为"所谓沉浸，很大程度上意味着忘记时间，忘记具体状态或量化表现。比方说，我每次听说有人记录自己的幸福感受都会心生怀疑。因为刻意关注、人为反思、过分思忖自己此刻是否幸福，这种操作本身就会让幸福大打折扣。首先，我们的做法就是在质疑幸福的感觉；其次，从幸福中抽离出来询问自己有关幸福的问题，这也是对幸福感受的打断和干扰"。相反，如果大家有其他时间可以思考幸福，不妨多做一些安排，认真想清楚自己的好恶；然后，再利用这些反馈信息加强自己对快乐的重视，寻找更多机会让自己开心起来。

总的来讲，信息反馈主要有两种形式：消极反馈和积极反馈。我们在培养快乐习惯的过程中，已经获得或创造出了各种纪念符号或日记内容，每一样东西都记录了曾经的过往，都能够帮我们反思行动带给我们或积极或消极的影响。我在这里想告诉大家，我们要利用记忆培养出更加准确的直觉，充分认识到自己与外界的情感连接及灵感所在，让记忆成为我们的指路明灯，帮助我们看清前路的方向。我绝不是说大家不能突破自我，不能去寻找获得快乐的新方法、新灵感，要知道，新意、好奇、探索恰恰是快乐的必备要素。我想告诉大家的是，我们经常下意识地被大量不真实的想法所误导，那些并非我们自己的真实想法——而是因为受到了商业广告、社交媒体、攀比心理的影响——我们经常因此而忽视自己真正喜欢的东西，甚至忘记回归本真的正确方向。

如果大家能够积极反思，主动尝试我们本章讲述的各种方法，如果大家能够避免堕入自我陶醉、自怨自艾的陷阱——如果大家可以真诚大方地寻找让自己开心快乐、敞开心扉的方法——这才说明快乐的飞轮开始旋转了。下一章，我们将讨论快乐习惯带给我们的潜在好处，了解它将如何引领我们拥有更多值得记录在剪贴簿中的新鲜体验。

第 5 章
胜利逃亡

我们为什么要离开？因为我们还可以回来。回来后，我们可以拥有全新视角，看到生活更丰富的色彩，周围人也会看到我们的改变。离开后的回归与一成不变的固守完全是两码事，带给我们的人生感悟也截然不同。

——特里·普拉切特（Terry Pratchett）

说到逃避，大部分人都会想到它的消极意思，比方说，"她对跑步机有一种过分的执着，一定是在逃避什么，否则不会一直在上面跑"，还有"他特别热衷于过每个节日，原因是他无法应付真实的世界"。逃避一直被视作一种转移注意力的不成熟的做法，别人会说，因为你不敢大刀阔斧地改变人生，所以只好无视现实，选择逃避和享乐。

然而，某些形式的逃避——连同出逃行为——并不一定是坏事，因为它们可以为我们提供一个出口，让我们能够积攒力量更好地生活。这种逃避可以彻底改变我们的想法，将我们带去一个更好的"现实"。从这种角度来看，逃避无异于对快乐的极致追求。

不如我再解释得更清楚一些：大家可以想象一下，人类最极致的逃跑行为是什么？就是太空旅行。宇航员真正做到了逃离大气层，逃离我们赖以生存、感受快乐和痛苦的地球。我们一直把太空旅行视为对外界的探索——完全是一次科学发现之旅，在太空旅行的发展初期，还曾出现过国家与国家之间的激烈竞争。然而，宇航员每次返回地球时似乎都会对太空产生完全不同的思考。有人发现，宇航员感悟最深的时候并非其探索无限宇宙的瞬间，而是从太空凝视地球的一刻。很多人会花上几个小时"凝视地球"，内心充满了敬畏，整个人都得到了升华。太空旅行的确太有吸引力了，很多世界巨富都无法抵抗其诱惑，为了实现梦想投入了大量人力、物力。（至于说将这些资源节省下来能否解决地球上更多的实际问题，我们就不在本书进行探讨了。）

作家弗兰克·怀特（Frank White）也是一位太空爱好者。20世纪80年代，他将人类在太空对地球的凝视称为"全景效应"。如今，美国已经专门成立了一个研究所，旨在对其潜在影响进行深入研究。〔我之前还说太空旅行并非有钱就能实现的梦想——没想到，2021年已有亿万富翁斥巨资完成了梦想。杰夫·贝佐斯（Jeff Bezos）和理查德·布兰森（Richard Branson）都成功离开了地球，虽然时间并不长，但也算是开了商业太空旅行的先河。〕

加拿大宇航员克里斯·哈德菲尔德（Chris Hadfield）曾经说过："失重地漂浮在太空舱窗口，喝杯咖啡的工夫就可以看遍整个大陆，只需要9分钟就可以从洛杉矶一路看到纽约的历史、文化、气候、地理、地质等全部特征，每隔45分钟就可以见证一次日出或日落。我看到的是最真实的世界，内心也会随之发生改变，充满了荣耀、崇敬、慨叹之情……我感觉自己无比幸运，竟然能来到太空见证眼前的一切，神秘感、荣耀感以及对世界的清晰认识会让我慢慢转变自己的认知……这种感觉并不一定与太空旅行直接相关，主要原因在于我意识到了宇宙的浩瀚，宇宙的深邃——相形之下，自己原来那么渺小、那么无足轻重。"哈德菲尔德说过，太空旅行彻底改变了我们作为人类的体验和感受，让我们可以突破人为的偏见和障碍，进而看到最真实的世界。

弗罗德·斯坦森（Frode Stenseng）博士曾经深入研究过逃避的好处和坏处，最终得出：所谓的自我拓展，其实就是一种"好的"逃避行为。而前面哈德菲尔德的描述也恰恰印证了斯坦森的发现，按照斯坦森的说法，我们如果处于一种逃避状态：首先会完全沉浸其中，即投入当下；其次可能暂时处于游离于现实之外的状态，如果游离得恰当，就会感觉摆脱了身份的禁锢，达到一种天人合一得状态；最后，在几个美妙瞬间，我们可以停止对自己的刻薄——按照哈德菲尔德的描述，我们会因为发现了"世界的浩渺"而产生对世界的敬畏。如果你总是忍不住苛责自己，即使是暂时的逃避，也会让你感受到甜蜜的解脱。

当然，大多数人或许一辈子也去不了外太空（恕我直言，自从得知维珍银河和 SpaceX 竞相推出了商业太空旅行项目后，我已经将太空旅行列入了自己的快乐计划），但我们依旧可以——也应该——像哈德菲尔德建议的那样，主动去体验能带给我们自由的逃避时刻，因为它们能改善我们的心理状态，让我们充分投入当下，停止"胡思乱想"（从事正念训练的人将这种状态称为"心猿意马"）。哈佛大学的马修·基林斯沃思（Matthew Killingsworth）和丹尼尔·吉尔伯特（Daniel Gilbert）双双表示，人类之所以不幸福，很大程度上与"心猿意马"的状态有关。但是，如果我们可以让自己悬浮于情境和评判之上，那曾经的桎梏无论如何也无法框限当下的美好体验。

超越日常的好处不仅在于当下的体验，虽然经常有人把逃避（及更为普遍的快乐）描述为治标不治本的创可贴，但那种达到快乐巅峰的逃避——哈德菲尔德描述的神秘状态——绝非简单的扬汤止沸。对于很多无法解决的问题，逃避就是我们的解决办法，可以让我们拒绝"随波逐流、与世浮沉"。

我们感受快乐时，会获得一种心理上的距离感，也可以称其为逃离感，仿佛自己远离了生活的日常。我们可以在内心的深处打造一个全新空间，可以在那里静心思考、构建未来，可以为实现人生的转变做足准备。因为有了距离感，我们便可以用更加灵活的视角看待所谓的"现实"。我并不是说我们会感觉自己有了特异功能，如果真的出现那样的幻觉，那么说明我们的逃避方式出现了问题。逃避之所以会对我们有所帮助，是因为它可以在每星期70个小时的工作之余为我们提供另外一种生活选择，可以让我们重新审视习以为常、安于故俗的想法。我们如果能打造时空拓宽自己的见识和感受，就会发现自己冒出了更多的创意想法。逃避就像是一种润滑剂，可以滋润我们枯燥无味的生活，待到我们重返现实世界，内心会生发出一种新的能动性，赋予我们更多的力量和灵感，让我们能够更好地按照自己的意愿生活。

我们一直在探讨如何在日常生活中培养快乐习惯，我想大家多少已经感受到了快乐的价值，并且认识到它可以丰富我们的人生。这一章，我们将重点探讨如何利用逃避手段把自己带向快乐的巅峰——让自己抽离出来，用更加锐利的眼光看待生活的日常。我相信，这一章将成为指导大家拥有快乐人生的进阶课程。

走进属于自己的外太空

我们每个人都可以借鉴宇航员的体验：要想获得心理上的距离

感，可以先打造出真实的空间距离，即走出我们熟悉的世界，这样才能以旁观者的心态对其加以审视。一旦有了新的视角，我们就能增强自己的主观能动性，弄清楚哪些事物不容更改（其实非常少），而又有哪些事物可以通融（几乎所有事情都属于这一类）。我们还要了解自己心中不变的坚持，千万不要像鱼儿一样，不要等到被扔在甲板上才发现自己根本离不开水。

如何才能做到这一点呢？方法非常简单：休个长假就能解决问题。当然，如果能有好几个假期就更好了。话虽如此，休假谈何容易？首先，至少在美国，大家每天都忙得"脚后跟打后脑勺"，哪里有时间休假呢？另外，辛苦挣来的钱都用在了房租和医疗上，哪里还有闲钱去度假？调查显示，2018年，美国从业人员共放弃的法定假期达到了有史以来的峰值——总计7.68亿天——比前一年增加了9%。每年，艾派迪比价网都会做一项相关调查，已经屡次证明美国人的平均度假天数比任何其他国家都少。不仅如此，美国和泰国还成了带薪假期最短的国家——2020年的数据显示仅为13天，而在其他大部分发达国家，政府规定的带薪假期至少是4~6个星期。

其实，度假的问题还不止于此。就算我们可以出去度假，度假就真能让我们逃离现实吗？也不尽然。拿迪士尼乐园举例吧。对很多美国家庭来说，去迪士尼乐园就相当于去朝圣，早也罢晚也罢，反正都得去一次。我也很喜欢迪士尼，看着自己的小孩体验各种魔幻之旅，包括孩童世界、想象乐园，看着他们在各种体验项目之间玩得不亦乐乎，我整个人也很开心。迪士尼乐园的确是逃避的好去处，但它同时也是出逃的伤心地。大家如果按照商家宣传的玩法操作，不仅要耗费几十个小时，还得支出上万美元。去迪士尼乐园玩儿绝对是世界上最可怕的行程，暂且不说无休无止的排队，就连只是跟泡在泳池里的孩子吃上一顿简餐，就得花上一大笔钱。安排餐饮、购买腕带、设计交通、各种预约——所有流程下来，复杂程度简直不亚于部署陆军作战计划。但凡粗心一点，就可能伤亡惨重。回到家后，掏空的不仅是口袋，还有体力。高价买回来的玩具孩子才玩了两下就坏了，于是孩子开始大哭，哭得越发让人心烦意乱。

　　我只是拿迪士尼乐园举了个例子，很多假期都会产生类似的效果。因为计划太复杂，预算太昂贵，期待又太高，到最后很容易事与愿违。在我看来，度假最重要的功能就是确保自己可以不被打扰，我们可以自己做主，可以恢复精力——也可以做任何自己想做的事。别忘了给自己留出灵活的喘息时间，即使只计划花一小时做某件事，但只要发现自己乐在其中，完全可以给自己三个小时的自由。

　　以上就是我给大家的第一条建议，接下来咱们再来看看更加重要的第二条建议。一个人如果度假期间还在工作，就不可能拥有真正意义的出逃！要想实现真正的出逃，目的地是哪里并不重要，重要的是要远离日常的生活。也就是说，我们必须放下工作，彻彻底底地放下！停止收发任何邮件。去更漂亮的地方继续工作，这当然算不上真正意义的出逃。出逃的主要目的是获得心理上的距离感，要是我们还在思考工作上的问题，还不如直接去上班算了。

　　出逃的目的地是否重要呢？我稍后会跟大家分析探险出逃的价值所在，咱们此刻先明确一点，逃去哪里并不重要。很多人已经被工作和生活搞得疲惫不堪，根本没有多少时间做出行计划，于是每年都会选择同样的度假方式，毕竟最终的目的就是放松身心。而很多人之所以选择海边的度假村，主要是因为可以将孩子扔到儿童游乐中心，自己则可以在水边安静地坐坐。由此看来，出逃的目的就是让自己恢复精力，只要能做到这一点，去哪里其实都无所谓。

除了工作会快速消磨休假给予我们的心理距离，我们前面讲到的"虚无"也难辞其咎。没错，社交媒体再次成了罪魁祸首。大家要清楚，我们每次打开照片墙、脸书或类似的平台，其实都是在消磨好不容易打造出来的心理距离，都会让自己再次落入"虚无"的魔爪。当然，发送照片和消息与家人朋友分享美好时光不仅会让人更加开心，还能让我们更好地体味当下的旅程——但是别忘了，拍完的照片并不会消失，事后任何时候都可以与人分享。大家还记得第二章尼尔提出的终止无谓的邮件往来的方法吗？我们只要把度假照片发上社交媒体，就会给自己招致无尽的问题。有人会在下面评论，我们就要考虑回复，而一旦回复起来，就会没完没了，这自然背离了度假的初衷。所以，大家如果实在忍不住想要与人分享，至少要等到一天的行程结束再登录社交媒体，若是能等到整个旅程结束，那就更好了。

事实上，就连拍照、摄影这类行为本身也会影响我们出逃的效果。作家苏珊·桑塔格（Susan Sontag）曾把照相机称为"令人上瘾的幻象机器"。在她看来，人们之所以使用相机，是为了疏解"假期不工作造成的心理焦虑"。她的话有一定道理：虽然旅行摄影可以成为快乐的美妙元素（尤其大家本来就喜欢摄影的话），但也可能让我们错过许多现实中的美好。

为了庆祝父母金婚，我在一家著名法国餐厅请他们吃了顿大餐，还邀请了家里的亲戚朋友。那顿饭真的让我记忆深刻，每个细节都能让我感受到逃离现实的幸福：优质的食材、考究的摆盘，精致小巧的餐具，每一口都让人无比满足。包间的布置也非常用心，桌上铺着纯白色桌布，上面摆着新鲜花束，亲朋好友齐聚一堂，外加非常高昂的价格，我心里琢磨着或许这辈子都不会再来了，所以内心格外珍惜当下体验。大家发现了吗？那次晚宴对我来说就是一次完美的出逃。

当晚的客人中有一位之前曾是烹饪和营养专家，我注意到她非常用心地给食物拍了一张照片后便开始认真享受起食物带给她的快乐。坐在我两边的人却始终放不下手机，整顿饭都在从不同角度拍摄眼前的美食，饭还没吃完，已经在社交媒体上发布了好几个"九宫格"。好可惜啊，他们或许并未体验到这顿饭本身的乐趣。他们为了屏幕上的虚无，错失了这顿饭本身可能带给他们的色香味的完美体验。由此可见，我们但凡想要通过当下的快乐体验实现额外目的——如拍出一张完美照片、赢得无数点赞——就已经破坏了自己与快乐的连接。

大家如果想要制定有效的出逃计划，不妨参考以下几点建议：

切勿为了度假弄得倾家荡产：千万不要为了所谓的"梦幻假期"连续几年省吃俭用地攒钱；美国人推迟度假的理由很多，但用得最多的就是资金不够。度假本来是为了放松，昂贵的预算无疑会给我们造成巨大压力。因此，我们要根据自身喜好和实力来计划旅行，任何地方都有值得探索和冒险的乐趣，不一定非要舍近求远，更不一定非要铺张浪费——当然，如果负担得起，偶尔奢侈一把也无可厚非。别忘了，始终还是那个原则，自己的快乐，自己说了算。

好好利用自动回复功能：如果你是 A 型血，工作起来非常投入，那么放下工作（且不让自己神经紧绷）的关键就在于提前好好计划、做好充分准备。出发前，用一两天的时间把工作上的未竟事宜完成，如果能把任务分派给他人就更好了，省得度假归来还得为积压的工作所累。另外，我们还可以做些应急预案，确保就算出现意外，也能有人处理。

最后，千万别忘了使用自动回复功能——大家如果觉得这一功能有用，不妨把回复内容写得搞笑点，既能回复消息，又能逗对方开心，岂不是一举两得？我们可以借鉴一下乔丹·赫希（Jordan Hirsch）的做法。乔丹·赫希是一位美国数字战略咨询师，工作时不仅能永远保持热情，还能发挥即兴搞笑的本事："感谢你的留言，我现在正外出旅行，无法每天查看邮件，如果事情紧急，请你一定调整呼吸，调整好心态，若是能忘了为什么给我发邮件就更好了。"

我们还可以做得再极致些，索性将不想接收的邮件拒之门外："抱歉，休假期间无法接收邮件，请等我回来后再与我联系。"阿里安娜·赫芬顿（Arianna Huffington）是《繁荣全球》的作者，也是一位媒体时尚先锋，本人曾出现过精神崩溃的问题，康复后便发明了一款 App，起名为"从容应对"。该应用不仅能自动回复信息，还能直接删除我们不想接收的内容。很可惜，这款 App 如今已经下架了，是不是使用这款 App 需要很大的胆量？

既可提前计划，亦可临时起意：对于假期安排，我们究竟是该详细计划、周全安排，还是该顺其自然、随遇而安？问题的答案完全取决于个体需求，你是更喜欢计出万全，还是随心所欲呢？我们要对自己有更加清楚的认识。另外，勇敢走出舒适圈更容易打造出完美假期，既做了想做的事，又能获得意外惊喜。

我的朋友布莱恩·威什（Bryan Wish）前不久给我讲述了他与恋人露营的经历。这对恋人本来计划去野外过个周末，希望能暂时远离电子产品，获得更加充实的体验。结果，那天夜里他们突发奇想，决定离开营地找个能一边吃晚餐一边看日落的好去处。于是，他们开车进了山，遇到岔路口时果断选择了右转。谁能想到，映入眼帘的并非充满野趣的大自然,而是一片精心修整的草坪,原来那是一片停机坪。他们下了车,在周围转了转,看到木工房里面有人工作,便礼貌地询问对方可否在附近坐下来吃晚餐。就这样,三个人兴致勃勃地聊了四个小时。(谁能想到,他们之前竟然有过交集,坐过同一趟火车,在同一家餐厅用过餐。只是当时双方没有任何互动,甚至未曾注意到彼此。或许,当时大家都在低头玩手机,抑或正在跟身边的人聊得火热。)

他们遇到的那位男士叫吕埃尔(Ruel),刚刚退休,之前在商务航班机长的位置上工作了整整三十年。他带着这对恋人参观了自己的飞机库,里面停着两架20世纪40年代的派珀飞机。他还邀请他们第二天上午过来乘坐他驾驶的飞机,两人简直开心极了。事后,布莱恩说那次飞行是他这辈子最难忘的经历,他和恋人本来是想去欣赏日落,没想到竟然飞到天上俯瞰了整片区域。飞机平稳划过营地上空,那种感觉与乘坐商用飞机迥然不同,他们从未有过类似的体验。

勇敢尝试独自出行:不要以为探索新地方必须找到人同行。对于性格内向的人来说,无法独处、无法解压的旅行无异于是一种囚禁。再说了,如果是一群人出行,需要考虑的事情也要复杂得多,很可能败坏我们探险的兴致。梅丽莎(Melissa)之前一直在纽约做社会工作,非常在乎自己的静心时间。她曾先后两次去过热带岛屿瓜德罗普岛,第一次的感觉还算不错,但称不上完美;第二次却成为她最美好的度假记忆。两次的主要区别在于:第一次旅行是和一群不太熟悉的人一起,而第二次则只有一个好友做伴。第一次的一批人让她感觉到了巨大的社交压力,不管去哪里、做什么,都难以让所有人满意,大家七嘴八舌、众说纷纭,最后的结果就是没有一个人能玩得尽兴。

相反，如果是一个人出行，绝对不会遇到这类问题：无须考虑他人，只要自己开心就够了。但话说回来，即便有同行的家人或外人，只要内心有需求，同样可以在旅行中找到独处时间。不过，单独行动之前最好跟旅伴讲清楚，千万不要引起不必要的误会。

升级进阶，大胆探险

大家如果已经养成快乐习惯，就会发现自己完全有能力每年做出不同的出行安排，不必机械地重复上一年的海滨行程。没错，我们前面说过，无论去哪里旅行都能找到快乐，但不可否认，如果去的是全新的地方，收获一定会更加特别。

如果有人问我哪次旅行对我本人的影响最大，最先跃入脑海的自然是我的那次南极之旅。那是2005年，我去南极参加一场马拉松比赛。那会儿我刚刚研究生毕业，正在考虑跟女朋友步入婚姻殿堂。我当时的积蓄总共只有六千美元，让我全部花在了那次旅行上。（同行的人中有几位也没什么钱，也为了这次旅行掏空了积蓄；没过多久，我们几个同道中人就成了要好的朋友。）我第一次走下船踏上南极的土地时，整个人一下子怔在了原地，一句话也说不出来。眼前是一望无垠的蓝色冰雪，冰雪间还游走着成千上万只企鹅。眼前没有路，也没有红绿灯，什么都没有，只有浩瀚缥缈的白色旷野。我在脑海中搜寻着以往的记忆，希望能找到类似的体验，结果却一无所获。没过多久，我的思绪开始放缓，这是之前从未有过的感受，这是一次绝对意义上的全新体验，敬畏和惊奇彻底征服了我——所有有关自我的意识慢慢消失在这片白茫茫的世界。

这种探险的出逃之旅一定能带给我们某种特别的体验，或许这就是为什么会有那么多大学生利用"休学年"或高中毕业后的暑假去国外背包旅行。待到旅程结束，他们不仅会对自身成长拥有全新的认识，还会带着更宏大的憧憬及更博大的世界观开始大学的求学之路。每次旅行途中，我们都会遇到不同的人、获得不同的经验——体会到探索未知世界的神奇感受。

我先后去过很多地方，但南极之旅带给我心灵的震撼是任何其他旅行都无法取代的。如今，15年过去了，我与当年遇到的旅友依旧是志同道合的好友，这样的旅程往往会让同行的人敞开心扉，哪怕共处的时间不长，也会培养出宝贵的情谊。我们在南极的冰雪世界一起跑了26.2（约合4.2公里）的马拉松，那是一种非常奇妙的体验，仿佛改变了时间的长度，并因此成就了长久的友谊。我们已经习惯了日常的忙碌，探险时间仿佛可以奇迹般延长我们对时间的感知。很多人都讲述过自己遭遇车祸或飞机失事前几秒的感觉——"时间仿佛'永久定格'了"，探险的感觉也是如此，哪怕只是一个简单的瞬间，也会成为有质感的复杂体验——成为永生难忘的宝贵记忆。

我非常喜欢《真正的魔法》一书，书中讲述了魔术师内特·斯塔尼弗斯（Nate Staniforth）的印度之旅。他在偶然间读到一本关于印度魔法的书，于是决定逃离无聊的工作，踏上前往印度的旅程。书中对印度的传统魔术——包括戏蛇、悬浮、喷火等——做了非常详细的描述，让人有种"刺激、紧迫、勇猛"的感觉，书中的一切都与他日复一日巡回魔术表演截然不同。于是，他开始盘算"打破美国巡回演出的常规安排，勇敢地奔赴一趟疯狂、自我的旅程"。这次，他想认真做一回观众，用心体验魔术的奥秘，他想让自己积蓄更多的能量，以便日后成为更优秀的魔术师。

每个人都应该勇敢尝试离开安全、熟悉的舒适圈，内特的经历充分证明了这一点。"我们特别容易把自己的世界越变越小，因为这样掌控起来更加容易。同样，我们也容易把自己的世界越变越简单，因为这样理解起来毫不费力。再后来，为了适应狭小的世界，我们把自己也不断变小，这样便不太可能意外走出自己营造的世界，也不会见识到危机四伏却雄伟壮丽的风景……可怕的是，用不了多久，我们就会把自己营造出来的死气沉沉的苍白人生当成真实的世界，再也无心、无力感受到世界的神奇，终日只能体会到生活的沉重。长此以往，我们便会彻底听命于生命的日常，全然忘记了外面的精彩。"印度之旅让内特开了窍，不仅提高了他的魔术手法（没错，他并没有放弃自己的魔术生涯），而且还加深了他和妻子的感情。

不过，大家或许并不热衷于极端的冒险：在印度贫民窟追着喷火艺人看表演，在零下的贫瘠土地上长距离地奔跑——这些都不是你的兴趣？这十分正常，千万不要被前面几个例子吓跑，探险旅行并不等于艰苦或极端的体验。不过，确有研究证明，未开发的土地更容易带给我们快乐的感受，因为比起"精心打磨"的环境，陌生空间更能挑战我们的潜力。话说回来，所谓探险，最重要的是避免重复过往，不一定非要跑到遥远国度感受孤独星球。又或许，有人就是忍受不了没有现代卫生的荒蛮之地，这也并不意味积极活动不适合我们，我们需要的只是一点勇气。只要勇于打破旧的生活，敢于尝试新鲜事物，只要走出舒适圈，我们就会收获更多快乐。

想着给自己放个长假

所谓长假，是否意味着增加度假的时长呢？非也。过去，长假制度多见于教育行业，通常是指大学教师暂停授课——6个月到1年——专心去学习新技能或探索世界各地的安排。换句话说，这种长假为大学教师提供了一个自我成长、自我充实的机会。如今，很多公司也推出了类似的带薪小长假，时间大概是1~3个月不等，只要在公司工作5年以上，每个人都可以享受这样的福利。

我认识的很多人，嘴上虽然念叨着想给自己放个长假，却总找各种理由，借口迫于工作职责和自身状况，放长假根本就"不可行"。我也承认，放下一切让自己休个长假，的确不是个容易的决定，但也并非什么"不可行"的选择，我认识的很多人都已做出了尝试。另外，还有人说自己不是不想休假，只是经济上着实负担不起。我给他们的建议就是让他们参考我的老邻居莎琳（Sharleen）和丹·戈德菲尔德（Dan Goldfield）的做法。二人双双休假，带着两个年纪分别为9岁和14岁的女儿游遍了澳大利亚、东南亚、中国、印度、中东和非洲。莎琳和丹希望他们的孩子可以走出温室，见识到外面广阔的世界，希望他们能够体验到不同的文化，认识到"真实世界更值得为之付出努力"。在为期263天的旅程中，他们在中国攀越了长城，在博茨瓦纳尝试了露营，在马尔代夫与鲸鱼一起游了泳。他们的冒险还远不只这些，一路上他们偶遇了1510次野生动物，包括780个罕见物种和70个濒危动物。2020年3月，因为新冠肺炎疫情的原因，他们不得不提前结束了行程。丹在日记中写道，"我始终无法相信我们的旅程就这样结束了。一路走来，我们经历了很多，成长了很多，学习了很多，我们没有虚度多彩的人生，希望我们会因为这段旅程而成就更优秀的自我"。

丹之前是一位数学老师，他相信自己休假回来也一定还能找到合适的工作。莎琳之前的工作很稳定，做了整整24年，所以返程前她对自己的工作前景多少有些担心，但整个旅程带给了她太多宝贵的经历，所以她也认为值得为之冒险。大家都已经猜到了，虽然疫情期间求职市场很不景气，但丹还是再次成了一名高中老师，而莎琳也谋得了一份临时工作。"重启伙伴"是一家咨询公司，主营业务就是向客户推荐休假计划并助其重启事业之路。公司的联合创始人婕伊·史密斯（Jaye Smith）在接受英国广播公司采访时说，自己曾对500名停职一个月至两年的职场人做过调查，其中没有任何一位表示出对休假的后悔，大家都认为正是因为休假才让自己之后的事业有了更好的起色。

许多人在换工作之前都会给自己放个长假，我在第二章提到过的朋友布拉德·威尔斯就是如此。有一天，布拉德年仅6岁的儿子告诉他，自己在海边捡了很多贝壳，并用它们做了好几条项链。布拉德问儿子：为什么要做项链？儿子回答说："我想把项链卖掉换些钱，这样你就不用拼命工作，就可以腾出更多时间陪我了。"布拉德听罢心里咯噔了一下，大家如果也已为人父母，也曾在工作和家庭之间努力保持平衡——这是所有父母都要面临的艰难选择——就一定会理解布拉德的感受。布拉德深受触动，他说自己当时"仿佛躺在了临终病榻上，所有记忆像走马灯一样在大脑里快速闪过"。

布拉德此前在一家快速崛起的技术公司担任首席战略官，工作压力非常大。听了儿子的话后，他决定辞职，携全家放一个六星期的长假。其间，他们组织过几次短途旅行，还多次安排了与家人、朋友聚会，剩下的大部分时间都是一家人开心地待在一起。虽然只有几个星期，布拉德却获得了比过去十年更加美好的家庭回忆。辞职前，他已感觉心力交瘁，与家人的感情似乎都已淡漠。不过，经过几个星期的相处，他再次感受到了家人的温暖，生活似乎也充满了更多的意义和可能性。他在领英的留言中写道，"我感觉心中的小火苗再次燃烧了起来，我深信前面还有更加美好的人生在等着我"。

大家如果也想逃离现在的生活，而且想长时间出逃，不妨再听听我最后一个建议：计划旅程时，请大家一定着重考虑那些真正能让自己开心的活动。既然已经建立了快乐档案，就意味着我们对自己的欲望有了一定的认识，已经知道何种体验能让自己快乐起来。我当然也知道，无视他人的眼光、按照自己的想法做决定并不容易，毕竟我们总希望能让别人对自己刮目相看——可能是家人、朋友，也可能是社交软件上成百上千的粉丝——难免容易忽视自己的真实想法。德里克·西弗斯（Derek Sivers）曾是一位企业家，后来成为知名演说家和作家。他发明了一种立竿见影的办法，可以帮助我们准确判断自己的旅行计划考虑的是自己（及同行人）的真实需求，还是因为受到了外界因素的影响。办法很简单，我们只需问自己一个问题："如果不带相机，不在社交媒体上分享旅行见闻，我还愿意去那个地方吗？"

对于大部分人来说，放下日常的生活、享受六个月至一年的假期绝对算得上是千载难逢的机会，所以没必要像西弗斯说得那么绝对——拍照留念还是必要之举！但我也想建议大家一定要充分考虑自己及同行者的真实需求，确保我们的探险之旅是发自内心的选择。

出逃是主动的追求，而非无奈的选择

大家或许已经注意到，当我们投入地从事快乐活动时，往往能够实现斯坦森博士所描述的逃避状态。只要是做开心的事，就能够沉浸其中，进入一种全新境界，停止对自己的尖酸刻薄。有人或许会把流于表面的出逃理解为一种无奈之举，但即使是这样的逃避也能带来一定的好处，至少可以让我们在生活的诸多艰辛中找到一种平衡。我们可以稍事放纵，因为勇敢地完成了一年一度的结肠镜检查，也可以请假在沙发上赖上一整天，因为工作实在太辛苦了。请大家记住，玩耍模式的终极奥义就是快乐，绝不是给自己设置各种条条框框。出逃可以给我们力量，让我们获得新的活力，只有这样，我们才有能力应对更大的挑战。很多人都会时不时作出自我评价，这样做不仅会让自己压力倍增，甚至可能导致精神崩溃、饮食紊乱、酗酒成性、情绪抑郁。健康的逃避行为可以给我们留出更多的喘息空间，让我们放下对自己过高的期望。

快乐至少可以让我们获得短暂的放松，所以，我们一有机会就应该从事开心的活动。每个人都需要健康、短暂的出逃，再"短暂"也没关系，只要"健康"就好：听到笑话后开怀大笑，陪孩子用沙子搭建城堡，去野外徒步，所有这些活动都可以改善我们的心境，有时，痛饮几杯或是吃些巧克力也能让人开心起来。

当然了，虽然表面上都是开心的活动，但不同活动带给我们的影响可能截然不同。跟家人、朋友待在一起，或是走进大自然，我们会感受到内心的充实和丰盈；而喝酒、暴饮暴食则最终只能造成内心更大的空虚（甚至造成身体上的伤害及其他各种副作用）。两种活动都可能被用作逃避现实的方法。

关键要看我们的动机——我们当初为何想要暂时逃避"现实世界"？我们的心态会把我们带去何方？我们是在逃避当下或未来的困难吗？抑或只是想获得一些美好的感受，培养一些积极的情绪？斯坦森曾经对进步导向和预防导向的人做过对比研究，发现二者虽然都有逃避心态，但出发点却完全不同。进步导向的人希望利用美好的体验和健康的方式提升自己的幸福感；而预防导向的人则更关心如何逃避问题，如何避免内心浮现出任何不好的情绪。智者艾斯·库珀（Ice Cube）曾经说过，"先认识自己，再毁了自己"。

进步导向的人寻求的是自我发展，逃避体验对他们来说属于人生重大活动的有力补充，能够让他们变得更优秀、更周全，而逃避行为对他们来说无异于一种自我探索和自我成长。相较而言，预防导向的人则不太会通过逃避实现自我成长，他们逃避的目的就是转移自己的注意力，暂时忘却不好的事情，包括不好的记忆、担忧、牵绊和日常压力等。按照斯坦森的理解，人类或许天生就被设置好了某种倾向，不过，他同时也认为环境也会发挥一定作用。面对人生的动荡，我们可能更愿意寻找那些可以暂时把我们带离悲伤和痛苦（自我压抑）的娱乐活动；当我们苦于挣扎或需要自我保护时，很少会明显地表现出成长的欲望。有些人具有严重的自我压抑倾向，越是遇到困难，表现得越是明显；相反，有些人的思维模式则更倾向于自我探索，他们希望通过寻找快乐获得更多积极的体验。

我们该如何判断自己的临时计划或出于惯性的逃避行为是属于探索还是压抑呢？不妨问问自己以下三个问题：

1. 我从事这项活动的动机是什么？
2. 我的逃避行为能否带给我长远的幸福？
3. 逃避是我的主动选择，还是无奈之举？

说了这么多，我来分享一则好消息吧：大家如果听取了前面的各种建议，现在应该已经学会了如何以探索而非压抑的方式获得更多快乐。既然已经对安全手册谙熟在心，不如现在就系好安全带跟着我一起出发吧——大胆出逃，我们一定能获得更多让自己变得更睿智、更超脱的机会。

快乐名人堂：克里斯·哈德菲尔德

虽然登陆月球的第一人是尼尔·阿姆斯特朗（Neil Armstrong），但宇航员克里斯·哈德菲尔德同样也将被载入史册，因为他是在外太空拍摄音乐视频的第一人，是名副其实的在距离地球250英里以外玩得最开心的人。

哈德菲尔德原籍加拿大，2012年至2013年期间在国际空间站待了将近6个月，返回地球前的最后两个月还曾担任空间站的总指挥。他在太空录制的音乐视频是大卫·鲍伊（David Bowie）的那首经典老歌《太空奇遇》，歌曲发行于1969年，就是阿姆斯特朗登月的那年，而歌曲讲述的正是关于太空宇航员的故事。接受澳大利亚新闻节目《晚间热线》采访时，哈德菲尔德说他后来真的有机会跟鲍伊当面交流此事，对方表示太空翻录的音乐视频是他听过的最沉痛的版本，哈德菲尔德为此还一度感到非常困惑。

"这是我个人的一小步，却是人类的一大步。"这是阿姆斯特朗的经典语录，也已成为当时的时代标志。相比之下，哈德菲尔德与我们分享的则是真实的太空故事，包括他在太空如何玩拼字游戏、如何俯瞰美丽的地球，以及在零重力的环境下流泪是一种怎样的感受。俯瞰地球，中亚西亚的农田变成了"冰天雪地中立体的黑白幻象"，澳大利亚内陆成了杰克逊·波洛克（Jackson Pollock）的抽象画作。哈德菲尔德经常光顾儿子埃文（Evan）的社交媒体账号，二人也是制作音乐视频的搭档。哈德菲尔德与很多空间站宇航员一样，也喜欢做各种试验——但给人类最宝贵的礼物还是带领我们见证了他的太空之旅。

第 6 章
天缘奇遇

> 只有放慢脚步，才能更快释然。
>
> ——莉莉·汤姆林（Lily Tomlin）

新冠疫情期间，我内心强烈感受到了出逃的渴望。当时，我同时兼任两份工作——一边以闭门造车的方式撰写这本有关快乐的书，一边作为公司高层努力开设更多健身中心以赚取更多利润——却落得既没时间又没钱的境遇。好在如我们之前所说，出逃并不需要很多钱或时间，于是我充分发挥了自己的聪明才智，找到了属于自己的出逃方式。我在北卡罗来纳州中部乡村的一个院落里找到了一块宝地，在那里整整待了一天，终于获得短暂的安宁。那个地方有个特别的名字，叫"仁慈之井"，宣传材料把它与医疗机构、会展中心、会晤场所做了明确区分，却唯独没有告诉我们它究竟属于什么场所。而在我看来，那是一个远离人迹的世外桃源，工作人员在做到了热情周到的同时，又非常懂得边界感，每位来访者都可以获得安静的庇护。

"仁慈之井"的工作人员虽然都是修女，却也不会把任何人拒之门外。那里吸引了各界人士，包括我这种单纯出于好奇想去看看的人。我自己也没想到，竟然能在那里待上一天，做了很多开心的事，遇到了很多有趣的人，探索了里面的各种设施，包括惊艳的山间小路和精美的迷宫。最后,我还有幸遇到了院长简·莫森格(Jane Motsinger),并跟她聊了许久。作为院长,她主要负责中心的管理工作,但是如果有人主动向她求助,她也会为对方提供宝贵的精神指引。

我是在24小时的活动临近尾声时才遇到了简,她上来问我的第一句话就是"你为什么会来这里?"通常情况下,我不太会与陌生人谈论自己的烦恼,但那一刻不知为何,我竟有了倾诉的欲望。我告诉院长,那段时间,我的失眠有点严重,或许是因为疫情的缘故,也可能是因为工作压力太大,再加上母亲又被确诊患上了阿尔茨海默病,而且我的收入也因疫情受到了巨大影响。我解释说自己来这里是为了厘清思绪,当前的生活压力严重影响到了我的工作。我正在撰写一本书,名为《爱玩好习惯》,可是严重的失眠让我的进展非常缓慢,不过我无论如何都会坚持写完。"听上去这本书对你很重要,那你过得很快乐吗? 为什么觉得有必要写一本关于快乐的书与大家分享呢?"这个问题对我来说一点都不难回答。

"仅仅是懂得快乐人生的道理就已经很了不起了,"我解释说,"如果还能学会在寻求快乐的过程中培养好奇心,那快乐就会发挥出惊人的力量。所谓的幸福,有一个非常根本的问题,就是它属于自我陶醉式的主观建构,而既然是主观感受,难免就会有人为的成分。在我看来,所谓幸福不过是科学编造出来的概念,人类会用它把自己对现实生活的感受分成三六九等。要知道,大部分人的生活感受其实完全取决于自身所处的环境及已经形成的价值观,此外,多少还会受到所处文化的影响。要想判断自身幸福的程度,需要我们做出自省和反思,给自己提出各种问题。可是,相关的问题早已受到了自我认知和偶然因素的影响。"

简又问了我几个问题，我都为其逐一解答。我一直滔滔不绝，她始终侧耳倾听。

"比起幸福，我觉得追求快乐才更可行，不用思前想后，只要行动起来就能实现。快乐很简单，我们所处的状态要么是快乐的，要么是不快乐的，差别一目了然。我看到很多人在我的帮助下重新找回了生活的快乐，我知道那是治疗心力交瘁的灵丹妙药，可以让人彻底摆脱外界的想法。幸福似乎总要把人分成三六九等，而快乐却与身份地位无关，只需要我们找到适合自己的方法——只需我们与外界建立连接，以和谐的方式与他人或环境发生有效的互动。幸福关注的是'我'，而快乐关注的是'我们'。"

我继续侃侃而谈：所谓"我们"，指的不一定是个体与他人的关系，而是一种允许自己从外界获得开心感受的状态。我又讲到了自己过世的哥哥，他喜欢户外徒步——那是他与神奇大自然之间的互动——当然，他还有很多寻找快乐的方式。最极致的快乐甚至能让我们超越自我，进入一个效价无法衡量的境界——在那里，欢乐没有尽头，我们与外界的联系会源源不断地为我们提供快乐滋养。

"迈克，你讲得太好了，希望你赶紧把书写完，我都忍不住想先睹为快了！"简继续感慨道，"听上去你的想法已经非常成熟，现在你是遇到什么困难了吗？"

"是的，"我回答，"我不知该给这种与外界的极致连接起个什么名字。"

"哦，"简说，"我也不知道合不合适，但我的一个朋友曾经把这种感觉称为'天缘奇遇'。"天缘奇遇，我离开中心时感觉自己心情好了很多。

快乐与快乐之间也存在差异，我们不妨用一个金字塔来描述快乐的不同等级（见图6）。幼儿习得语言之前的玩耍属于最基础层次的快乐，我们正是在简单的玩耍中培养出了基本的社交技能，同时也建立了边界感、提升了运动技能。无论是在狗狗乐园观察小狗，还是在中央公园观察人类幼儿，我们都不难发现，快乐和玩耍是动物发育初期认识世界的最基本方式。

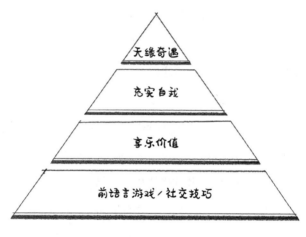

图6　快乐金字塔

享乐价值属于第二层次的快乐，此类快乐源于人类的演化，既包括为了维系生命而必需的消耗，如（在食物紧缺时）摄入高热量的食物，也包括为了繁衍生息而将性交变成乐事的操作。人类除了这些功能性的愉悦，还学会了为了快乐而快乐。很多研究都证明这一层次的快乐对于身心健康有很大益处，不过我们在第一章也说过，许多人对快乐的追求仅仅止步于此，完全忽略了还有更高层次的快乐。人活着一辈子，不知从哪个阶段开始，一心只想着"长大"，慢慢忘记甚至主动放弃了儿时真实的快乐。我们把寻求快乐视为不成熟的表现，认为一旦去寻找快乐，就会浪费做"正事"的时间——我们甚至错误地将快乐视为不计后果的出逃，仿佛快乐是一趟失控的列车，只会将我们带向毁灭。

快乐再往上一个层级就是充实自我，这种快乐属于有意义的主动行为。之前有过一项伟大的研究，研究结果发现只有内心欢愉的人才能感受到这一层级的快乐。哈佛、斯坦福和麻省理工的几位科学家针对人类选择日常活动的原因和方法进行了一项联合研究并撰写了相关论文发表在《美国国家科学院学报》上。他们的研究对象共有两万八千人，所有参与者都被要求下载某款免费智能手机 App，该应用会随时向当事人提问一些关于当下情绪（你现在心情如何？）及所做活动（你此刻在做什么？）的问题。研究人员希望了解影响人类选择不同日常活动的因素究竟有哪些：是取决于人当下的心情，还是当天是否周末？科学家本来预设的答案是：人类的初始设定决定了我们会选择那些让人心情好的活动。也就是说，只要情绪欠佳，我们就会做些事情让自己的心情好起来（比如吃些让人开心的食物）；即使心情本来就不错，我们也会想办法让自己更加开心（比如参加体育活动）。总而言之，他们提出的假设可以概括为：人类始终不会停止对快乐的追求。

然而，研究结果却与他们起初的设想大相径庭。人们对不同活动的选择的确印证了所谓的"享乐变通原则"：如果心情不好，我们会想方设法寻找快乐让自己高兴起来。但让人想不到的是，研究发现参与者如果已经拥有积极情绪，后续就会更愿意做些有用的事情，而有用的事却未必会提升心情。比方说，我们如果感觉情绪不错，就很可能选择放弃些许快乐，会找个安静地方坐下来，用心撰写一部有关快乐的书。（当然，或许这只是我的个人选择，但大家应该明白我想表达的意思。)

这一研究充分说明:如果我们的"快乐水杯"已经装满,我们或许就会抵抗短期收益的诱惑(随着科技的发展、设计的提升,我们身边此类"奖赏"已经比比皆是);相反,我们会把时间和精力花在可以长期充实自我的活动上。不过,如果我们感觉稍许吃力,就又会想办法逃离当下、摆脱束缚。

快乐金字塔的顶端是一种特殊形式的快乐,似乎已经超出了可以用效价衡量的范畴。我们一旦进入这一(天缘奇遇的)未知境界——无论是感到好奇惊诧,还是不可思议——我们都会有一种超越自我的快感,而这种快感将会产生无比巨大的影响。

地图并非疆土,切勿随意混淆

科学界流行一句俗话,"地图并非疆土",意思是说对"事物"的描述绝不等同于"事物"本身。依照此逻辑,我们必须认识到自己读到的很多幸福"处方"不过是一张抽象的地图,若想感受到快乐的炽热及其成长的力量,往往需要我们放下地图,切切实实地开始探索。在我看来,很多人还无法领悟地图与疆土的区别,在此,我想把自己收集的数据分享给大家。我去过三家儿童博物馆,实地考察过小孩与大人在各种沉浸式玩耍空间会有怎样的互动。比方说,北卡罗来纳州州府罗利有一家弹珠儿童博物馆,其中一个展厅里摆满了各种形状的泡沫玩具和积木,参观者可以在这里依照自己的想象搭建各种东西。那天,我看到无数小孩子兴冲冲地跑进来,抓起心仪的玩具玩得不亦乐乎,而他们的父母则一脸茫然,行动极其缓慢。大人们似乎都在等着拿到一份地图,等着有人告诉他们游戏的规则，然而，这里并没有任何游戏说明。于是，他们主动询问工作人员具体该怎么玩，似乎很难理解没有规则的游戏有何"意义"。不过，后来我也发现，只要参与其中，很多成年人也可以像小孩子一样玩得很开心。他们不再纠结于是否有地图的指引，开始自由发挥，开始在真实的疆土上主动探索——每个人都能发现一个独一无二的世界。

如果寻找快乐可以让我们接触到外界更多资源，我们的好奇心就会越来越强，人生的可能性也会越来越丰富。快乐可以把我们带去一个未知的领域，每次从那里重回现实，我们都会变成更优秀的自己。

我们后续还会深入探讨什么样的快乐可以将我们带入未知领域——继而提升我们的智慧——现在，我们还是先来了解一下"天缘奇遇"这一最高层次的快乐吧。如果有人不喜欢这个说法，这也很正常，我知道很多人都会有同感。我当初之所以想了很久才定下这个说法，就是因为想到会有读者朋友对此表示不满：凭什么我就给它起名叫作"天缘奇遇"了呢？当初，我也是询问了上万名读者，想看看大家能不能有个统一的想法。结果大家的回复真是让我大开眼界，竟然没有相同的两个答案。对于最高层次的快乐，大家给出的名字五花八门：魔力、入境、敬畏、意念、投入当下、美好瞬间、深不可测、掌控时间、奇幻的感觉、欢喜、快乐老家。我一直觉得不应该给大家预设的地图，所以也想邀请各位（在我们继续后面的内容之前）用心想一想，究竟用什么词来形容巅峰快乐最为贴切呢？当然，如果大家跟我一样，也喜欢简提议的"天缘奇遇"，那就更省事了。

好奇尚异，追本穷源

培养好奇心和求知欲是实现"天缘奇遇"境界的最佳途径。相关研究已经一次又一次地证明，好奇心可以带给我们更多感受欢乐、惊叹、顿悟的机会。乔治梅森大学的心理学教授托德·B.卡什丹（Todd B. Kashdan）博士曾经提出，长期处于无聊状态的人很可能是因为缺乏强烈的好奇心。要想对抗单调无聊的生活，卡什丹博士建议我们认真发展自己的兴趣爱好，追求新意、获得快乐、战胜挑战的过程都可以强化大脑的神经连接。培养好奇心可以让我们变得更加坚韧、更加睿智，并能让我们保持年轻的心态。我曾就好奇心的问题采访过卡什丹博士，他解释说："好奇心其实是一种自我探索，过程中我们的能力、认知、智慧、观点……都会有所成长，我们可以重新审视所谓的机遇和威胁，之前所认为的威胁或许会变成机遇，而之前所谓的机会也可能随着心智的成熟及自我认知的改变而遭到质疑。"

可是，如果我们不去主动探索世间的奇迹，或是无意发现新鲜事物，我们的身体和心智就可能会退化。研究显示，行为失调、精神疾病、大脑损伤都可能与长期无聊的状态有关。我们该如何消解无聊呢？我们如果能够培养出好奇心，无聊的状态就会减弱。你上一次对事物表现出好奇是什么时候？哪怕只是一件很小的事情也没关系：比方说去尝试了不太有把握的餐厅，或是主动联系了失联很久的老友。如果我们想增进人与人之间的感情，非常有效的办法就是对别人的事情表现出兴趣。此外，好奇心还与创意密切相关。也就是说，积极培养热情、参与新鲜事物或尝试全新手段等做法不仅能够提升我们的洞察力，还有望加强我们的创造力。

我最喜欢的发挥好奇心的方法就是挑选一个未曾去过（但感觉会很有意思）且有特价机票的地方。这种旅行总会让我动力十足，不仅可以探索新地方，还不用花费太多银子。在此，我不得不跟大家介绍一下埃里克·帕克特（Erik Paquet），他可是一位蹭旅游的行家。他给我的建议是，"旅行过程中，最重要也是最有意义的部分就是花时间结识当地的人，主动找机会跟他们互动，交流的内容不一定非得多高深……对很多游客来说，打破僵局虽然很难，毕竟可能存在语言障碍，但只要开口与当地人建立了联系，就能实现真正的自我突破"。按照我的经验，我们永远无法单纯凭借一张地图发现一座城市最好玩的地方，只有那些真正对当地感兴趣的人才可能找到可靠的答案。

好奇心之所以能带给我们快乐，或许主要在于它能让我们认识到自己在认识外界、实现沟通方面具有无限潜能，只要我们勇于尝试，就能够暂时超脱所谓现实，就能够见证如梦似幻的奇迹——承认自己的孤陋寡闻可以是一件非常美好的事，因为这预示着未来我们会有更多机会认识这个奇幻的世界。

意外之喜，好处多多

对很多人来说，意外之事总是会让人有所期盼，之所以如此，是因为可变快乐在发挥作用。我们如果不知道事情后续的发展，就更容易感到兴奋，还会想办法预判结果是惊喜还是惊讶，那种紧张……悬念……总是会让人感到无比刺激。

科学研究显示，意外之事会对我们的神经和心理产生巨大的影响，而人类对待意外的态度正是我们区别于其他动物的关键所在。

所谓意外，指的是我们所接收到的意料之外的刺激，该刺激会打断我们当下的思绪或行为。意外不仅会扰乱我们内心世界的秩序，还会影响我们对事物的预判，所以我们需要花时间对其加以梳理，判断自己的情绪效价：可能因积极情绪而感到欣喜，也可能因消极情绪而感到沮丧。荷兰莱顿大学社会与行为科学学院的马雷·诺德维尔（Marret Noordewier）博士和埃里克·范·戴克（Eric van Dijk）博士曾经说过，我们要仔细区分自身针对意外所做出的最初反应和事后反应，因为二者往往会有巨大差别。有时候，我们即使感觉到的是惊喜，第一反应也可能很消极，因为大脑不喜欢自己的世界观受到挑战（是呀，如果突然发现手里的地图印错了，谁心里能高兴呢？）。

两位博士在重要期刊《认知和情绪》上发表了自己的论文，并在文中解释说："即使意外之事给予我们的是正面刺激，我们最初还是会感觉到困扰和惊讶，后续才会认识到其带来的好处。"这也就是说，我们对意外的反应是一种动态存在，最初的感觉与后续的感觉很可能存在巨大差异。

我们在享受意外的惊喜之前，需要先搞清楚其可能的后果。这也就是说，我们对惊喜的反应需要一个时间的维度，意外并不一定能够自行激发出快乐，需要我们对其加以处理和判断，如此才能在快乐的陪伴下悟出新的道理。

我们在第二章提到过一个水烧开后会有小鸟跳出的水壶的设计，还简单聊了聊我们都喜欢意外的惊喜，因为这会增加我们内心的愉悦感，原因在于我们的伏隔核——大脑中与快乐和奖励预期相关的区域——遇到意外事件时会做出最为强烈的反应（例如不是生日却收到礼物）。埃默里大学医学院和贝勒医学院联合组成的研究小组刚好也针对这一现象做了研究。

项目的两位负责人分别为格雷戈里·S.伯恩斯（Gregory S. Berns）医生和里德·曼特古（Read Montague）医生，二人对25位参与者进行了测试，具体的研究方法是向其口中注射果汁或水，有些人的注射频率固定不变（每十秒钟注射一次），有些人的注射频率则完全随机，毫无规律可言。整个过程中，研究人员对参与者进行了功能性核磁共振（fMRI）扫描，用以观察他们大脑内部的活动。

结果表明，随机喷射对大脑激活的程度更高，即当果汁或水以不可预测的方式喷入口中时，参与者体内会产生更多的多巴胺。即使参与者更喜欢果汁，但喷射频率的不可预测性更能刺激多巴胺的产生。

研究团队由此得出结论：不可预知的刺激会明显激活大脑中的奖赏路径；而刺激带来的愉悦感本身（即我们的喜好）反倒起不到相应的效果。这一结论非常符合人类进化的逻辑，大脑会对突然发生的变化快速提高警惕，其刺激效果远远超过其他刺激（包括愉悦）。想想也很正常，远古人类一旦遭遇意外，第一反应当然是要即刻采取行动，并从中吸取到经验教训。

人类对意外的钟爱之情体现在生活的方方面面，科学界认为我们对音乐的欣赏也能体现出人类的这一特点。马克斯·普朗克人类认知与脑科学研究所的文森特·张（Vincent Cheung）和他的同事对美国八千首流行音乐进行了分析，(功能核磁共振图像显示)那些最能带给听众愉悦感的曲目都含有一些意外成分。也就是说，听众在接收到超出预期的变化时，往往会获得更多的欣喜。

研究表明，意外之喜有利于我们更好地发挥创意。《性格与社会心理学公报》上曾经发表过一份研究报告：研究人员向参与者展示了不同内容的图像，然后请他们为一款新的意大利面想出有创意的品牌名字。结果发现，相比观看普通照片（如冰天雪地中的因纽特人）的参与者，那些看了不太符合常理的照片（如酷热沙漠中的因纽特人）的参与者所提出的方案更加具有原创性。当然，意外元素只能刺激那些对秩序要求不是很高的人，出乎意料的画面会刺激他们的发散思维；而相比之下，对于那些秩序要求较高的人来说，看到不符合常理的画面反而会让其收缩发散性思维。综上所述，意外之喜因人而异，并不能对所有人都发挥积极作用。

意义构建，悖论重重

大家已经清楚，快乐可以提供给我们一种内在动力，帮助我们变成更好的自己。其实不只于此，快乐还可以成为一种我们构建意义的认知过程。卡尔·E.维克（Karl E. Weick）是美国最具影响力的社会心理学家，他将意义构建定义为成功赋予各种体验相应意义并从不同事物中理出头绪的行为。

一个人要想实现成长，就得理解世界，为其构建出意义，这也就是为什么我们一生都在寻找生命的意义。奥地利心理学家兼神经专家维克多·弗兰克尔（Viktor Frankl）博士曾经亲历了纳粹屠杀犹太人的暴行，他在大作《寻找生命的意义》中曾经写过，生而为人，最大的动力就是探寻生命的意义。对人类来说，意义至关重要，大脑在这方面也极具超级造型，无论是日常生活的点滴还是人生的高光时刻，大脑都能从中发掘出生命的意义。本杰明·黑尔（Benjamin Hale）曾在他的畅销书《进化吧，布鲁诺》中写道：

神秘事物最终所呈现的意义并非人类的发现，而是人类的发明。我们之所以会主动构建意义，原因在于丧失意义是人类内心最大的恐惧，甚至比蛇、黑暗、高空跌落还要令我们害怕。有时候，我们的所作所为不过是在给世界强加上所谓的意义，目的就是哄骗自己找到了生命的意义，借以安抚自己的心灵。

换句话说，我们之所以会不厌其烦地寻找意义，完全在于大脑已经做了相应的设定。但是，无休无止的意义构建显然是个折磨人的差事，于是，为了恢复体力，我们会再想办法让自己开心起来（暂时忘记所谓的意义）。如此看来，主动暂停我们对意义无休止的追求，把更多精力用在快乐和享受上，也不是什么罪过吧？

如果大家依旧无法接受用追求快乐代替追求意义的做法，这也不难理解，要知道，我们的本能直觉可是受到了几百年的思维模式的影响。亨利·西奇威克（Henry Sidgwick）是维多利亚时代最具影响力的一位伦理哲学家，他本人对快乐就没什么好感。在他看来，一个人要想幸福，必须与人和事发生深刻互动，一旦把太多心思放在快乐上，便无法做好待人接物，也便无法获得长久的幸福。我们在第一章已经探讨过清教徒对美国人的心灵所造成的僵化影响，如果我们终日忙于证明自己是上帝的选民，自然会认为一个下午的胡思乱想或为了快乐而快乐的做法都是危险行为，搞不好还会揭示我们内心的邪恶。这简直荒唐至极！

多亏了科学的进步，如今我们对人类行为已经有了较为清晰的认识，懂得追求快乐与追求其他更严肃的目标并不矛盾。大家还记得本章前面我们提到过的享乐变通原则吗？如果我们能在生活中感受到快乐，就能有效抵制短期收益的诱惑（因为随着科技的发展、设计的提升，我们身边此类"奖赏"已经比比皆是），进而把更多精力放在利于我们生存的长期目标上。

老实讲，快乐与意义并不相互排斥。要想拥有美好人生，前提可能就是要在有意义的活动（理性选择）与愉悦的活动（开心选择）之间取得一种微妙的平衡。

人类早已明确了构建意义的重要性，我们这本书既不想挑战也不想捍卫"生而为人应该寻找生命的意义"的观点。在此，我只想播下一颗种子，告诉大家"天缘奇遇"——超越自我——可以成为我们追求快乐的得力手段。我们不再需要闭门造车，可以从外面精彩的世界悟出更多人生智慧。我们可以尽情沉浸在某种体验之中，可以不受任何客观条件的限制而全身心地体味当下，也可以单纯为了快乐而快乐。

澳大利亚南十字星大学的德西蕾·科兹洛夫斯基博士（Desiree Kozlowski）曾经谈到过"理性享乐主义"这一概念，即有主观意图的享受简单快乐的做法。在她看来，如果我们做事能够做到全神贯注——不管是吃蛋糕还是陪孩子玩，不管是在海边散步还是享受停工时间——就一定能提升自己的幸福感。幸福与快乐之间存在着一种隐蔽的联系，如果我们能积极地体验生活，二者的联系就会被激活。对我们来说，重要的不是所谓的意义，而是能否摆脱内心对意义构建的需求——超越内心对各种人生体验的错误排序——千万不要依照这一需求来评判某种体验能否让自己比别人更幸福。

追求快乐并不意味着拒绝承担责任。事实恰恰相反，有了快乐的心情，我们才更有能力和精力追求人生的"意义"。主动追求快乐绝对是对自己负责任的表现，这样做并不容易，我们需要放弃自己对意义和排序的执念，从而全身心地投入人生各种体验中去——这才是人生的真谛。

知名神经科学家莉莎·费尔德曼·巴瑞特（Lisa Feldman Barrett）

曾经跟我说过这样的话："我从不错过任何能令我敬畏或慨叹的机会。有时，我会仰望苍穹，看看天上的云朵或星辰；如果是在海边，我会凝视波涛汹涌的海浪；哪怕只是日常散步，我也会留意人行道的砖缝间钻出的蒲公英，忍不住感慨大自然打破人类禁锢的力量；又或者，如果我参加的视频会议因网络或电脑问题而不幸中断，我也会利用这段时间让自己获得敬畏的体验——我的网络虽然不够给力，导致我跟比利时、英格兰或中国同人沟通起来不太不畅，但毕竟我们还能保持联络，哪怕有点卡顿，但我依然能看到他们的面孔，这难道还不神奇吗？若是放到十年前，这种方式的联络根本想都不敢想，不是吗？很多证据表明，一个人如果感受到敬畏之情，就会体会到自己的渺小，哪怕只是一两分钟的时间，也能让我们的神经系统得到片刻的休息。想想也是，如果这世间有太多事物比我们伟大，而我们只是一粒小小的微尘，那让我们困扰的问题岂不是更加微乎其微。如果我们能轻视自身的困扰，哪怕只有一分钟的时间，神经系统也会得到放松，也可以让我们改变视角，正确看待事物的本质。"

在这样的巅峰时刻，我们要做的不是找寻什么意义，而是全情投入、感受当下。哈佛大学的乔迪·奎德巴赫（Jordi Quoidbach）教授曾经参与过一项研究，对人类基于享乐变通原则所做出的选择进行了考察。后来，他自己又主持了另外一项相关研究，研究结果显示：如果我们能把注意力集中在当下，在从事积极活动时进行积极的思考，就一定会获得更加积极的效果。相较而言，如果我们总是处于分心的状态，即便有任何积极效果，也会大打折扣。总而言之，如果我们能够全情投入，超越所谓的理解客观世界的需求，就能活出生命的精彩。

亚伯拉罕·马斯洛（Abraham Maslow）堪称这个时代最重要的一位心理学家。他在去世前不久对自己所提出的人类需求金字塔进行了修正，增加了一项新的内容，即超脱自我。修改后，超越自我便取代自我实现，成为人类发挥内在动力的最高境界。纽约大学的马克·E.科尔特科-里韦拉（Mark E. Koltko-Rivera）博士在研究了马斯洛的著作及其一些未发表的个人日记后，对可以实现超越自我的人做了如下描述："他们会努力追求超越自我，会通过巅峰体验感受自我与外界的互动。"宾夕法尼亚大学的大卫·布莱斯·亚登（David Bryce Yaden）也曾对超越自我的体验进行过探讨，并将其形容为"一种弱化自我、强化连接的精神状态"。这种自我超越同时也是一种快乐来源：我们应该放松地感受自己与外面世界的连接，不应在内心无休无止地跟自己较劲。

苏珊·库克-格鲁特（Susanne Cook-Greuter）博士是研究自我成熟发展和自我实现的权威专家。一次聊天时她对我说："不受约束的自由不仅仅局限于人类出生后的早期发展阶段，任何人，只要有机会玩耍、有机会接触思想——哪怕只是抽象的概念——任何人，只要愿意以寻求快乐的心态面对思想和概念，就一定比那些只会一成不变依附于思想和概念、认为'世界就是如此'的人更有发展。我们只要愿意打开自我，愿意接受'或许还有其他可能，或许可以换个角度'的想法，就会获得更广阔的空间，实现真正的成长。我们似乎已经变得越来越僵化……因循守旧、视野狭窄、故步自封，对其他事物丧失了兴趣和好奇，这正是最大的症结所在。如果我们能够敞开心扉，主动接受新鲜事物，就一定会得到更多意外之喜的眷顾。"

快乐名人堂：亚当·佛契（Adam Yauch）

　　大家如果想找点切实的证据，证明生而为人不一定非要在寻找快乐和生命意义之间做出二选一的抉择，不妨想想野兽男孩乐队中喜欢恶搞的已故贝斯手亚当·佛契（MCA）。野兽男孩绝对算得上是全世界最搞笑的乐队了，其成员麦克·D（Mike D）在《野兽男孩》一书中就曾说过，他们乐队的存在仿佛就是"为了逗彼此开心"。该乐队仅在美国一地就售出了两千万张专辑，1986年至2004年期间，乐队斩获了七张白金唱片。据说佛契是乐队中最夸张的一位，一度因为另立人设而声名狼藉，谁能想到，他竟然穿起皮短裤、戴起假胡子，一意孤行地使用起约德尔唱法，硬生生地把自己变成了内森尼尔·霍恩布洛尔（Nathanial Hornblowér）。1994年MTV音乐电视颁奖典礼上，野兽男孩乐队的单曲《破坏》不幸败给了R.E.M乐队的《每个人的伤痛》，因此错失了"最佳指导"大奖。获奖结果一出，这位"霍恩布洛尔"当即冲上舞台，公然对"荒唐的"颁奖结果表示抗议——并最终毫无来由地以"《星球大战》是他的创意"的说辞结束了舞台上的咆哮。[迈克尔·斯泰普（Michael Stipe）站在他身后彻底乱了阵脚，只好无助地摆弄手里的奖杯。]

　　大家如果看过当晚佛契的表现，肯定想不到他当时正执着于追求精神世界的崇高意义。他的人生因为一次与难民的邂逅而发生了彻底改变。他发现，那些人虽然历经磨难，却依然对生活充满了热情和乐观。1992年，佛契开始研习佛教。

接受《滚石杂志》采访时他曾经说:"由于西方社会文化的灌输,我们一直以为人只要有钱、有权、有美女就一定会幸福。我们接触到的每一条广告、每一本杂志、每一首音乐、每一部电影似乎都在传达这一谬论。"同样是在1992年,远在加德满都的他在参加派对时邂逅了艾琳·波茨(Erin Potts)。二人默契十足,一拍即合。

2012年,佛契因癌症离开了人世。为了纪念他逝世五周年,波茨在《媒体》上发表文章写道:"是野兽男孩——特别是佛契——教会了我快乐的重要意义。诚然,努力工作、勇于冒险、让世界变得更加美好,这些都是有意义的事,但我们一定不要忘记快乐。做有意义的事并不妨碍我们做一个快乐的人,如果大家喜欢,也可以给自己粘个假胡子、戴个假头套。"(众所周知,佛契生前对乔装打扮总是有着极大热情。)

"天缘奇遇",可遇可求

如果我们能够真正沉浸在所做的事情或经历的体验中,一些不同寻常的经历就可能被赋予或世俗或宗教的灵性。曾经有人针对退休的芭蕾舞演员做过一项研究,发现他们在表演进入巅峰境界时,常常会感受到一种特别的精神力量和意识状态,仿佛灵魂出窍。自我已变得不再重要,内心感受到的是自我的转变以及与外界的连接。这些退休的芭蕾舞演员与其他运动员一样,都表达了自己对事业的极大热忱,每次翩翩起舞仿佛是坠入了爱河。对于有宗教信仰的人来说,那种感觉就如同翻开圣经阅读"创世纪"般虔诚,而对于没有宗教信仰的人，那种感觉则宛若遇到了毕生真爱。大家如果对喜欢的事情能够做到真正投入，且能够成为行家里手，那一定要在此基础上深入探索，提高创意，为自己打造更多的惊喜，同时悟出人生更多的道理。大家如果能做到这些，就会获得之前无法想象的体验，每一次稍纵即逝的启迪和顿悟——小到看到花朵绽放的感动，大到碍于情面在加德满都出席派对却成就了千载难逢的友谊——都会成为引领我们进步的人生智慧。

关于快乐，我们已经做了非常深入的探讨，介绍了各种基本策略，分享了各种高深理论。大家如果已经养成了快乐习惯，不如想想如何把更多的朋友带上追求快乐的征程吧。

第 7 章
奇葩友情

> 友情真的很奇葩，
> 我们认识那么多人，却偏偏选中了这位，
> 认定了"这位跟我有缘"之后，便开始与之结伴而行。
> ——比尔·莫瑞（Bill Murray）

我跟很多人一样，自很小的时候就开始了全国各地的漂泊，就读大学、步入社会都是在不同的城市。后来，我们一家四口搬到北卡罗来纳州的萨默菲尔德时，每个人内心都感到了与亲人、朋友分别的痛苦，毕竟我们在西海岸已经生活了那么多年，着实不愿彼此的感情因为搬家而中断。维持远距离关系的确比想象中艰难得多，所以我才总跟人说，刚搬到北卡罗来纳的那几年，我们虽然过得很幸福，但始终有种莫名的孤独感。

结交新朋友总是需要些时间，而与老朋友保持联系也有一定难度。我们常常在心里琢磨：朋友们还会记得我们吗？我们不在身边了，他们还会有事没事聊到我们吗？好在，安娜想到了一个好玩的主意，说自己的办法一定能让别人想起我们——不仅仅是想起，简直是想忘都忘不掉。

那会儿刚好赶上要给亲戚朋友寄节日卡片，安娜经过一番简单操作，硬生生地把我们一家四口的照片处理成了五口人，她还为此扬扬自得了好一阵。我们把节日卡片寄给亲戚朋友，每个人收到后

都必定会大吃一惊。我们的计划果然起到了预期效果：新年将至，我们收到了无数通电话和无数条信息，亲人和朋友纷纷向我们发来了"祝贺"，解释说"之前不知道你们家又添丁进口了！"——就连很多许久未联系的人也发来了消息。待我们道出实情，每个人都笑得前仰后合，然后便打开话匣子与我们拉起了家常。

这种奇葩的沟通方式虽然是我们的"专属发明"，但其中的道理对每个人都适用：生活在这个时代，要想拥有更好的社交生活，就得多花些心思。追求社交与追求快乐一样，不能随波逐流，必须另辟蹊径。无论是听来的名人逸事，还是自己的亲身经历，无数事实已经说明，成年后再想交朋友真的很难，家庭负担和工作压力很容易让我们丧失自我。《纽约时报》曾经发表过一篇文章，题为"而立之年的友谊"，因为引起了强烈反响，竟然先后刊出了两次。其中一位主人公是三十九岁的女性，脸书上虽然有几百个朋友，但现实生活中则不然，搬到新城市后想给自己办一场生日派对都办不起来。另一位主人公是离了婚的心理治疗师，他在当地萨尔萨舞蹈班的一番操作让他成了别人眼中的"奇葩"：舞蹈班上有那么多姑娘，他一个都没搭讪，下课后反倒邀请班里所有男士一起去小酌了几杯，只能怪为人夫、为人父的生活让他与之前的朋友断了联系。

活在这世上，有些人朋友少得可怜，有些人嘴上虽说有朋友，但其实根本没时间与朋友见面。喜剧明星约翰·穆兰尼（John Mulaney）在受邀参加《周六夜现场》时曾开玩笑道："我真想为三十多岁的人写首歌，歌词我都想好了——'今晚不行，星期三如何？哦，星期三你要去休斯敦，那好，咱们六个月后再约，没关系，没关系！'"

曾几何时，我们的日常生活就是最自然的社交方式。那时候，为了生存，人们必须抱团取暖。如今，人类已经走出了原始部落，过上了便捷的生活，亚马逊的快递可以直接被送到家门口，科技也为远距离友谊提供了先进的手段。然而，社交网站和虚拟社区并不具备社会学家所认定的交朋友的三个基本要素：相隔不远的距离、随时互动的条件、让人放下戒备的环境。当前社会的文化趋势正在慢慢消磨传统的群体格局。比方说，过去二十年间，美国教会成员的数量竟然锐减了一半。提到这个并不是想倡导大家都去做礼拜，只是觉得如今我们已经很难再找到类似的归属感。

虽然亲密的社会关系偏离了传统的发展轨道，但人的本性并没有改变，生而为人，我们依旧离不开亲密的社会关系。真正的友谊跟快乐一样，并非可有可无的"备选项"，它们如同阳光、如同蔬菜，我们要想活得健康，根本离不开友谊的滋养。如今，业内普遍流传着一种观点，认为缺乏社会关系对人体造成的伤害丝毫不亚于无节制的酗酒和吸烟，甚至比肥胖给人体造成伤害还严重一倍。另有研究也认为，孤独不仅会导致身体炎症，而且随着年龄的增长还会造成认知和身体的退化。没错，生活在这个时代，即使没有朋友我们也能活命，但如果长期与世隔绝，生命无疑会变得不堪和凄惨，甚至太过短暂。

不管性格外向还是内向，我们始终都是社会的动物，所以都需要朋友——为了更加契合本书的主题，我应该这样说：为了活得更加快乐，我们都需要朋友的陪伴。我们日常的朋友大多来自同学或同事，如果你已为人父母，你的朋友还可能是其他小孩的家长。有些挚友在关键时刻可能成为我们的后盾，但平时却无法跟我们一起去看电影或参加晚宴，因为我们远隔千山万水。所有这些人际关系都很正常，只是有些可有可无，有些却必不可少——既然我们探讨的是如何养成快乐习惯，不妨在此严格界定一下友情的范围。

在我看来，所谓快乐友情，指的是那些为了追求快乐而建立或维系的友情关系。如果大家想要培养自己快乐的习惯，与快乐伙伴相处绝对是非常有效的办法。我们已经有了那么多寻求快乐的计划，完全可以邀请朋友一起完成，这也属于另外一种形式的活动绑定。此外，如果我们和朋友有共同的兴趣爱好，感情也会更加和谐，因为我们永远不会觉得与这样的朋友相处是浪费时间，跟他们在一起也不会惦记其他事情——我们可以从事共同爱好！即便当下的条件不允许做喜欢的事，也可以聚在一起怀念往昔、畅想未来。

快乐名人堂：好友互整

想象一下，如果我们既能跟朋友玩得很开心，又能因此而名利双收，甚至赢得一大票忠实粉丝，那将是怎样一种感受？这可不是天方夜谭，而是纽约斯塔顿岛四个男生的真实故事，他们就是电视节目《好友互整》的四位演员：乔·加托（Joe Gatto）、詹姆斯·莫瑞（James Murray）、布莱恩·奎恩（Brian Quinn）和萨尔·弗尔卡诺（Sal Vulcano）。四位好朋友原本是高中同学，共同创建了小品戏剧社，创排的节目在社交媒体上大火，最终他们将版权卖给了电视台。他们制作的是一档整蛊节目，属于隐蔽拍摄，但与之前的《整蛊总动员》不同，他们的整蛊（节目中所说的"挑战"）对象就是彼此：如果其中哪位未能完成挑战，就会遭到其他三人的惩罚。正是因为这个原因，萨尔·弗尔卡诺的屁股上才多了一款少年贾登·史密斯（Jaden Smith）形象的文身；詹姆斯·莫瑞也被迫在镜头前做了多次前列腺检查，有一次甚至还有他当时的未婚妻从旁协助；乔·加托也不得不穿上超级英雄"胖肚子船长"的戏服，乘坐空中快轨跨越了纽约东河海峡；布莱恩·奎恩则和一位专业哑剧演员被铐在了一起，铐了整整24个小时。他们的节目拍了整整十季，四个人共同经历了数百项挑战。

节目非常搞笑，但究其内核——节目赢得粉丝狂热追捧的根本原因——是四位朋友之间的默契和情谊。正是因为他们彼此间的深厚友谊，观众看了他们的整蛊才不会觉得过分；正是因为他们彼此之间的默契，才让节目看起来十分搞笑。如果没有友谊作为基础，很多所谓的幽默引发的不会是笑声，而会是反感，英国播出的山寨版《好友互整》就是最好的证明。英国广播公司将这档节目翻拍成了英国版，制片方为了加强效果找来了四个喜剧演员，但他们并非真正的好朋友，所以出来的效果自然可想而知，节目只播了几季便停播了。英国娱乐网站评论称："四位演员的互动非常牵强，一点也不自然，简直尴尬无比。"再后来，英国喜剧中心还是决定购买美国的原版节目——在英国一经播出，当即受到了热捧。

学会借助他人的快乐

快乐伙伴可以如同成长激素一般刺激我们养成快乐习惯。研究显示，"与人同乐往往要比独自享乐更令人快乐"。研究人员让参与者玩一刻钟叠叠乐的游戏，第一组人独自玩耍，第二组与朋友一起，第三组与陌生人为伴。结果可想而知，与朋友玩的那组收获的快乐最多。其背后的原因更值得深思——若想拥有快乐的人生，究竟该与什么样的朋友为伴呢？

朋友为什么能带给我们更多快乐，这其中的理由似乎不言自明。首先，社交互动本身就是个令人愉悦的过程，其次，与朋友相处能让我们感到轻松自在。此外，研究人员还提出了另外一种可能，即真正的快乐很可能来自看到他人对叠叠乐的喜欢。大家或许都见识过所谓的情绪传染和社交传染，马尔科姆·格拉德威尔（Malcolm Gladwell）在《引爆点》中有过相关的论述，尼古拉斯·克里斯塔基斯（Nicholas Christakis）和詹姆斯·福勒（James Fowler）的先驱作品中也有过相应的探讨。研究证明，就连肥胖及吸烟等健康问题也会在亲近的人之间相互传染。有些励志的演说家甚至提出，我们走得最近的五个朋友的综合状态就是我们本人的状态。

虽然这一理念有些老生常谈，但不可否认，如果我们想获得更多快乐，选择朋友时千万不要过于草率。我们早就知道，时间对每个人都是公平的，每个星期都是七天，但朋友却可以对我们的行为和感受造成巨大影响。大家或许已经留意到身边有些人总能让自己活力四射，跟他们相处后，我们会觉得自己像是变了一个人，哪怕只是随便跟对方聊上几句，也能让人心情大好。相反，还有些人只要一出现，就会让我们情绪低落。他们的心情状态、举手投足，包括选择的话题都会严重影响我们的情绪和心态，每次与他们沟通都会莫名令人感到悲伤、紧张、焦虑。我想每个人都能从身边找出几个这样的例子。

最先提出"情绪传染"这一概念的是关系科学家伊莱恩·哈特菲尔德（Elaine Hatfield）博士和她的同事。所谓情绪传染，指的是人类会在有意或无意间受到身边人言语表达及表情、体态、语调等肢体信息的影响，并继而产生相同情绪的现象。每个人都会在有意或无意间对他人情绪产生影响，因此，情绪会在人与人之间发生流动。我们会像感染了感冒一样受到他人坏情绪的影响，这种坏情绪甚至比感冒更可怕，因为得了感冒我们会有察觉，但对坏情绪造成的影响，我们常常毫无意识。

我们多少可以利用镜像神经元的道理来解释情绪传染：最初，科学家是在猕猴的大脑中发现了镜像神经元，后来在人类大脑中也有了同样的发现。这些脑细胞属于额叶皮层，自身无法在他人行为和自我行为之间做出区分。换句话说，我们如果看到别人开心，大脑也会感受到同样的情绪状态。现在，我们还无法判断这种传染是好事还是坏事，但几乎没有人能对其免疫。（业界普遍认为现代语言的进化主要得益于情绪传染，若真是如此，应该说这种传染还算是有功之臣。）

这也就是说，如果我们把社交时间花在快乐的事上，不仅可以防止自己被喜怒无常的朋友"传染"上坏心情，甚至可能扭转他人的负面情绪。如果我们能够多跟积极阳光的朋友相处，各种好处绝对超乎想象。另外，如果我们所处的环境本身就很欢乐，自身感受到快乐的概率也会大大增加。就算从事的活动我们之前并不觉得好玩，但只要环境对了，快乐也会加倍。有些研究内在动机的人员还发现，"动机传染"也可以成为一种有力的刺激，也就是说，如果我们观察到别人玩得很开心，自己的体验也会变好。比方说，你本人并不喜欢骑车，但如果总是看到朋友乐在其中，内心的欲望也会被激发出来，感觉自己好像也喜欢上了骑车似的。如果大家担心探索新事物时内心会产生不适，快乐伙伴或许可以帮我们度过困难阶段。当然也会有个别特例，虽然我太太跟我生活了很多年，却还是对露营深恶痛绝（"为什么要花那么多钱睡在帐篷里呢？"）。由此可见，传染的方法也不一定总能奏效。

音乐营的美好回忆

我并不想劝各位一定要多交朋友，毕竟每个人的性格不同，所处的人生阶段也不一样，因此对于健康社交的理解也五花八门。我只是希望大家能够找到志同道合的人一起完成快乐计划，（哪怕只是暂时）抛开索然无味的人际关系，让自己找回儿时那种简单的友谊。那时候，我们只在乎一件事：你愿意跟我一起玩吗？只可惜，长大成年后，我们本能地会去做甄别，对于玩耍的游戏也更加挑剔，这些都无可厚非，我们只需要找到志趣相投的朋友即可。

以往的经验让我明白，广撒网找朋友的方法并不明智。几年前我生活在加州阿拉梅达的时候，常去当地一家名为"欢乐堡"的地方。那是一家室内跳跳屋，也是当地父母为小孩办生日派对的首选地，我本人就见证了不少。老实讲，那地方也没什么不好，但我每次去都会心生疑虑：小孩子能做的也就是从一个地方跳到另一个地方，在我看来已经失去了新鲜感，而我与周围家长的对话更是毫无乐趣的礼貌性社交（对我来说完全是一种消极活动）。

我在想，我和其他家长的对话之所以很尴尬，或许是因为我们的心思都放在了"看孩子"上，或是因为我本来就不擅于聊天。于是，我和几位父母相约一起酌了几杯，希望在放松的情况下或许我们的关系可以迅速升温。没想到，其中两位家长与我政见不同，酒精作祟，我们的谈话一度陷入非常难堪的境地。原来，我们除了同为家长外，彼此间并没有什么共同之处。

后来，我们一家搬到了北卡罗来纳州的萨默菲尔德，我又琢磨着能不能就近交些朋友，可无论是有交集的同事还是附近比我年轻得多的邻居，我抛出的橄榄枝都没有得到回应。

最后，我的太太决定出手帮忙。她知道我之前有几个快乐玩伴，经常相约去看演出，因为那些家伙跟我一样，也钟情于现场音乐。自从搬到萨默菲尔德，我也看过几场演出，可都是一个人去的，感觉并不是很好。安娜听说我有个同事也酷爱乐队表演，于是就为我俩牵了线。我们先后去看了两次演出，那家伙人很好，但老实讲，我们之所以能成为朋友，主要还是因为有共同的爱好。每次一起听现场，都玩得非常开心。音乐就是我们之间的纽带，能与朋友一起看现场的感觉实在太棒了。

我并不是说我们都无法在其他家长或同事中找到快乐伙伴。我的朋友梅雷迪思（Meredith）在搬去一座新城市后也曾跟我抱怨过，说她唯一的社交圈子就是"足球队的妈妈们"——但一年之后，当我们再次谈到社交话题时，她却告诉我，自己跟其中几位妈妈相处得非常好，已经成了知心朋友。如果我们都喜欢陪小孩打比赛，甚至还会被团队精神所感动，这说明我们已经具备了建立快乐友谊的基础，因为已经满足了建立友谊"三要"素中的两个：相隔不远的距离和让人放下戒备的环境，虽然每次互动还是为了看比赛，算不上是随时随地，但至少具备了可重复性。

总而言之，要想拥有快乐伙伴，相隔不远和高频互动是两个非常重要的条件。如果我们只能在百忙中抽出时间通过电话或视频与朋友沟通，这种友谊维持起来就会非常艰难。结交朋友最好的办法是把友谊和快乐结合在一起，这样可以有效减少交友的障碍。

积极加入快乐俱乐部

　　大家是否听说过一群来自华盛顿斯波坎市的朋友？他们这拨人玩了整整20年追人的游戏。对，没错，就是世界各地学校操场上小朋友们的传统节目——追人游戏，抓住别人后会喊一句"我抓住你了！"最初，这群人玩这个游戏时是在高中。10年后的一次聚会上他们突发奇想，决定每年二月都来一次远距离的追人游戏。其中一位朋友刚刚进入律师行业，还特地起草了一份"追人游戏参加协议"，详述了游戏的精神和规则，每个人都在上面签了字。就这样，一场跨越全国的追人游戏开始了，这群人并没有因为毕业后的各奔东西而渐行渐远，反而因为追人游戏加深了彼此的感情——他们会不辞辛苦地潜入彼此家中、车里、工作单位，就是为了"逮住"对方。他们的游戏故事不仅登上了《华尔街日报》，还在2018年被改编成了电影。

　　这个故事听起来虽然有点奇葩，但却准确演绎了保持友谊的三个秘诀。要想在混乱的生活中维系宝贵的友谊，我们也可以效仿他们的模式。首先，我们要做到一以贯之：他们每年都坚持在同一时间都玩同一个游戏，这一点很重要，只有做到一以贯之，才更容易养成习惯。第二，我们要做到明确责任：他们中每个人都签署了协议，开始只是为了好玩，没想到大家却都做到了信守承诺。最后，他们是在玩一个游戏，也就是在一起寻找快乐。

　　大家如果觉得自己不太有创意，想不出可以满足上述三个条件的活动，最简单的办法就是加入一个现成的俱乐部。俱乐部里都会有既定的安排，都是花了时间和心思琢磨出来的计划，只要加入，应该很容易坚持下来。俱乐部不仅能为我们提供社交互动的机会，还会制定相关的参与规则，我们可以尝试在那里结交新朋友，也可以带着已有的朋友一同前往，这样还增加了与朋友见面的机会。

　　过去，我每搬迁到一座新城市都会加入当地的跑步俱乐部，目的就是认识新朋友。感谢俱乐部，我在伦敦、曼哈顿、加州都找到了一生挚友。[最后一章将提到的格雷姆（Graeme）就是其中一位]。大家可以参加俱乐部、社团或任何运动团队。当然，我知道并非每个人都喜欢运动，所以我再给大家举一个与运动无关的例子。米歇尔（Michelle）是一位成功的自由撰稿人，生活在大城市的她总盼着生活中能多一点快乐。每次回想旧时的快乐往事，她的脑海中就会冒出儿时在教会唱诗班的画面。她喜欢唱歌，说得再具体点是她喜欢跟人合唱的感觉。于是，她四处打听，很快搜罗到几家自己可以参加的合唱团，最终挑了一个为很多演唱会提供过伴唱的团体。在那里，她不仅找到了快乐，还实现了回馈社会的目标。几年过去了，她依然是那个合唱团的成员，每个星期六都会参加社团活动，还与好几个团员成了要好的朋友。

　　我们也可以自己创建个什么活动——不过我提醒大家，千万不要给自己找不必要的麻烦，活动越简单越好。我们在第二章提到过我的朋友尼尔，他发明了一项团聚活动，几个朋友约定好每个月聚会一次。他和妻子当初之所以冒出这个想法，是因为他们意识到繁忙的工作已经切断了自己与朋友的联系。如今，四对夫妻每两周就会聚在一起，一边野餐一边讨论某个热议的话题——不需要提前做准备，不需要兴师动众，更不需要有人收拾残局。孩子们也可以一起带过来，大人谈话时，小孩子们在一旁玩得也很开心。

　　如果大家觉得每星期或是每个月见面太过频繁，感觉让人招架不住，完全可以创建一个一年见一次的活动。就拿我来说吧，我每年都会加入六千万人的大军，参加梦幻橄榄球选秀活动。每年，我都会和同窗好友及各行各业的友人为了这一活动齐聚诸如拉斯维加斯或太浩湖这样的地方。活动结束，接下来的一年我们还会继续制订计划，用短信和邮件的形式沟通，分享一些我打死也不愿意给圈外人看的愚蠢笑话和表情包。若不是因为这个活动，我们之间的情谊恐怕早就因为距离遥远和境遇不同而变淡变远了。

总而言之，大家不论喜欢什么活动，最简单的方法就是加入一个团体，让追求快乐成为自己的一项职责。

特殊情况，特殊对待

研究发现，并非所有人都得跟朋友在一起才能收获更多快乐。据我判断，至少有三类人读到上面的内容会在心里打鼓，接下来，请允许我逐一为大家解惑。

我们先来回顾前面提到的一项研究，研究结果显示：跟朋友玩叠叠乐比跟陌生人玩收获的快乐更多。然而，这一结论并非放之四海皆准，"这种倾向只见于性格不太内向的个体，对于那些内向的人，跟朋友玩不见得比跟陌生人玩会更开心"。导致内向的并不一定是社交封闭，研究人员也表示，"我们的研究结果与其他研究不谋而合，都说明性格内向的核心表征是与朋友互动时获得的亲密感和乐趣相对较少"。

如果身边明明有人陪伴却依旧感觉孤独，那随便再加几个朋友也未必能让人感到快乐。这样的人或许更需要与亲密朋友相处，只有这样，他们才能吐露心声，才能感受到来自朋友的力量。没错，他们需要的或许就是"无聊的成人对话"。话虽如此，我们必须清楚一点，即使是最亲密的朋友，要想关系持久，也要一起做快乐的事，因为轻松、随意的频繁互动可以让朋友之间的感情更为牢靠，这样才能确保在彼此陷入生活的低谷时互相照应。我永远不会忘记我在哥哥去世那年参加的那次梦幻橄榄球选秀活动，朋友们都知道要给我打气，为此一个朋友竟然在活动期间即兴主持了一场喜剧表演，好几个朋友都卖力地参与了演出——当然，台下的观众很多，但我知道，他们是想让我开心。他们知道我和我哥哥有多爱看喜剧表演，所以每个人都使尽了浑身解数，逗得在场的所有人都笑得前仰后合。最后，我们共同举杯，向彼此发出了最诚挚的祝福。即使到了现在，每当想起当时的场景，我还是会忍不住哽咽。除了搞笑，我们联盟最大的魅力在于有人遭遇难时，其他人都愿意伸出援手（很不幸，我们当中的每个人似乎都遭遇过不同程度的痛苦）。

英国人类学家兼进化心理学家罗宾·邓巴（Robin Dunbar）针对社会网络做过一次研究，得出的结论引发了很大反响。在他看来，人类在同一时期只能培养五个亲密关系，所以我们一定要了解自己的人际交往，感到孤独的人尤其更应如此，一定要认真评估当下的社交状态。如果我们对重要关系的了解过于滞后，看到的都是其社交媒体或人前的公开表现，那我们着实应该跟他们安排一次面对面的沟通了。如果实在不方便，线上联系也可以解燃眉之急。

第二个可能容易打退堂鼓的群体是性格内向的人。负责我博客的责编海莉（Heyley）曾经说："我虽然性格内向，活得却非常幸福。内向的人会本能地对那些撰写'追求快乐'的作家心怀疑虑，觉得他们只会告诉自己走出家门，与他人打成一片。"我明白她的意思，但社交互动——没错，就是与朋友一起找乐子的行为——的确对每个人都很重要，对内向的人亦是如此。我们不一定要把每次活动都搞得特别热闹，或许我们需要的只是和少数几个朋友一起享受快乐的伙伴时光。海莉就是如此，她的快乐大多来自几个亲密朋友。也就是说，我们完全可以根据自身需求安排适合的社交活动。当然，之前提到的友谊保鲜的"三要素"依然十分关键，即一以贯之、明确责任和开心快乐。如果大家性格也很内向，千万不要受到外向人的影响，千万不要以为只有高唤醒的活动才能带给我们快乐。第二章开篇我们就讨论过，斯坦福大学文化和情绪研究中心的主任珍妮蔡博士及很多人都做过相关研究，结果发现，西方文化一直在通过营销推广和制定规范等手段鼓吹只有高唤醒活动才能带给人类快乐（这不禁让人想起照片墙上某位网红的论调）。艾瑞斯·莫斯博士曾经跟我说："这一'盲区'会导致我们忽视通往幸福和成就的路径。"镇静、平和、安宁都属于积极情绪，只要喜欢这些，它们就能像高唤醒活动一样带给我们巨大快乐。我再强调一遍，快乐之所以宝贵，就是因为每个人都可以拥有自己对快乐的定义。

　　大家或许会发现，以快乐为目的的活动不会像那些废话连篇的社交让人精神疲惫。报名参加活动时，那些懂得保持距离的人会更受欢迎，我哥哥就是一个典型的例子——他为人内向，却也知道需要多与人接触，于是便想到了参加爬山俱乐部的法子。他酷爱爬山，跟上一章我们提到的简志趣相投。对于内向的人来说，与一群人爬山实在是个再适合不过的选择了。如果布莱恩想安静地独处，他可以主动选择落在后面。其他队友也明白，并不是每个喜欢爬山的人都愿意听旁边的人喋喋不休。哥哥死后，我惊讶地发现，竟然有那么多爬山俱乐部的队友发来了悼词，原来他们之间有着那般温暖的情谊。

　　说到最后，我们再来了解一下第三个容易打退堂鼓的群体：即那些感觉自己有社交障碍的人。培养社交关系——特别是与完全不认识的人交往——对有些人来说的确不容易。但我们要记住，"社牛"并不是什么天生的特质，而是一种可以掌握的技能。《社交技能指南》的作者克里斯·麦克劳德（Chris MacLeod）最初与人交往时也会感到害羞和尴尬，二十五六岁后才变成了一个所谓的"社牛"。他非常推荐网站 Meetup.com，上面提供了大量现成的社交机会，只要报名参加相关活动，就可以结识很多人，而且每个人都抱着跟我们一样的目的，所以不必有什么心理压力，其中的活动都很适合锻炼自己的聊天技能。网站还会为会员提供其他参与者的相关信息，方便大家活动结束之后还可以保持联络，继续培养感情。

总之，大家不要被"我不善于交际""我不擅长闲聊"这类的想法所羁绊，我们的人设并非一成不变的静态存在——事实上，每个人的性格都会发生变化。大家不妨想想心理学家用来判断我们性格的五大特征：是否外向、是否勇于体验、是否情绪稳定（神经质）、是否合群以及是否尽责。当然，或许每个人都有属于自己的基本性格（其实这一点也有待考证），但研究已经发现，通过训练，我们完全可以改变自己的行为方式——变成一个可以与整桌新朋友自如聊天的人。又或者，我们始终无法改变自己内向的性格，但只要有技能加持，就可以有效管理自己的社交焦虑。（如果你性格内向，社交后或许会感到疲惫，需要充电帮自己恢复精力，这很正常，完全不需要隐晦。）

研究表明，成年人的性格可以在短短十六个星期从内向转变外向，从糊涂马虎变成认真尽责。研究的具体方法是让参与者写出自己想要改变的特质，并列出计划采取的步骤，这的确为改变开了个好头。如果大家也想成为一个能和朋友一起寻找快乐的人，也可以拟订一份相应的计划……慢慢地，我们的梦想就会变成现实。请大家拿出自己的快乐档案，从中挑选一项活动，想想可以邀请什么人与自己一起完成。这只是其中一种方法，我们还可以想想其他可行的思路，比方说参加几次网上发起的聚会等。按照自己的想法坚持四个月，看看会不会发生什么改变，说不定等着我们的是个大大的惊喜呢！

第 8 章

快乐育儿：
如何走过从新手父母到空巢家长的漫漫长路

> 清晨 6 点出去散步，女儿问我月亮去哪儿了，
> 我回答她月亮去了天堂，一个人快活自在去了。
>
> ——瑞安·雷诺兹（Ryan Reynolds）

育儿这一话题真的需要用一整章的内容讨论吗？如果有人的回答是不需要，我猜他们肯定是或主动或被动地选择做了丁克，具体原因我也不想刨根问底。我自己有两个小孩，也曾有过痛苦的时候，我想所有父母都逃不掉。然而，如今我却有了一种拨云见日、豁然开朗的感觉，我确信孩子不仅是我们快乐的源泉，还是我们人生最好的老师。

只是，相关研究发现，孩子也可能让人丧失生活的乐趣。丹尼尔·吉尔伯特（Daniel Gilbert）在他的著作《撞上幸福》中提出了一个非常著名的理论，他认为幸福与育儿是一种此消彼长的关系。2007 年，吉尔伯特在心理科学协会的会议上做了发言，讲到孩子是父母生命中最宝贵的财富，"之所以如此，是因为他们出现后便剥夺了父母的所有欢乐"。

吉尔伯特的观点我虽然无法苟同，却也不得不承认我的亲戚乔伊（Joey）和他妻子妮娜（Nina）的确是我认识的最幸福的一对：他们抵制住了世俗和家庭的压力，坚定地做了丁克一族。业余时

间,他们酷爱钓鱼(这是一项能让人安神静气的爱好,可带着小孩子根本做不到,他们绝对安静不了五分钟)。不管是听到的名人逸事,还是看到的真实情况,我们都会发现没有小孩的生活往往会更加快乐。如果你也不想要小孩,恭喜你,你的人生确实会拥有更多快乐。

话虽如此,那些已经或将要成为父母的朋友也千万不要气馁:最新的研究结果已经不像吉尔伯特的结论那么悲观。2016年,有人针对"幸福弊端"进行了研究,结果发现影响幸福的罪魁祸首并不是孩子,而是父母的生活环境,即他们所在国家的社会机制是否能善待工薪阶层的父母。另有研究显示,小孩子之所以有可能让父母不幸福,主要是因为他们给家长带来了经济负担。几乎所有美国家庭都明白一点:如果终日奔忙于工作和家庭之间,根本不可能感受到育儿的快乐。我们感觉自己像是一根一直被拉扯的橡皮筋儿,随时都可能断裂。在美国,高质量的儿童保育服务不仅少得可怜,而且贵得离谱;而公司也未必都能体恤为人父母的员工,给予他们足够的通融和便利。在这种情况下,孩子当然无法成为家长幸福或快乐的源泉。

但是有没有一种可能,造成这些问题的根本不是孩子,而是父母自己呢?我们生活在发达的资本主义国家,却还面临着各种压力和挑战,是不是我们做错了什么?加拿大的一组人员经过研究发现:虽然大多数父母都饱受摧残,但还是有人能够排除万难、收获幸福。这些父母纷纷表示孩子给了他们巨大的成就感。(第二章中提到的)2004年的一项调查显示,家长普遍认为陪孩子跟做家务一样,很难让人感受到快乐;但加拿大的研究却得出了截然相反的结论,相关父母都感觉要是能有更多的时间陪孩子就好了。

为何会有如此差异？是因为这些父母开拓出了可以满足自身需求的空间吗？抑或是因为他们重新燃起了激情，或是找到了普通人难以发现的平衡生活的秘诀？其实都不是。他们并未找到什么兼顾统筹的方法，恰恰相反，他们把全部心思都放在孩子的幸福上。研究者把他们归类为"以孩子为中心"的父母，"为了孩子，他们不惜牺牲自己的幸福，在情感、时间、金钱、精力的分配上，永远都是优先考虑孩子"。个人需求永远都会为孩子让步——谁能想到，这种无私的做法反而让他们收获了更多幸福。

当然，这只是一项研究个例，样本的数量也不够大，所以我不想言过其实。另外，我也不想在此解答"无私的人生是否带给我们更大满足"这一重大问题。但是，如果让我谎称这些父母的幸福与"以孩子为中心"的育儿方式无关，那我恐怕也做不到，因为我在与家人一起探索快乐时也感受到了巨大的幸福。我们真正要做的是——无论是照看自己的孩子、孙子、侄子、侄女，还是与其他我们想要留下快乐回忆的小朋友相处——从育儿的负担中重新找回甜蜜的幸福。

本章既然写的是"快乐"育儿，肯定少不了可怕的失败案例，我很乐意身先士卒。我的女儿斯隆（Sloane）三岁时，我突发奇想，决定一个人带着她出趟远门，去看看著名的放灯节。每年到了放灯节，拉斯维加斯15号州际公路旁的干涸湖床上就会聚集上万人，大家会虔诚地把一个个轻盈的灯笼释放到浩瀚的夜空。我本人非常喜欢这种氛围的活动，并且觉得女儿也会喜欢，她最爱的迪士尼电影《魔发奇缘》中就有这样一个有关放灯笼的场景。我信心满满，这次出行一定会成为我打造"开心老爸人设"过程中浓墨重彩的一笔。

然而，我的计划并不完美。为了赶去放灯节，我带着女儿从洛杉矶开了大半夜的车。后来，实在太困了，两人就凑合在路边酒店睡了一觉，之后又在整个拉斯维加斯最"适合孩子"的地方——马戏团赌场酒店——度过了大半天的时间。再后来，我们离开拉斯维加斯，一路赶到放灯节场地附近，从停车场走了好长一段路才抵达终点。终于可以享受幸福时光了：音乐——动听！夜空——浩瀚！周遭的一切让人有种按捺不住的兴奋。我们铺好垫子，安顿下来，期待着看到大家集体放灯的震撼场面。斯隆也找到了属于她的快乐——她本就是个外向的孩子，一直在毯子周围跑来跑去，时不时还会踩到旁边人的毯子，估计多少也妨碍了别人放飞灯笼的准备工作。

我本应该在那一刻幡然醒悟：我带着女儿出门，作为成年人，必须掌控局面，必须应对她的心血来潮。可是，我却执迷不悟，任由愤懑在心中积攒，周围人看着女儿胡闹似乎很开心，我也渐渐失去了管束她的力气。等了几个小时，终于轮到我们放飞灯笼了。那一刻，我虽然有一丝失落，但依旧油然而生了一种敬畏，慨叹于眼前的壮美景象。我们的灯笼刚飘起来，斯隆就叫嚷着："我还要放一个！我还要放一个！"我用镜头捕捉到了那一幕，并把视频分享在了脸书上，一位朋友留言奚落我道："小孩子都是这样，一个肯定不够啊……哈哈哈！"

后来，我俩都饿了，我就想着买点吃的东西。可周围的人估计也都饿了，卖东西的地方排起了长队。（如果我妻子在，她肯定会明智地事先准备些零食。）终于，我们快排到了，我都能闻到从餐车传来的食物香味，收银员也已经近在咫尺。可就在这时，斯隆低声嘟囔了一句："爸爸，我想撒尿。"我心中不悦，低下头，看到她一脸紧张。若换作平时，我一定会放弃排队，即刻带她去洗手间，但当晚我的情绪已经郁结到了极限——一路上状况频发，开了那么久的车，我已经筋疲力尽，再加上当下的饥肠辘辘，我只感觉到分身乏术——于是说了句："先忍着！"

不用我说大家也能想到，马上就要排到我们了，女儿尿了裤子。谢天谢地，她情绪还算稳定，如果她真闹起来，我也只能受着，毕竟是我害她尿了裤子。真正闹情绪的人是我，我突然意识自己根本不是什么"快乐老爸"，而是一个"糟糕老爸"。

我知道自己违反了与孩子快乐相处的两条最基本原则，其中第一条就是让孩子做主。既然是陪孩子玩，就要以他们为中心，很多医生和儿童心理学家都认同这一观点。我们要真正走进孩子的世界——真正和他们玩起来。对于一直缺乏简单快乐的成年人来说，玩耍并不是件容易的事，但我们一定不要压抑孩子玩耍的乐趣，这样做不仅对他们的成长不利，甚至还可能引发灾难。玩耍虽然常被认为是小孩的专利，但其实也可以成为我们与青少年沟通的好方法，关键是要做到停止观望，真正投入孩子的快乐中去。我记得读大学时经常听朋友谈起他们与父亲一起打电子游戏或打高尔夫的经历，这样的孩子放假后不会留在学校，而是会欣然回家与家人团聚。（无论是陪小孩子还是跟青少年玩耍，我们都要学会让他们做主。）

除了让孩子做主，育儿的第二条原则也很重要，可惜知道的人并不多。如果玩耍的过程不能保证家长和孩子都开心，这样的玩耍就丧失了意义。我带斯隆旅行的做法就违反了这条原则，因为我营造出来的氛围无法同时满足我俩的要求，结果当然可想而知，那就是谁都不开心。犯错的当然是我——两条原则虽然表面看有点相互矛盾，但其实不然，至少作为成年人的我们可以想办法解决。本章我们就将着重探讨如何既保证让孩子做主，又能让双方都获得快乐。

马上就要排到我们了，女儿却尿湿了裤子，我深吸一口气，努力调整自己的情绪。经过沟通，斯隆同意我们先把餐食买到手，于是我就继续带着她排队。事后，我认真弥补了自己的过错，先是给了她一个大大的拥抱，然后把她高高举起扛在肩上，我可不舍得让她湿着裤子走上三四公里回到停车场。我一路扛着她，我俩一边吃东西一边回忆整段旅程。关于那次放灯节，我最美好的记忆并非节日本身，而是扛着女儿返回停车场的那段路。虽然肩膀蹭上了女儿的尿，虽然买来的薯条难吃得要命，但我和女儿却感到十分快乐。

寻找正确方向

如果大家已经为人父母，或许早已明白让孩子做主背后的逻辑和道理。所谓玩耍，普遍的定义是"受到内在驱动积极参与并最终实现快乐探索的活动"。玩耍多为自发行为，是基于主观意愿对快乐的追求。研究表明，玩耍时，如果成年人做不到让小孩子做主——总是用类似"这样更好"的话加以干涉——那么小孩子对快乐的探索就会遭到限制，继而导致玩耍带给儿童成长的好处无法兑现。游戏一旦受到外来的干涉，就会失去本来的乐趣。加州大学伯克利分校心理学系的伊丽莎白·博纳维茨（Elizabeth Bonawitz）博士曾经主持过一项研究，发现参与实验的学龄前儿童如果事先被告知了玩具的某个功能，玩耍时就会对该功能格外关注。相反，如果他们事先没有得到任何说明，则会自己探索出更多玩法，从而获得更多快乐。笼统来讲,"让孩子做主的玩耍"会给小孩子更多的主动权,让其更加充分地参与其中,并最大限度地开发自身的创造力。这其中的价值不言而喻!

现在的问题是许多家长对这一原则执行得有些过分,导致孩子娇生惯养、专横跋扈,而他们自己却完全不发表任何意见。长此以往,家长就会丧失权威,哪怕孩子连续十三次提出去糖果乐园,他们也得小心奉陪。孩子俨然成了家里的小皇帝,各种发号施令,到了外面跟别的小朋友玩时完全输不起。父母每次陪孩子玩耍都会心存忌惮,大多只是守在一边,时不时地低头刷刷手机,有些甚至直接选择了逃避,彻底放弃了陪孩子玩的机会。不管是前者还是后者,结果都会影响亲子双方的快乐感受。

如果大家对这种状态并不陌生,说明改变已经势在必行。我们前面说过,第二条原则非常重要:除非家长和孩子都玩得开心,否则玩耍就丧失了其本来的意义。提出这一观点的是心理学家彼得·格雷(Peter Gray),和许多同行一样,他也一直都在强调玩耍对儿童情感和智力发展起着至关重要的作用。不仅如此,他还在此基础上提出了一个十分迫切的问题,即如何让父母从与孩子的玩耍中获得快乐。

在格雷看来,若想保证父母和孩子都能从玩耍中获益,双方就需要做出有效的协商和妥协。我们可以让小孩子做主,但也要勇于提出改良意见,这样才能保证双方都玩得尽兴。我们可以这样想,如果孩子是在跟别的小朋友玩,对方也会毫不迟疑地提出自己的想法。

自从那次带斯隆参加放灯节后,我整整花了一年时间才从疲惫中调整过来。这次我决定带儿子亚契(Archer)参加一回山寨版的蓝草音乐节(如图7)。虽然活动是我选的,但我决定让儿子按照自己的想法参与。他那时还是个蹒跚学步的小不点儿,既然他走不快,那我就跟着他慢慢走吧,只要一直在前进就行。最后,我的确未能完成自己的计划,但获得了很多意外收获。我跟着儿子四处乱跑,一路上结识了很多受到亚契的热情感染的人,他们每个人都很有趣。活动结束,我返回家时感到内心无比幸福,我和儿子不仅欣赏了伟大的音乐,还玩得非常尽兴。这一次,我深深意识到,原来音乐节的体验竟然会因为儿子的存在而更加宝贵。活动是我选的,我知道自己会喜欢,其间让儿子做主也是非常正确的选择。那次经历不仅给我留下了美好的回忆,还加深了我和儿子之间的感情。

图7　山寨版蓝草音乐节
拍摄地点:加州旧金山;拍摄时间:2016年10月2日

我们之前讲过，快乐需要发挥主动性，这或许就是以孩子为中心的育儿理念的精髓——秉持该理念的父母不一定真的比别人无私，但他们绝对更善于自我引导，他们会有意识地以孩子为重心，但无论一起玩什么，他们也都不会忘记充分表达自己的想法。

卸下压力、轻装上阵

听到"与孩子玩耍时勇于提出个人意见"这种说法，大家会感觉紧张、自私或内疚吗？大家听我说，我们之所以会有这类的焦虑是因为现代文化禁锢了我们育儿的思路。最近，一个同事跟我说她每天都是出于责任在陪儿子玩耍，自己已经快累得不行了。大家肯定能猜到，在陪儿子玩耍的过程中，她肯定没有感受到快乐。喜剧演员马兹·乔布拉尼（Maz Jobrani）曾经多次吐槽所谓的现代育儿研究及育儿期许给父母造成的压力，每晚为了让孩子刷牙或收拾房间，很多父母恨不得上演一部长达九十分钟的百老汇大戏。

不论是乔布拉尼，还是我的同事，他们似乎都感受到了犹他州立大学人类学家大卫·兰西（David Lancy）所说的"现代新生儿统治"——全家听命于孩子——的可怕状态。

兰西基于对人类学的研究，提出陪孩子玩耍其实是现代西方社会所特有的一种观点，该理念超越了抚养小孩的基本诉求，是富有、开化的工业化社会的专属特征。回顾人类大部分的历史，大多数国家都将爱护、保护孩子作为父母的首要责任，但并没有说父母有义务全天候地陪孩子玩耍，或是必须成为子女的"好朋友"。过去几百年间——甚至是最近的几十年间——孩子都只是和其他孩子一起玩耍，而父母则可以做自己的事。兰西将这种甩手的做法称为"良性忽视",这种做法自然有它的好处——比方说可以有效预防"巨婴"的出现。近年来,良性忽视的理念再次卷土重来,变身成为"散养育儿法",即一些自由散漫的父母希望给孩子更大的自由,希望更早地培养出孩子的独立、韧性、自信和其他能力。事实上,很多被美国父母视作"忽视小孩"的行为——例如不了解小学儿子放学后的去向或是任由小孩自己在游乐场玩耍,又或者换作其他地方——根本就是普遍的常规做法。

当然,我在此分享这一观点并不是想表达对它的支持,只是想说"散养育儿法"可以帮助我们降低预期,使我们获得内心的平衡。我希望大家都能卸下包袱,不要把陪孩子玩耍当成自己的义务——无论什么事,一旦成了义务,就丧失了主动性,也就削弱了可能感受到的快乐。我们可以找个折中的做法:只要能保证年仅六岁的孩子不会一个人在街上毫无安全意识地打棒球,我们并不一定非要无时无刻地守在他身边。如果大家因为把每一分钟都花在孩子身上已经快要筋疲力尽,听我的,现在完全可以放松下来了。有时间的情况下,我们自然可以陪孩子玩,但也要保证孩子有独处的时间。最终,我的同事也想通了:她既可以与儿子共度美好时光,也可以鼓励他自己玩游戏。总之,他们母子找到了和谐的相处方式——夏日的后院里,儿子一个人在玩水,而她则静静地坐在一旁看书。

我们只有卸下压力,才能认识到陪孩子玩耍的真正意义:陪孩子玩不是我们的义务所在,而是我们的自主选择,甚至可以成为难得的殊荣。我们只要能转变思路,就能卸下负担,充分体会到玩耍带给我们的快乐。

陪孩子玩对家长和孩子来说都有好处,这种认识绝对不是简单的心理安慰——我们可以找到大量的科学依据。迈克尔·W. 约格曼（Michael W. Yogman）是哈佛医学院的医学博士兼儿科助理教授，也是行为健康方面的权威专家。他的研究充分证明了玩耍对于父母的价值——可以帮助家长焕发青春，重返美好童年。不仅如此，陪孩子玩还可以改善我们和孩子的关系，让我们更好地了解他们，用他们的视角看待世界，体会他们的独特个性和幽默反应。还有研究表明，跟孩子玩过家家的游戏或是跟孩子一起读书，都有助于减轻家长的育儿压力，同时还能有效改善亲子互动。

我们作为父母总是容易对自己太过苛刻，这也不奇怪，毕竟育儿文化给我们造成了太大的压力：如果没办法在孩子醒着的每一分钟都为其提供高水平的现场木偶表演，我们就会觉得自己不够称职，而这是非常错误的想法。我们越是能无视来自外界的期许，就越能将亲子陪伴作为自身快乐的源泉。

提高自身的玩耍技能

妨碍父母玩耍的阻力绝不仅是沉重的责任感，否则，"你能和我一起玩吗？"就不会与"我不小心尿床了"产生同样的效果了。我们之所以对小孩子钟爱的松散游戏不感兴趣，原因在于成年人的游戏肌肉已经严重萎缩。就拿网球这类比赛来说吧，如果我们能在球场上挥洒汗水、锻炼肌肉、提高技术和适应能力，内心的感受也会得到改善。事实上，玩耍的逻辑也是如此。很多父母的玩耍能力已经生疏，也需要重新训练。大家还记得我们之前提到过的儿童博物馆吗？很多父母在玩泡沫玩具时简直一头雾水，不讲规则的玩耍会让他们感到困惑，甚至产生抵触。他们本来是出于好意想要指导孩子游戏的玩法，结果却将快乐扼杀在了萌芽阶段。得克萨斯理工大学的副教授斯蒂芬妮·夏恩（Stephanie Shine）与项目同事特蕾莎·Y.阿科斯塔（Teresa Y. Acosta）在奥斯汀儿童博物馆（现在的动脑博物馆）也观察到了类似的现象：父母总想从旁观察、从旁指导，而不是跟着孩子的思路参与到游戏中去。夏恩和阿科斯塔发现，父母往往过于关心孩子能否从游戏中学到知识，因此很难放松地沉浸在想象的场景之中。他们总想引导孩子获得"真实的生活体验"、做出有益社会的行为，因此就会忍不住地、时不时地提出建议、从旁解释、给予指导、制定规则。

许多成年人已经丧失为了快乐而快乐的能力，失去了为了玩耍而玩耍的本领。我们总想给玩耍强加上某种意义，或是把我们对现实的理解植入游戏之中（和孩子的心里）。我们成了暴君却不自知，硬生生地让玩耍背负上了成年人的标准意义——比如要保持整洁，要从中学到东西等。

成年人一旦丧失了以孩童方式与世界互动的能力，遭殃的不仅是玩耍本身，还有我们自己。提出这一观点的是研究范式转变的精神分析学家埃里克·伯恩（Eric Berne），他早在20世纪50年代就研究出了一种能够改变人类行为的方法，并称之为"交易分析"。在他看来，人类有三种自我设定：家长、成人、孩童，成年人的所有行为都是因为受到了其中某种状态的驱使。这种"自我设定模型"不仅可以帮助解释我们的行为方式，还可以分析人与人之间的关系。如果是在"家长"状态，我们会模仿自己的父母（或其他影响我们的长辈）做出反应。我们会斥责别人，或（效仿自己家里的相处模式）通过提高音量让自己的目的得逞。当然，"家长"模式并不一定是坏事，至少可以确保我们理智行事，遵守社会规范。

"孩童"状态会让我们重拾小孩儿的行为、感受和想法。举个例子，我们在工作中如果遭遇了负面评价，可能会流眼泪或发脾气，背后的原因就在于我们进入了"孩童"状态。这一状态同样也有积极意义，按照伯恩的说法，"各种情绪、创造力、娱乐喜好、突发奇想、亲密关系都得益于我们的'孩童'状态"。

最后一种"成人"状态是我们成长的结果，这一状态可以帮助我们处理信息，让我们透过成人滤镜看待现实世界。

伯恩认为，我们与他人交流的方式完全取决于当时所处的自我状态。比方说，我们经常看到有些夫妻的谈话方式很像小孩与家长的对话，背后的原因就是如此。自我状态会影响我们的互动方式，伯恩因此提出了人与人之间"交易"的概念，即便对方是成年人，我们也可能将其视为孩童。在伯恩看来，无效的人际交易就是自我状态的问题所在。

伯恩还表示，虽然三种状态中最成熟的是"成年"状态，但其他两种状态同样重要，三者缺一不可。作为正常人，我们要准确区分三种状态，清楚地知道什么时候应该拿出怎样的状态。如果永远都以一种状态示人，人格就会出现缺失。

托马斯·A.哈里斯（Thomas A. Harris）博士是伯恩的朋友，他基于交易分析理论撰写了一部关于自我治愈的大作，书名是《我很好，你也很好》。哈里斯在书中写道，压制自身"孩童"状态的人很难活得快乐，部分原因在于人要想玩得尽兴，就必须进入"孩童"状态。只有在这一状态下，我们才能摆脱自身对意义构建的渴望，释放出真实的情绪和无尽的创造力。反之，如果我们在玩耍时还要开启"家长"模式（说教、掌控、提议），就不太可能放松地享受互动，那我们的孩子也不会玩得开心。诚然，"家长"状态适用于很多场合，但如果在游戏时使用这种状态则只会让人感到非常扫兴。所以大家千万不要动不动就道出一句：这有什么好玩的？

如果"玩耍"一词依旧无法让大家有所触动，换成"解放"——从沉闷的成人世界中解脱出来——大家会更有共鸣吗？我们一定要重新认识陪孩子玩耍的行为，这是一个既美好又难得的机会：我们可以放下顾虑，无视他人的想法和眼光，就算行为再古怪、再奇葩、再疯狂，孩子们也不会说三道四，他们巴不得我们能够嗨起来呢。

勇于尝试各种方法，积极锻炼玩耍肌肉

打造过渡仪式： 托德·赫尔曼（Todd Herman）在《改变自我效应》中讲述了一位军人父亲的故事。这位父亲在与孩子的相处过程中总是感到无比痛苦，他觉得孩子们都不喜欢自己。后来，在赫尔曼的帮助下，他渐渐明白，原来自己在家中扮演的角色与在部队中扮演的角色一样，他根本不是在培养孩子，而是在训练士兵！难怪孩子们不喜欢他。许多职场家长也有同样的问题：每次下班回到家，虽然身体离开了职场，精神却没有回来。本该是留给家人的时间，却还在为白天工作上遇到的问题而纠结，还在不断地通过手机跟进工作进度，就连进门的瞬间还在接听工作电话。如果我们能在工作角色和家庭角色之间打造一个清晰的过渡仪式，与孩子的关系就会大有改善。一些心理治疗师在接待不同来访者之间就会使用过渡仪式，借此提醒自己一切重新开始，要全心全意地对待新的来访者。我们在日常生活中也可以使用这种办法：进入家门（居家办公的话就是走出书房）以前，请花点时间集中一下注意力，让自己在思想上完

成角色的转变。有必要的话，我们甚至可以在进门前做几次深呼吸，以便更好地理清头绪。我有时会把棒球帽的帽檐转向脑后，借此提醒自己角色的转变；我太太的一位朋友则是巧妙地利用工作日历，每到下午六点，屏幕浏览器都会发出提示，告诉她到了"陪家人的时间"。

练习故事编辑： 有些人错误地认为只有专门的玩耍时间才能带给自己快乐，然而事实并非如此。我们不必为了帮助孩子成长而强迫自己打造所谓的"优质陪伴时间"；相反，我们完全可以编辑自己的故事，在日常生活中创造出更多好玩的快乐：一起做家务或是一起用晚餐都可以成为快乐时光，我家在这方面就做得很好。曾经，我们也一度认为早上全家出门前的20分钟是一天中最难熬的时段，为了赶时间、不迟到，我和太太严格禁止孩子们任何的玩闹行为。因为过于专注于各种任务，我们对孩子丧失了最基本的耐心；而作为回应，他们也只会与我们更加敌对。亲子对抗中怎么会有真正的赢家呢？于是，我和妻子决定重新编辑故事，把"出门准备"这件事变成一个游戏。我们首先将"出门准备"的时间提前，这样可以避免各种疯狂而紧张的冲刺。然后，我们改变了心态，在日常生活中注入了戏谑的成分，由此改善了自己的精气神和情绪状态。当然，客观的现实并没有改变，我也不会夸大其词地说孩子们加快了行动速度，但主观的现实却发生了变化，我们内心感觉孩子们似乎更加配合了。每天早上我们虽然出门的时间还和之前一样，但每个人的心情却比以前愉快了很多。当然，改变心态并不能保证百分之百的成功，我们还是会遇到不顺心的时候，但无论如何，轻松快乐的早晨已经明显多过鸡飞狗跳的日子，其中的关键就在于我们把更多心思放在快乐上——谁会不喜欢快乐呢？〔专业提示：只要大家能接受孩童式的幽默,不妨播放"刷马桶"乐队马特·法利(Matt Farley)创作的适合孩子的歌曲来开启孩子们的一天。依照我的个人经验,这个法子对男孩比对女孩更加有效。]

疏解学习压力:苏珊娜·库克-格鲁特(Susanne Cook-Greuter)为了教会六岁的孙子用顽皮的精神面对挑战,发明了一种名为"错了"的游戏。如果事情进展不顺利,她并不会严词纠正或发出告诫,相反,她会带着孙子一起庆祝:"太好了,我发现自己错了!"她跟我解释说,如此一来,"学习的过程一下子就会变得快乐起来,孩子们不用觉得必须把事情做好"。库克-格鲁特指出,成年人和小孩子不同,我们的评判习惯已经根深蒂固,总是会透过各种语言和文化的滤镜以及自己的直觉来评判自身体验和感受。从小到大,父母和老师都一直通过奖赏的方式告诉我们:人生最重要的就是找到正确答案。但是,如果我们能够改写规则,不仅庆祝成功也庆祝失败,孩子们就会按照自己的好奇心来自由地探索世界,不必担心有大人指手画脚。

让身体动起来:诸如摔跤、打闹等体力活动非常有利于孩子的心智成长。(前面提到的)哈佛教授约格曼博士曾经说过,这样的玩法可以教会孩子许多有用的经验,不仅可以提高他们身体的敏捷性以更好地面对风险,还可以让他们建立边界感,获得同理心。

研究表明,父母在陪孩子玩耍时身体会释放出催产素,我们在第一章提到过这种激素,它不仅能够促进社交互动,还能够激发出同理心。以色列做过一项研究,结果证实父亲在陪孩子玩耍时催产素的水平会提升。玩闹的状态下,父亲与孩子之间会产生充分且积极的互动,双方的幸福感都会得到提升。当然,我也明白,并不是所有家长都喜欢叫嚷、打闹的游戏;约格曼博士的研究显示,70%

参与这类游戏的都是父亲。

我在家里就很喜欢和孩子们玩"挠痒怪物"的游戏，我们会把音乐声调大，相互追逐着跑来跑去。太太和我已经达成共识——追打嬉闹只能在一层进行，这样她就可以上楼关上房门享受自己的平静和安宁，而我们则可以暂时在一楼客厅无法无天地玩闹。每次她下楼之前，我们都会打扫好战场，该冰敷的冰敷，该归位的归位，尽量不让我们的滑稽行为影响到她对秩序的执念。

感受孩子的快乐：大家如果没办法参与其中，至少可以看着孩子们玩耍。弗雷德·布莱恩特在《用心体味当下，拥有积极人生》一书中写道："提高当下感受的方法多种多样，包括让自己变得更加孩子气、更加幽默、更加能够体会参与的快乐。只可惜，很多方法并未得到充分的利用。"哪怕只是被动地观察孩子也能带给我们一定的好处，至少可以让我们熟悉孩子玩耍的方法。在第七章我们讲过，即使我们不喜欢骑车，若是常与喜欢骑车的朋友待在一起，慢慢也会受到感染。看着孩子玩耍也会产生同样的效果，不仅如此，从旁观察也会给玩耍的孩子带来积极影响。积极训练有限公司的布鲁斯·E.布朗（Bruce E. Brown）和罗伯·米勒（Rob Miller）做了一项粗略的研究，他们让数百名大学生运动员回忆儿时参加比赛期间以及比赛过后父母对他们讲过的最让他们开心的话，大家的答案竟然惊人地一致，大部分都是"看你比赛，我真是太开心了"。作家瑞秋·梅西·斯塔夫福德（Rachel Macy Stafford）在女儿游泳比赛结束和四弦琴课下课后也说过类似的话，她的话对女儿产生了巨大而深远的影响，而她的这篇帖子也在网上引起了热议。其实这种亲子陪伴有着双重意义：第一，带着这样的想法看孩子表演，家长本人的心情也会更加愉悦；第二，孩子听到家长开心，自己参与起来也会更有兴致。

放弃对玩具的过分依赖

大家或许已经读过大量文献，知道增加体验比累积财产更能让人感到幸福。为了提升家庭快乐，我们也可以运用同样的智慧，放弃对玩具的依赖，与孩子一起创造更多美好的回忆。

过去一段时间，我每年至少有六到八个星期会在外面出差。那时候，我听从别人的建议，每次回家都会给孩子们带上一份礼物，希望能够弥补自己的缺位，让孩子更加开心。理论上讲，这个想法没有什么问题：既可以减轻孩子们因为我离家而产生的难过情绪，又可以增加他们盼着我回家的热情。刚开始那几次的确如此：孩子们见到我非常高兴，无论我买什么玩具，他们都欣然接受，我自然也很高兴。但几个月后情况变了，他们对玩具的期盼似乎远远多过对我的思念。随着时间的推移，他们对我带回来的礼物有了更加复杂的要求，甚至会提前在亚马逊上做好功课，还没等我出门就把想要的东西告诉给我。到最后，局势彻底失控，当我带着（来自托马斯火车世界的）新型火车头回家送给儿子时，他竟然一脸嫌弃，跟我说他想要的不是这款。（他想要的是一款更贵的产品，有附加的轮轴。要知道，那时他才只有三岁啊。）

看来，"快乐跑步机"又出来作祟了！孩子们和成年人一样，也容易受到这种习惯的影响，面对物质财富尤其如此。得到一件东西后，他们顺理成章地会想要下一件——一个更大、更酷的礼物。用不了多久，家里的每个房间都会被堆得满满当当，简直像个垃圾填埋场，而事实上，大部分东西的最终去向也的确就是那里。

拥有更多玩具并不能确保提高孩子们游戏的质量。托莱多大学近期做了一项研究，他们发给幼儿不同数量的玩具，结果发现，比起得到十六个玩具，孩子们得到四个玩具时花在每个玩具上的时间会更长，激发出来的创造力也会更多。

所有绝佳体验以及那些持久而有意义的快乐，都能超越人类的享乐适应性。我们对事物的享受程度——无论是一次新的体验、还是一辆新的汽车——还取决于事后对它的回味。弗雷德·布莱恩特和约瑟夫·弗洛夫在《用心体味当下，拥有积极人生》中也对此现象进行了阐述。他们引用法国作家弗朗索瓦·德·拉·罗什富科（Francois de La Rochefoucauld）的话简要概括了体味人生对一个人幸福程度的影响："幸福不在于事物本身，而在于对事物的体验过程。"人生有太多不同的经历需要我们去感受，孩子们的天赋也需要我们去见证——如果我们事后懂得用心感受，幸福感就会持续倍增。我们看着孩子们发挥天赋，可以打造出更多美好记忆，而事后的回忆，又会带给我们无尽的快乐。亲子共同的经历还有另外一个好处——当一方提到"记得那次……"时，双方可以一起回忆过去，从而让彼此的关系变得更好。

说回到我本人，我并没有彻底戒掉给孩子买礼物的习惯，只是改变了礼物的风格。我开始给他们买那些更有体验感的东西——拼图、桌游，或是可以让我和他们一起完成组装的玩具。如今，我每次出差回家就意味着全家人可以尝试一项有趣的全新活动，每个人都会因此而无比开心。相比于之前的玩具，我新买的各种游戏玩具有了更高的使用率，也带给了我们更多的快乐。

快乐名人堂：凯恩·蒙罗伊

　　大家如果需要更多证据来证明孩子——抑或是成人——需要的并不是玩具，不妨去凯恩游乐场看看。2012年暑假，9岁的凯恩·蒙罗伊（Caine Monroy）在洛杉矶东部父亲售卖汽车零件的店里闲逛，店里没什么玩具，却有大量的空纸箱，于是凯恩就凭借一双巧手用纸箱为自己搭建了一个精美的游乐场。他设计了一个又一个游戏，游乐场最终占据了整个商店，囊括了抓娃娃机、篮球游戏、足球游戏等几十种游戏。不仅如此，他还制作了门票、名片和员工T恤。刚开始，客源很成问题，不过后来有一天，电影人纳凡·穆里克（Nirvan Mullick）走进了这家商店。作为这里的第一位顾客，他一下子购买了畅游500次的游戏卡，还在脸书发布了凯恩游乐场的相关消息。穆里克在凯恩的父亲的协助下，为这位年少的游乐场创办人招揽了大批兴致勃勃的顾客。这个故事在网上迅速传播，凯恩本人也积累了大量粉丝。人多力量大，大家为一家鼓励学习的基金会筹集了242 000美元的捐款。凯恩的游乐场经营了两年，给成千上万名顾客带去了欢乐。后来，因为要上初中，凯恩才不得不决定提前"退休"。想要了解更多细节，可以搜索视频短片《凯恩的游乐场》（也可以登录相关网站，链接如下：https://share.michaelrucker.com/caines-arcade）。

亲子快乐档案

前面说过，我们的选择越多，获得快乐的机会就越大。如果大家已经有了小孩，可以在快乐档案中加入一些亲子活动，具体可参考以下内容：

- 根据孩子的喜好，跟孩子一起报个兴趣班
- 一起种植比萨小菜园，把适合制作比萨的蔬菜种起来
- 在聚会网站上寻找一些适合亲子参加的活动
- 参加社区免费演唱会
- 带着孩子参加一些志愿活动，例如在海滩或公园清理垃圾等
- 用智能手机拍摄短片、翻拍喜欢的电影场景
- 参观可以参与体验的博物馆，如纽约软泥博物馆
- 安排游戏之夜：拼图、桌游、猜谜都是不错的选择
- 带着孩子外出徒步，或者用其他方式接触大自然
- 一起玩搭建或一起参加创客嘉年华

始终不要丢失自我

不管我们多么擅长召唤出自己内心的童趣，不管亲子互动会带给我们多少快乐，我们始终还是要面对现实：每个人都需要休息调整，都需要暂时放下育儿的压力，做些自己想做的事。大多数人早在结婚生子的20年、30年甚至是40年前就已经知道自己的兴趣爱好，即使现在要以家庭为中心，也不意味着要把自己的爱好统统抛弃。吉尔伯特说过，"我们不能因为孩子的出生而放弃自己的快乐来源"。绝对不能如此。如果我们把过往的一切都抛在脑后，所谓

的现在的自我也无法独立存在，更不可能拥有足够的力量成为优秀的父母和伴侣。

我们要想办法将过往的激情融入新的生活，其中一个方法就是带着孩子从事我们喜欢的活动，只可惜这一方法并不总能奏效。如果我们能够找回"以前"的自己，内心才会获得更大的宽慰，也能因此获得更多的快乐。所以，我们要给自己留些空间，追求属于自己的快乐，让自己好好放松，让自己重新振作。

我们先来一起看看我朋友的经历。大家如果上网搜索达伦·普贾雷特（Darren Pujalet），会发现他是加州曼哈顿海岸的一位衣着光鲜的房地产经纪人。但是，如果把搜索内容换成"达伦·普贾雷特鼓手"，搜到的结果则会令人大跌眼镜。达伦·普贾雷特作为爵士乐队鼓手曾经在很多世界知名音乐节上有过表演，包括田纳西州的波纳若音乐节和加州的柯契拉音乐节。我们搜索到的两个结果都是达伦·普贾雷特，一个是曾经的热血青年，一个是如今传统意义上的老爸。

当初，身为鼓手的达伦·普贾雷特曾在十年间辗转了十个国家，奉献了1300多场演出。而后，为了解决巡回演出与照顾家庭的矛盾，他选择离开了乐队。很不幸，离开乐队对他来说相当于放弃了生命之光（当然，结婚生子也给了很强的动力）：他再也无法与活力满满的现场观众展开音乐的互动了。

达伦的故事虽然是个极端个案，但许多父母在适应新角色时都会产生巨大的失落感以及伴随新身份而来的各种困惑。达伦很喜欢自己房产经纪人的工作，事业可谓蒸蒸日上，他也很爱自己的家人；可是，时间一长，他开始因为当初放弃了音乐而感到无比痛苦，养孩子也就成了一件苦差事。他以为自己已经与过去的生活做了了断，其实他的放弃给他留下了巨大的阴影。最终，他因为担心自己会精神崩溃，主动与妻子进行了一次深入的交流。"我需要找回曾经的那个鼓手身份。"他对她说。夫妻二人终于明白，原来达伦的两个自我——鼓手和父亲——并不是水火不容。当然，达伦不可能像以前一样做回全职音乐人，但依旧可以继续演奏，甚至可以上台表演。在妻子的支持下，达伦开始联系之前乐队的成员，告诉他们自己愿意偶尔上台参加演出。很快，他便重返了舞台，每次表演都让他活力四射，让他在接下来的日子可以更好地生活。他终于找回了自我，陪家人的时间不再令他筋疲力尽，而是让他充满力量。即便他偶尔还是会因照顾小孩而感到痛苦——每个父母都有这样的时候——但他也能带着爱继续坚持，因为他有了更多的力量和耐心。

数据显示，当代父亲对家庭育儿的贡献已经远远超出了自己的父辈和祖辈，但不可否认，与母亲相比，父亲还是拥有更多属于自己的空闲时间（异性婚姻家庭尤其如此）。不管身处怎样的婚姻之中，我们都应该保证夫妻之间拥有平等的追求快乐的机会。我们再回来看达伦的例子，他就非常支持妻子对瑜伽的热衷，如果对方需要放松，哪怕是去外地参加瑜伽静修，他也会毫无怨言地承担起照顾小孩的责任。

如果大家也有另一半，也一定要支持对方——当然，我们也同样需要对方的支持。对于单亲父母来说，或许很难找到属于自己的时间，必要时我们可以请朋友帮忙，在我们需要出去放松时过来帮忙照看一下小孩；运气好的话，我们或许能找到愿意定期帮忙的人，这样我们就可以认真培养自己的兴趣爱好，而不至于三天打鱼两天晒网。

我们绝对不能放弃属于自己的快乐时光——对于有伴侣的父母来说，二人世界也必不可少——我们完全可以走出家门，放松地享受二人世界的美好。我希望大家读完这一章，至少可以与伴侣坐下来计划一次浪漫的约会。计划好了，我们可以找一个能相互照应的家庭。不用不好意思：直接告诉对方你们要出去约会，请他们帮忙照顾小孩。礼尚往来，下次他们也可以把孩子送来你家。当然，请个临时保姆也是个办法，只是费用太高，我担心大家一晚上都会惦记着成本，没办法好好享受二人世界。再说了，互相帮忙照看小孩不仅能帮助我们找回属于成年人的快乐，还能有效拉近我们与另一家人的关系。

放长线钓大鱼

对于大多数人来说，家人都是一辈子的亲人，但这并不意味着我们与家人的相处模式要一成不变：一年前好玩的东西第二年可能就变了味，更不要说经历十年的漫长岁月。如果家里有小孩，这一点就更加明显了。随着父母和孩子年龄的增长，想要时刻掌握快乐的脉门着实不是件容易的事。大多数青少年都渴望独立，"上有老下有小"的中年人则总是焦虑重重，而空巢后的家长更是难逃孤独和悲伤的情绪，如此看来，"岁月很短，但日子很长"这句话的确很有道理。大家如果与伴侣或孩子的关系不够理想，此刻就是做出改变的最好时机。我们要抓住机会、打开思路——必要的话，可以彻底摒弃旧的快乐档案，寻找新的快乐之源。

57岁的辛迪·迈尔斯（Cindy Myers）和她69岁的丈夫迈克（Mike）就是一个很好的例子。他们鼓足勇气，主动改变，共同体验了超乎想象的巨大快乐。辛迪高中毕业后一直生活在加州的里奇克莱斯特,在那里生活了整整35年。里奇克莱斯特是个偏远而保守的小镇,大多数居民都是政府工作人员。辛迪和迈克二人也不例外,两人工作稳定,有一个温馨的小家,时不时还可以出国旅行——可是,二人始终觉得这个城市并非他们的理想选择。话虽如此,他们还是一直原地未动。内心虽然有种隐隐的躁动,对当下的生活也并不满意,但真的走出舒适圈、做出改变谈何容易?辛迪告诉我,他们之所以选择留下来,"一方面是为了对家人尽义务,另一方面是因为对未知世界抱有恐惧"。她的女儿、外孙、外孙女,还有她的母亲和耄耋之年的外祖母都生活在这里,离开这里就意味着割舍掉一切,当然是无比艰难的决定。多年来,因为一直有着家人的陪伴,就算老公迈克出门旅行,辛迪也不会感到孤独。

然而,迈克64岁退休后的那几年,二人的生活发生了巨大的变化。迈克一辈子热衷于各种极限运动,年老后才感受到它们对自己身体所造成的伤害。没办法,他只能慢慢放弃曾经热爱的诸如攀岩等运动,身体唯一还能允许的爱好只剩下了划船。可惜里奇克莱斯特位于内陆地区,境内连一条河也没有。于是,辛迪和迈克决定搬家,前往一座毗邻太平洋的城市。辛迪感慨道:"我这个人不太喜欢改变,一直都是如此。我甚至不太笃定自己的真实想法和愿望。不过,最终我意识到,再不行动,一切就晚了,如果现在不做出改变,未来就更没有机会了。于是,我俩毅然决然地采取了行动。"

他们需要面对的事情的确很多,但有些担心却毫无意义:其一,他们不舍得离开外孙、外孙女,但谁能想到,当他们把搬家的计划告诉女儿、女婿时,对方竟然表示愿意同搬到离他们较近的城市;其二,断舍离也是一个艰难的过程,住了几十年的家,家当自然攒了不少，但搬家就意味着精简，结果再次证明，断舍离是他们非常明智的选择。辛迪说："我很难用言语形容内心的轻松感，我在新家安顿下来后，整个人感觉豁然开朗，终于不用再带着之前的累赘了。"

就这样，二人做了大胆的决定，毅然决然地从里奇克莱斯特搬到了华盛顿海岸的普吉特海湾。如今，他们找到了新的生活乐趣：辛迪每天一睁开眼就能看到巍峨的喀斯喀特山脉，可爱的海豚和海獭更是让她心情大好。一直外向的迈克则在海边结交了一帮新朋友，找到了可以一起冒险的伙伴。辛迪是位艺术家，在里奇克莱斯特时还曾有一间家庭工作室。她最初以为搬家后自己肯定会整天泡在附近的汤森港，因为那里聚集了许多艺术家的工作室和画廊。没想到，最令她兴奋的竟然是探索新的领域。她对我说："走过的每一条路对我来说都是新的探险，这里是一座全新的城市，无论走到哪里，我都能找到新的快乐。"她和迈克在自家游艇上度过了很多欢乐时光——"游艇就如同我们的水上房车"——探索了附近很多海域和港口。

辛迪感觉自己不仅恢复了精力，而且简直变成了另一个人，一个更加优秀的自己。她的内心更加平静、更加放松，对自己的想法和感受也更加笃定。不仅如此，她与家人的关系也得到了改善。她的女儿搬去了距她25分钟车程的城市，这在辛迪看来属于两辈人相处的"最佳距离"。他们现在每周只能见一面，不仅让双方都更加珍惜在一起的时间，还给辛迪的退休生活留出了更多调整空间。她和迈克的关系也发生了惊人的变化。多年来，两人一直都忙着自己的工作，"退休后的第一年真的很艰难，我们需要重新认识彼此"。如今，两人的感情更好了——这完全得益于他们大胆地选择了新的生活，搬到了新的地方，养成了新的习惯，有了更开阔的视野，同时也不耽误他们体会与儿孙的天伦之乐。

第 9 章
快乐职场

> 如果老板总是打压你,你不妨透过叉子看他几眼,这样就可以想象他在监狱服刑的样子。
>
> ——里奇·格威斯(Ricky Gervais)

大家的老板会跟各位兜售"快乐职场"的各种方法吗？如果会，请不要当真：忘掉那些别扭的欢乐时光、免费的比萨聚餐以及公司组织的各种尴尬的社交活动；忘掉公司张罗的生日蛋糕、乒乓球台和大罐的 M&M 巧克力；忘掉奇葩的袜子比赛、所谓的"快乐文化"、休闲星期五、"做自己"的自由倡议和办公室小型演唱会。(好吧，即使忘不掉，也没关系。)

还要请大家摒弃错误的认识，千万不要以为职场快乐必须建立在"发挥兴趣"或实现抱负的基础上。就连现下流行的"工作可以也应该成为愉快体验"的理念也可以暂时抛开，哪怕只是一分钟也好。

老实讲，上面提到的活动本身并没有什么问题，我本人也喜欢打乒乓球，但是，人为打造的职场快乐往往都会受到三个因素的影响。第一，这种职场快乐都是公司的刻意安排，所以不可能成为真正的快乐；第二，这种职场快乐往往都是环境烘托的安排；第三，不管打着怎样的旗号，只要还在职场，活动也是工作(记得有人说过，在办公地点安置乒乓球台就是为了留住员工，让他们更长时间地为公司卖命）。话虽如此，如果我们能够投机取巧，把与产出无关的真正快乐融入工作，那岂不是一举两得、两全其美？长期以来，人们一直认为快乐会干扰工作，但事实恰恰相反，快乐不仅不会影响工作，反而会让我们拿出更好的表现。科学证据表明：日常的快乐有助于我们实现长期目标；快乐的事物能让艰难的工作变得更加容易。凯特琳·伍利（Kaitlin Woolley）和阿耶莱特·菲什巴赫（Ayelet Fishbach）两位博士曾经反复论证快乐与困难之间的关系，其中一个项目研究的是美国高中生的学习成绩及学习时间。结果显示，如果将学习行为与快乐元素捆绑在一起，学生学习的时间就会延长。他们的研究还表明，人类容易低估短期奖赏的作用——即使从事一项活动是为了获得延迟回报，但过程中的即时奖赏往往也会给予我们更大动力。

我们不要过分纠结于日常工作的目的或意义，答案很简单：就是拼命干活，用劳动换取报酬。我见证了互联网时代的崛起，大家一度非常困惑，很多科技公司把精力都放在了攀比上，看谁能办得起更大的派对，买得起更好的办公椅，结果可想而知。没错：工作就是工作！大多数人之所以需要工作，目的很简单，就是为了生存，很多时候——如果经济形势不理想——根本无法挑挑拣拣。既然如此，我们必须换个视角，重新看待职场快乐。要知道，百忙之中安排一些休闲活动或召开视频会议时把背景换成热带风景并不能带给我们真正的快乐。

我们究竟能否把快乐习惯融入工作，真正做到劳逸结合，以下就是全新的衡量标准，请逐一作答：

我工作时能否做到精力充沛，每天能否按时下班？

如果你的答案是"能"，我敢说你在工作中肯定表现不俗，而且还能最大限度地享受日常快乐。(如果你总得加班，我们得先解决这个问题。对很多人来说，职业倦怠已经成了严重的问题，谁能受得了每天时刻在线、付出百分之二百的努力的职场环境呢？)很多人下班回家后已经累得心力交瘁，只想一头栽倒在沙发上，根本没有精力享受所谓的空闲时间，我们千万不要让自己陷入如此境地。

很多人认为事业成功可以体现自我价值，在此，我想提出一个激进的想法：你能不能把工作往后放一放？我知道，很多人做不到，毕竟当初也是费尽心力才找到并保住这样一份薪水不错的工作。除了经济顾虑，新教宣扬的职业道德也一直在作祟。我们已经有了一个根深蒂固的认识，以为无论在物质上还是精神上，工作都定义了我们在社会上的身份地位，深受其害的不仅有那些在大办公楼里为各路老板和人力经理打工的公司员工，就连企业家和个体经营者都无法幸免。

如果我告诉大家，带着玩乐的心态工作不仅能让人精力充沛，还能提升工作表现，你们接受起来会更容易些吗？我说的不是在职场我们该以什么状态示人，因为在职场中呈现出欢乐个性，或许对有些人有益，但对大多数人却会适得其反——例如那些处在职业生涯初期正力求建立信誉、积累能力的人。我提出的玩乐心态其实是一种心理游戏，可以更好地帮助我们应对、执行工作任务。20世纪70年代，唐纳德·麦金侬（Donald MacKinnon）做过一些开创性研究，研究对象是在各自领域被公认为最有创造力的成功人士。麦金侬想知道一个人的成功是否与智商这类天生特质有关，结果发现并非如此，这些人成功的关键在于建立了一种把工作当成娱乐的"运行方式"。麦金侬并没有使用"快乐习惯"这一措辞，但本质上说的就是快乐工作。那些成功人士正是因为拥有这个习惯，工作成果才会特别突出，工作起来也才会有更大的投入。

我们这些平常人也可以养成这样一种工作习惯——无论现场办公，还是居家办公——尽量让快乐习惯得到更好的发挥。我们其实赶上了一个好时代，科技虽然带给了我们巨大的挑战，但不可否认，它也给现代职场带来了前所未有的灵活度。如今，需要现场办公的员工已经越来越少，许多工作单位都推出了远程办公，允许员工自行安排工作时间。总之，弹性工作制已经变得越来越普遍，已经有越来越多的人成为自由职业者、辗转于各个项目的独立个体、零工经济的从业者。过去，有些公司可能会举办奇葩的袜子比赛，如今，很多人都穿着睡裤居家工作了。有些人即便必须现场办公，也比以往拥有了更多的主动权和选择权。总而言之，当下正是我们改变工作态度和工作方法的最佳时机。

掌握快乐职场的秘诀

2020年，埃里克·冈萨雷斯-穆勒（Erik Gonzalez-Mulé）和伯达尼·S.科伯恩（Bethany S. Cockburn）两位博士发起了一项名为"这份工作真的要了我的命"的调查，希望能找到工作与死亡之间的联系——换句话说，他们想知道怎样的工作条件会严重伤害员工的身心健康，甚至增加死亡的风险。大家或许已经有了一些想法：肯定是那些要求苛刻、压力巨大的工作啊！然而，事实并非如此。研究发现，只要环境合适，苛刻的工作竟然能提升我们的健康状况。相关研究持续了整整二十年，追踪了三千名员工的健康状况，最终得出结论，造成死亡的并非工作压力，而是丧失主动性的压抑状态。

每个人都渴望自己做主,也需要自己做主。有人认为所谓的事业心,主要源于我们对权力的渴望——但事实上,有抱负的员工追求的并非凌驾于他人之上的权力。科隆大学、格罗宁根大学和哥伦比亚大学的研究人员回顾了之前的九项研究,从中得出了结论:"人类之所以渴望权力,并不是为了控制他人,而是为了让自己做主,掌控自己的命运。"另外,主动性的确可以发挥激励作用。理查德·M.莱恩(Richard M. Ryan)和爱德华·L.德西(Edward L. Deci)两位博士最先提出了自我决定论,他们认为,只要满足了三个基本需求,即主动性、真本领和关联度(不掺杂任何别有用心的真正的情感连接),人类的工作动机和好学状态就会达到巅峰。

工作时,我们如果能够拥有更大的掌控权,身心就会变得更健康,工作起来也会更有动力——此外,还有一个非常大的好处。为了养成快乐生活的习惯,我们至少得保证自己下班时还精力充沛,否则怎么可能有快乐的精力和灵感?自我决定论不仅关乎工作动机和学习状态,还牵扯到能够让人保持生命活力的关键要素——对生活的渴望。我们如果无法满足自身对主动性、真本领和关联度的需求,就一定会有种内心被掏空的感觉。

这正是我们直觉上会把工作和快乐分开的理由:我们在每周工作的四十多(甚至更多)个小时里都在听别人发号施令,告诉我们该去哪里,该做什么,甚至是该怎么做,如此下来怎么可能快乐?大家如果也觉得自己的工作毫无快乐可言,不妨问问自己以下几个问题:

- 工作时我能自己做主吗?
- 工作常常让我有成就感吗?这种感觉发生的频率如何?

- 工作中我跟谁走得比较近、相处得比较好？
- 我可以在职场自由表达观点和想法吗？
- 我最擅长的技能和才华可以得到发挥吗？为何如此？
- 我能否在工作中感受到同事情谊？频率及程度如何？
- 工作中最令我满意的地方是什么？
- 我有没有机会学习更多、参与更多，进而让自己感受到更多工作的乐趣？

回答完上面的问题，我们就可以有的放矢地采取行动了。首先，我们要把重点放在主动性上。过去几代人不像我们这般幸运，如今科技的发展为我们提供了前所未有的机遇，让我们能够重新拿回主动权：我们可以居家办公，也可以在巴厘岛的海滩联系业务；我们可以通过各种设备实现异步通信；我们可以向他人提供各种远程治疗、培训和指导等服务。新冠疫情更是加大了这种趋势，许多公司真正做到了"变不可能为可能"：虽然所有员工都在远程办公，却丝毫没有影响公司的正常运转。很多人从未想过自己能从办公室的格子间里解脱出来，有一天竟然可以足不出户地居家办公。虽然我们现在承担的工作可能比以往任何时候都要多，工作与生活的模糊界限也在无形中增加着我们的痛苦，但至少我们拥有了更大的灵活度。

基于相关研究所提供的各种数据，管理层——至少是优秀的经理人——已经意识到让员工做主的各种好处。要知道，不仅脑力劳动者需要更大的灵活度，就连医院、工厂这些地方也不例外：越是能撤销严格的管控政策，越是能给予一线员工更多主动性，发现和解决实际问题就变得越容易。

大家无论做什么工作，只要稍加用心，就能有效提升自己的主动性。

方法一：注重休息，保证劳逸结合

我们在工作中的休息时间不仅要停下手里的活儿，还要想办法拿回自己的主动权……如果不想迫于社交压力与同事闲聊，那就听从内心，做自己想做的事。关联度（与他人的联系）与主动性都会影响我们的活力，但研究显示，比起与同事社交，利用休息时间找回主动性对我们的身心健康更加有益。这一发现得益于约翰·特劳伽克斯（John Trougakos）和同事所做的研究，他们的研究结果显示，午休时间从事让自己放松的活动是最好的解压方法，可以让我们真正地找回主动权。之所以如此，他们给出的理由是职场社交需要自我管理——控制自身行为——这一操作根本无法让人放松，只会增加疲惫。与同事为伴不一定能满足我们对关联度的需求，但选择自己喜欢的活动却一定可以保证我们拿回主动权。

研究发现，具体利用午休时间做什么并不重要，重要的是能否自由选择。换句话说，如果有人觉得摆弄饮水机是个能帮自己恢复精力的有趣活动，利用午休时间做这件事也未尝不可。只要是出于自愿，哪怕是利用午休时间继续工作也不失为一个好的选择；另外，约上三两朋友共进午餐的感觉可能完全不同于跟同事吃饭，后者可能需要我们自我管理，进而导致身心疲惫。

总而言之，午休时间是属于我们的个人时间，自己怎样高兴就应该怎样过。大家一定要认真考虑自己的午休安排，确保下午上班时可以精力充沛（而不是筋疲力尽）地回到单位。

方法二：发挥想象，打造创意空间

当然，有时即便我们是项目负责人，也无法确保始终拥有主动权，原因如下：首先，我们知道早晚会有人对我们的工作做出评价，始终还会感受到老板、经理和客户带给我们的压力。我记得当初自己担任营销公司合伙人时，策划出了一个可能被迪士尼或索尼这样的大公司采用的线上创意宣传计划，这是多么令人振奋的事啊，到时候，我们的数字艺术创作将遍布全国大街小巷！然而，我们的兴奋和热情很快就因为法律团队和品牌标准的条条框框而回归了冷静，因为任何类型的限制都可能成为快乐的杀手。同样道理，所有工作场所——无论是现实还是虚拟——都会让人感受到压力和焦虑，有时甚至还有恐惧。大部分人工作的地方都是他人的地盘，所以很难拥有真正的掌控感，而这种感受不仅会影响我们的工作质量，也会影响我们的身心健康。人一旦感觉失控，大脑的交感神经系统就会出来捣乱，让我们误以为走错一步就会大难临头。要知道，人在恐惧时怎么可能快乐呢？应该很难吧！反正我是做不到。

如何克服这一困难呢？大家恐怕想不到，想出办法的竟然是从巨蟒剧团发迹的喜剧演员约翰·克里斯（John Cleese）。克里斯在最近很火的一次演讲中分享了自己的剧本之所以具有独特创意的秘诀，竟然与唐纳德·麦金侬的结论如出一辙。克里斯说自己的作品之所以独特，并不是因为他多有才华，而是因为他致力于创作新颖的故事，愿意花更长的时间研究、打磨剧本。讲完这段话，他顺便又做了一件好事：现身说法地告诉了大家如何开启"操作系统"，如何以一种开放、轻松、游戏的心态完成本职工作。

按照克里斯的说法，快乐工作需要三样东西：空间、时间和信心，我也认为三者加在一起威力无敌，给我们的不仅仅是一个空间，更是一座坚实的堡垒。身处其中，我们可以拥有绝对的主动权，无论有多少艰难工作，我们都可以按照自己的想法逐个攻克。

首先是空间：我们需要进入一个自己可以掌控的放松空间，在心理上与老板、同事及所有让人担心期限和评价却又无法做主的工作拉开距离。

其次是时间：我们需要准确界定自己的"玩耍"时间，包括什么时间开始、什么时间结束。为了说明界定玩耍时间的重要性，克里斯引用了20世纪初荷兰历史学家约翰·赫伊津哈（Johan Huizinga）的一段话："玩耍不同于日常生活，地点上，它不受打扰，时间上，它有明确界限，玩耍有开始也会有结束，只有满足这些特点，才能称其为玩耍。"换句话说，如果我们想让工作变得更欢乐，就得把玩耍时间与日常工作区分开来，设定好起始和结束的时间。我们要给自己留出专门用于玩耍的时间，其间，我们可以游离在线性时间线之外，暂时忘记各种限期完成的任务。

最后一点是信心：我们即使对自己没有信心，至少也应该相信玩耍的作用。克里斯说过，提升自信的最简单方法就是告诉自己玩耍时不用担心对错，不会有人评判我们的表现。我们甚至可以把自己的创作撕得粉碎，根本不让第二个人看见。

这是我们自己的空间、自己的时间，所以我们自己说了算。我们要做的是用欢乐的心态对待工作，尊重自己发明的游戏规则。

方法三：采取主动，积极建立信任

有这样一个事实需要跟大家分享，听上去或许还有点残忍：老板的控制欲之所以特别强，是因为他们对员工不够信任。针对这种情况，我们可以主动为自己辩护，也可以积极建立信任。我们可以提前与老板（或客户）沟通，确保彼此清楚对方的诉求及关注重点。我曾经师从巴里·格罗斯曼（Barry Grossman）博士，对于他的谆谆教诲，我至今都难以忘怀。他曾经说过，我们一定要给利益攸关方以信心和掌控感，二者缺一不可。因此，我们事先就要让老板或客户知道，自己会定期向他们汇报工作进展，而且能够做到一以贯之。我在网上读过凯特·弗拉松（Kate Frachon）的文章后便积极做了尝试，后来还鼓励我的员工也采取类似做法。相信我，没有老板喜欢事无巨细地管理，因为这种做法既耗时又费力。老板和经理真正在乎的就是工作成果能否按时提交，只要满足这一点，有员工如果愿意发挥主动性，领导层一定会欣然接受。当然，前提是你得赢得他的信任。

方法四："僧多粥少"，改变思维定式

所谓"钱嘛，无所谓"的心态大部分人都做不到，就算是再能省吃俭用，没有钱也万万行不通，所以我们都需要找份工作。而反过来看，一个人的经济条件越有保障，选择工作时就越能自己做主，不必被迫签署"卖身契"。话虽如此，即便是自由职业者和企业家，他们的主动权也会受到财务状况的影响。对于自由职业者来说，如果没有做好计划，坐吃山空的感觉可能比给人打工更让人痛苦。创业者也一样，只有在自身资金充足的情况下，我们才算得上是真正的老板，但凡需要外界投资，就得或多或少听命于他人。还有那些小业主或个体经营者，大家普遍认为只有公司壮大了，才算

取得了真正的成功。我建议大家读一下保罗·贾维斯（Paul Jarvis）的《一个人的公司》，或许能改变这个错误的想法。

每个人都需要工作带来的保障，也会因此变得小心翼翼，难怪很多人会有一种"僧多粥少"的心态，在工作的选择上只能亦步亦趋，哪里敢自己做主、说换就换？或许有人会说"工作的机会可不是大风刮来的"——鉴于当前的经济形势——这么说也不无道理。然而，这种心态的确会妨碍我们发现或创造一些切实的机会。大家如果也被"僧多粥少"的心态所困扰，不妨梳理一下自己金钱以外的身价，包括自身独特的技能、被老板看重的资质以及那些可以为自己介绍工作的家人和朋友。我们如果知道自己还有选择的余地，或许就能消除心理的恐惧，就能鼓起勇气寻找一份要么更开心、要么挣钱更多的工作……要是同时都能做到，岂不妙哉！

快乐名人堂：啤酒乒乓游戏大亨

诚然，率性而为的确可能会有一定的问题，但那些乘风破浪的成功企业家无疑都活得非常快乐。如果公司业务能够同时满足主动性、真本事和关联度三个条件，他们的人生简直就太让人羡慕了。我特别喜欢引用我的两个老乡内特·费赛尔（Nate Fissell）和杰里米·费赛尔（Jeremy Fissell）兄弟俩的例子，二人将杰里米对修补的热情和内特对玩乐的钟爱完美地结合到了一起，建立了一个啤酒乒乓游戏帝国，公司的主营业务就是售卖快乐。事情的起因是这样的：杰里米一直在做进口、销售荧光棒的生意，有一次，他意外发现可以将荧光棒嵌入杯子底部，于是发挥创意申请了多个专利，后来又经过多次创新，发明了聚会用的荧光杯。

之后，他把内特拉来入伙，二人将杰里米的新发明应用在时下正流行的啤酒乒乓聚会游戏上，推出了荧光啤酒乒乓系列。再后来，他们改造了一辆派对车，给车身贴上了这款游戏的霓虹灯广告。就这样，二人在内特的母校加州圣巴巴拉分校及周边地区首次推出了这款产品。"没想到，我们在艾拉维斯塔一下子就火了，我们的那辆货车引起了广泛关注，"内特继续道，"有些人甚至骑着自行车一路跟着我们，一边骑一边喊，'兄弟，能给我弄一个这样的游戏吗？'到最后，我根本不敢把车开出来，生怕自己再被围追堵截。"后来，他们在拉斯维加斯参加了一个贸易展，很快找到了投资人，签署了合作协议。至此，他们的游戏在全美彻底打开了销路，在所有斯宾塞连锁礼品店都有出售，最近还在亚马逊开了家网店，专门销售荧光乒乓设备。内特说："我们希望打造出一种狂野、魔幻的氛围，大家可以穿上不同颜色的队服，红队用红色杯子，蓝队用蓝色杯子。我们售卖的就是快乐，当然还有夏日的美好以及加州的味道。这么多年过去了，我们的努力终于有了回报。"

杰里米无论做什么事都会全力以赴，用他自己的话说那是"一种病态"。他总是能发现商机，利用自己的发明创造了一个又一个副业，荧光乒乓不过是其中一个。他也非常喜欢收藏，一间2 500平方英尺的仓库被他改造成了博物馆，收藏了各种品牌和型号的随身听、各种各样的音箱、十一台越野自行车以及挂了一墙的复古滑雪服，当然，还有他的"镇店之宝"——一辆"二战"前的火车模型，牢靠地摆放在他亲手打造的九英尺①高、十二英尺宽的展示柜里。"大家来到这里参观，都感觉难以置信，"他继续道，"我这辆战前火车模型丝毫不输于萨克拉门托铁路博物馆的收藏，这些就是我喜欢的东西。我这个人就是这样，喜欢什么就做什么，而且只要做，就一定会做好。"他的另一个动力来自他的妻子和两个儿子，为了他们，他愿意走出工作室，享受家庭生活的美好。

兄弟二人的合作中，负责运营和销售的是内特，"我每天上午都会处理工作和邮件，然后回库房看看，做些体力活，给出口的包装箱贴上标签，最后再处理一下进口业务。我的工作虽然听上去有点无聊，但我自己却乐在其中。"内特之所以会喜欢这份工作，根本原因在于他有绝对的主动权。"我想什么时间休息就能什么时间休息，想做什么就能做什么，我有绝对的自由。"他也充分利用了这一优势，一有时间就跟朋友出门探险，足迹已经遍布了整个世界。"这就是我放松的方式，否则，如果让我总是做无聊的工作，我肯定也会疯掉。"他笑着解释说。

调节自身的唤醒水平

我们在本章讲了很多可以帮我们拿回主动权的策略，其实这些方法还有一个好处——能够帮我们管理自身的唤醒水平。我在这里所说的唤醒不是性刺激，而是一种情绪的心理构成，即某种活动

---

① 1英尺：约等于0.3米。

对能量状态所造成的刺激（或消磨）程度。许多工作场所都会——或有意或无意地——让人持续处于高唤醒状态。我们走进某家时尚服装店时，偶尔也会有这种感觉，店里灯火通明，音乐也很上头，目的就是刺激顾客和员工。老板希望顾客一进门就能感受到这种人工打造的快乐，激发出购买欲，一直血拼到想"剁手"。当然，如果换成办公场所，肯定不能靠音乐和灯光刺激员工的高唤醒，最好的手段是没完没了的邮件或消息。亚当·加扎利（Adam Gazzaley）和拉里·罗森（Larry Rosen）共同撰写了《三心二意》，书中探讨的正是数字信息持续输出的高唤醒给职场人造成的压力和焦虑。公司提高员工唤醒的方法堪称五花八门：销售机构每次售出产品都会响起铃声，公司把会议安排得紧锣密鼓，企业设置高不可攀的目标并持续不断地灌输风险，所有这些做法都会让员工处于高唤醒的状态。

我们必须明白一点：高唤醒本身其实没什么不好——但可能对我们的身心健康造成伤害。人和人都不一样，有些人在高唤醒状态下会有良好表现，但有些人则不然。不管我们适应何种唤醒水平，一旦用力过猛，就会影响实力，不仅表现会失常，心情也会受到影响。

如果我们能够更好地观察并管理自己的唤醒水平，工作起来就能变得更加快乐，原因有二：首先，巧妙的工作方法能提高效率，效率一高，自我感觉也会变好，可谓是一举两得；其次，工作了一天我们依旧可以保持活力，既证明了能力，又保留了精力，可以做些其他喜欢的事情。

所谓唤醒，对大多数人来说还是一个新概念，但其实有一类人早就认识到了它的重要性，并且可以巧妙利用唤醒程度和表现水准之间的关系，这类人就是运动员。唤醒对每个人的影响不尽相同，高唤醒状态对有些人或许有益，但对另一些人却可能有害。有些运动员喜欢肾上腺素大量分泌和持续的紧张感带给自己的刺激，在它们的作用下自己能表现得更好；而有些运动员却只能在放松、没有压力的状态下发挥出最高水平。过去几十年，教练员普遍使用的都是俄罗斯运动心理学家尤里·哈宁（Yuri Hanin）发明的训练方式，旨在找出能够刺激运动员发挥最好表现的黄金唤醒水平。运动员一旦找到能够激发最佳表现的个人最佳功能区（IZOF）、情绪状态和唤醒水平，就可以适时创造出相应条件，帮助自己进入正确区域。

大家要想找到属于自己的正确区域，可以先回想一下自己曾经的最佳表现，用两三个词形容一下自己当时的情绪。作为对比，我们还可以想想自己工作中的痛苦时刻以及当时的情绪感受。

哈宁"个人最佳功能区"理论的情绪示例

有益情绪	无益情绪
兴奋激动	勉为其难
精力充沛	疲惫倦怠
积极主动	犹豫不安
自信满满	百无聊赖
从容不迫	紧张焦虑
心满意足	神经紧绷
喜出望外	郁闷不满
心情愉悦	愤愤不平

我们可以先根据自身情绪判断一下自己处在唤醒跨度的什么位置，然后再去思考如何改变工作环境以便让自己进入最佳唤醒区

域。打个比方，如果你认为"兴奋激动"和"精力充沛"属于有益情绪，而"愤愤不平"属于无益情绪，那就说明处于高唤醒状态的你更容易拿出优异表现。如果你平时都是一个人安静地居家办公，不妨尝试找一家咖啡店，到那里处理工作，当然也可以考虑租用公共办公区域。相反，如果你觉得自己只有在"心情愉悦"和"从容不迫"的心境下才能拥有好的工作表现，而现实中又被迫在开放办公区工作，面对这种情况，如果你想提高效率，恐怕需要给自己预定一间安静的会议室，或是出去走走，以更好地集中注意力，甚至可以跟老板申请暂时居家办公。

我们最终要做的不是界定自己的唤醒水平，而是要提高意识，了解做什么事可以提升自己的唤醒水平，可能引发怎样的情绪，又会对工作造成怎样的影响。弄清楚这些，我们便可以调整自己的工作环境，进而拿出最好状态迎接各种工作上的挑战。

可能提高唤醒水平的助推器

- 玩耍、健身和运动（例如午休时间参加健身班，与人相约一起户外徒步等）
- 香醇的咖啡或茶
- 高唤醒的娱乐活动（如高能音乐、鼓舞人心的演讲等）
- 彰显创造力、满足好奇心（如头脑风暴思考问题、学习一项新技能等）
- 友好竞争
- 充分补水

可能降低唤醒水平的安抚剂

- 阅读
- 与宠物相处

- 香薰
- 亮度适中的灯光
- 打理花草
- 冥想和正念
- 记日记
- 散步
- 打盹

现在我们知道了，每个人都有适合自己的唤醒水平，也有事实证明：做不同事情所需的唤醒水平也不一样，有些活动在高唤醒状态下会完成得更好，有些则需要低唤醒状态。20世纪初，心理学家罗伯特·耶克斯（Robert Yerkes）和约翰·多德森（John Dodson）首次确定了活动与唤醒之间的关系。他们训练老鼠钻进某个指定的箱子，老鼠如果进错箱子，当即就会遭到电击。研究发现，在任务不难的情况下，电击的强度越大，老鼠的表现越好；但是，如果任务足够难，太强的电击反而会减慢老鼠学习的速度。这也就是说，唤醒的确会对老鼠的行动有一定的帮助作用——但程度有限，一旦超出范围，唤醒便无法再对老鼠的表现起到刺激作用了。（我们虽然不是老鼠，恐怕也会深有同感吧？）

耶克斯和多德森之后，又有其他研究人员针对唤醒行为进行了更为深入的研究。如今大家已经普遍达成共识，认为低唤醒至中唤醒状态最利于完成复杂任务或学习全新知识。对于熟悉的任务，不管难度如何，因为经常重复，最适合的状态是中唤醒状态；对于简单任务，最适合的或许还是高唤醒状态。

我们说了这么多，究竟意义何在？我希望大家在条件允许的情况下尽可能地改变自己的工作环境以及任务内容，以更好地匹配自己喜欢的唤醒水平。以下提出两条建议，仅供各位参考：

- 可能的情况下，尽量先完成最难的工作，因为这时候不仅没有时间的压力，也不会有特别多的认知干扰影响工作表现。当然，夜猫子也可以把难事留到夜里再做。
- 如果做的是无聊的事务性工作，可以通过与时间赛跑的方式提高自己的唤醒水平：我能在 X 点前完成这项工作吗？我们也可以把无聊的工作刻意安排到一天的最后时段，如此一来，哪怕只是为了早回家，我们也会有更大动力将其快速完成。对于那些早已轻车熟路、不太可能犯错的任务，不妨采用活动绑定（例如，将重复性工作与高唤醒的音乐结合起来）的方法，借此让工作变得更加有趣。

了解在职场"做自己"的难度

关联度——我们与他人联系的程度——是另一个决定我们下班时是精力充沛还是精疲力竭的重要因素。提高职场的关联度可不是件容易的事。首先，花时间与同事社交并不一定能帮助我们恢复能量。前面我们提到过约翰·特劳伽克斯，他针对工作中的午休时间做过深入研究，结果发现，午休时间，很多员工宁可继续工作也不愿意被迫与同事一起用餐。由此可见，人们对被迫社交已经到了深恶痛绝的程度。

事实上，就连一些出于自愿的工作社交也会让人感到筋疲力尽。大家不妨想想我们与工作之外的朋友见面的感觉：不仅能让我们开心快乐，还能让我们活力满满，因为我们在其间可以放松地做自己，不用担心有人对自己妄加评判，不用害怕不小心冒犯了谁，更不用惦记有人可能别有用心。职场社交就不同了，我们绝对不能掉以轻心。有人或许很幸运，遇到的同事都能让其卸下心防，那可太好了！但即便如此，职场中的交往还是要时刻惦记维护自己的信用，别人常常会根据我们自然状态下的表现（我在自然状态下就是一个奇葩）判定我们是怎样的人，这样的社交无疑会增加我们的风险意识和紧张情绪。

职场社交还有另外一个难处：要想成为同事眼中的好人，我们总得努力营造一种让每个人都感到轻松、包容的氛围。然而，这可不是什么容易的事：出于性别、性取向、种族和民族等原因，有些人就是会显得与众不同，我们很难做到八面玲珑。身处职场，要想过得快乐，需要打造一个能让每个人都感觉安全的空间，可这在许多工作场所根本无法实现。至于说具体如何才能实现，该话题已经超出了本书探讨的范围，关键是并没有什么快捷、简单的解决方案，至少在当下，任何努力行为都会给本已边缘化的员工带来更多不必要的压力。我太太就是一个非常典型的例子：她是太平洋岛国的后裔。2021年，呼吁停止仇视亚裔的集会在全国进行得如火如荼，她受到鼓舞，也在全公司的线上研讨会上分享了自己的观点。其实，推进公司的多样性、公平性和包容性本来也属于她分内的职责。她分享的个人经历引起了大家的认真讨论，她们单位并没有多少亚裔和太平洋裔（AAPI）员工，所以她非常支持公司帮助员工增进相互了解的做法。可是话说回来，分享自己种族的悲惨回忆让她感到十分痛苦，她说若不是别人鼓动，自己肯定不会提起这段经历。

我们说了这么多，大家是不是已经想好要尽量减少自己的职场社交了？对于有些人来说，这的确属于明智之举，但对另一些人却未必如此。总会有人渴望在上班时间——甚至下班后——与同事增强互动,对于这一群体,我也有些话想要叮嘱。

1. **被迫社交很难带来快乐或活力**:这一点很有用,请大家一定记住,尤其是单位的各位领导。有些职场社交,即使不属于被迫行为,也会给人造成巨大的压迫感。下班后的欢乐时光几乎成了所有公司的标配,但我们最近才真正意识到其中的弊端。公司的安排或许是出于好意,但给员工的感觉就是在加班。在这样的场合,如果不喝酒,很快就会被当成外人;但喝酒也很危险,一旦不慎过量,自身的信誉度和可靠性都可能陷入危机。归根结底一句话:如果一家公司的员工靠喝酒才能打成一片,这种职场快乐根本就名不副实。所以,大家如果不喜欢这样的活动,尽管开口拒绝,或是提出其他方案。当然,这么做最初可能会感到压力,但只要有人有同感,我们就会成为他们心目中的灯塔,成为他们心里的同道中人。

2. **打造适合自己的小圈子**:如果大家是在大公司任职,打造亲近的小团体绝对是实现职场社交的一个好办法,可以让少数个体拥有相互支持的安全空间,也可以让机构不同部门、不同级别的员工拉近彼此的关系。如果有人想在职场寻找朋友或盟友,也可以利用这一方法。不要因为自身职务或公司架构而束缚手脚,更不要将其作为结交人的标准。我们应该寻找那些让自己感到亲切或与我们有共同爱好的人,寻找那些可以一起参加活动的搭档。比方说,如果我们工作之余还愿意跟对方一起骑车锻炼,说明这个人是个不错的人选。大家如果不想让社交成为无谓的消耗,而是希望它能给予自己一种滋养,最好选择一些与我们没有过多工作往来的人,因为(只要不想借助什么裙带关系)这样做不太会给自己的工作造成太大风险。比方说,结识大堂接待,跟对方一起出去玩,一定会比和自己团队的人一起玩更有乐趣。

3. **邀请朋友来自己单位转转**：大家如果渴望拥有更高的职场关联度，却始终未能实现，不妨利用休息时间与工作之外的朋友增加互动。我们可以利用午休时间约一位老朋友共进午餐，或是走出办公大楼在阳光下给对方打个电话。不要把时间浪费在公司所谓的欢乐时光上，如果非去不可，也可以邀请一位好友当你的幕僚。

对于自由职业者、企业家以及任何可以自由安排工作时间、合作伙伴、工作地点的人来说，约朋友见面就更容易了。如果大家不太擅长与人深交，不妨多尝试一些主动沟通的方法，例如：

- 每星期主动联系一位至少六个月没有联系的人
- 每星期约一位自己喜欢或可能喜欢的人共进午餐
- 每个月邀请一位关系不错的同事一起健身或参观博物馆

大家如果是孤身一人居家办公，那跟快递员聊聊天也是个不错的选择。为什么不呢？！我们总是低估意外的互动和邂逅可能带给我们的快乐。尼古拉斯·埃普利（Nicholas Epley）和朱莉安娜·施罗德（Juliana Schroeder）曾对芝加哥乘坐巴士和火车通勤的上班族做过调查，发现大部分人都认为与陌生人聊天会严重影响通勤的心情。随后，研究人员随机找了一组人，让他们在通勤路上主动找陌生人聊天，没想到每个聊天的邀请都得到了回应，这与研究人员最初的设想截然相反。再后来，研究人员对这组人做了二次调查，结果发现，越是主动与陌生人聊天的人越容易拥有愉快的通勤体验。

至于说该与什么人互动，我希望大家能（在身心感到安全的情况下）放下偏见，多碰碰运气。这可是日常生活中创造惊喜的好机会，我们在第六章说过，循规蹈矩永远无法带给我们生命的活力。

学会体味工作的乐趣

我基于现有科学数据及自身经验跟大家分享了很多方法，希望大家工作起来能更有劲头。现在，就到了大家采取行动的时候了。我们已经说过，所谓快乐总是因人而异，要想获得最好的效果，就得自己多加尝试。大家可以试着回答以下问题：职场中，怎样做才能提升自己的主动性、真本事和关联度？怎样做才能从工作中获得更多快乐呢？还有，千万别忘了我们之前一直在讲的"体味人生"的系列操作。

故事编辑：我们对工作的解读是否对自己造成了伤害？想清楚自己更在乎什么，重视什么，分析一下自己的行为是否与想法一致。要知道，违背本心做事就是对自身最大的消耗。

故事编辑对我们来说是一种非常实际的做法。凯特琳·伍利曾经研究过愉悦与动机二者之间的关系，前面我们已经提到过。按照她的说法，我们如果能在工作中把注意力从不喜欢的任务转移到喜欢的任务上，心情就会大有不同。为了有效提升对工作任务的愉悦感，伍利建议我们问自己这样一个问题："工作中有没有某些方面可以让我发自真心地喜欢，让我愿意把更多精力投入其中？"

活动绑定：工作中的活动绑定既可能带来神奇效果，也可能让我们瞬间跑偏。比方说吧，一边看电视一边整理资料，这貌似是个不错的主意——但事后我们可能会发现，不仅材料整理得一塌糊涂，就连电视情节也没看明白。绑定在一起的两项活动应该属于相互帮衬的关系，如果相互消耗，这一办法就行不通了。我们可以尝试着将不太复杂的工作与令人愉快（如听音乐）的活动搭配在一起，也可以将绑定的活动作为送给自己的奖赏：如果花一小时做了一件非常困难的事，已经让人感到精神涣散，不妨就从快乐档案中找出一项能让自己可以放松开心的活动作为奖赏吧。

可变快乐： 重复单调的工作会让大家感到沮丧吗？不如利用可变快乐的原理给工作增加点刺激，最简单可行的办法就是改写自己的日程安排。我们可以调换完成任务的顺序，也可以投个硬币来决定下一项工作。在此，我想分享给大家一个更加疯狂的想法，即反其道行之。为了增加新鲜感，我们并不需要额外做很多事，相反，我们可以尝试各种方法完成同一任务。遇到枯燥乏味的任务时，我们还可以尝试扮演研究者的角色，深入挖掘、细心探索。如此一番操作下来，工作就会变得有趣起来。寻找新方法将成为一场与自己对抗的刺激游戏。如果我们能够变换角度，把重复工作升华为艺术追求，无疑就会增加工作的趣味性。我们可以向马丁·路德·金学习，他说过："我们如果注定只能成为一名马路清洁工，那也要像米开朗琪罗作画、贝多芬作曲……莎士比亚写诗那样满腹热忱地清扫街道。"这就是能让我们投入工作的秘诀，要想获得更多快乐，我们要把注意力放在活动本身，不要总惦记什么时候才能得到认可或表扬。

增加选择： 无论是替人打工还是创业者，每个人都希望获得清晰明确的职责划分。然而，所谓的划分只是我们想象出来的理想状态，现实工作中可能会出现很多我们未曾涉猎的内容，我们也可能被调去给同事的项目帮忙，抑或是我们自己想"赚点外快"。举个例子：过去三年，你参加过多少与自己所在行业或专业相关的活动？这些会议和活动都是上好的机会，可以让你从工作的心态、身体和社交困境中跳脱出来。我们不要等着别人发出邀请——自己做些功课，遇到能让人开眼界、长本事、找乐子的活动，我们要试着主动申请经费并安排时间前往。我永远不会忘记那位平日里无比害羞的同事布雷迪·图阿松（Brady Tuazon），他在洛杉矶电子娱乐博览会期间参加了喷火战机乐队的演唱会，成功地引起了戴夫·格罗尔（Dave Grohl）的注意。戴夫问现场观众想听什么歌，喝多了的布雷迪大声喊了一句"齐柏林飞艇"。布雷迪的请求虽未得到满足，但他本人却被邀请上了台。一通你来我往的玩笑过后，布雷迪突然反应过来，自己竟然有机会与喷火战机乐队同台，这是多么大的荣幸啊。为此，他付出了任何代价吗？没有，他只是大胆喊了一句，戴夫就做了回应。"这个家伙自己想演奏一段齐柏林！那好吧，布雷迪，让我们看看你有什么本事。"就这样，布雷迪登上了喷火战机乐队的舞台，拿起了戴夫·格罗尔的吉他，当众演奏了一首《全部的爱》。单人表演结束后，他又跟戴夫联袂献上了一首《皇冠与可乐》。接下来几个星期，那家伙的"尾巴"都快翘到天上去了，这成了他可以吹嘘一辈子的传奇故事。

我想通过这个故事告诉大家一个道理：(为了快乐)我们要找机会走出自己的角色定位、工作环境或舒适区。我们可以把工作环境想象成游乐场，想想哪些设施自己还没有尝试？哪些区域还没有探索？又有哪些朋友可以与我们为伍？总之，我们应该忘记所谓的工作职责，积极发挥创意，这样才会拥有更多选择！

追忆过往：说到在工作中回忆往事，我不禁想到了行为改变专家 B. J. 福格（B. J. Fogg）。作为一名社会学家，他一直希望我们能培养出任何时候都能让自己保持良好心情的"超能力"。福格一直强调为自己庆祝的重要性："研究中我发现，成年人总是会有很多方法提醒自己表现得不够好，如'我做得很差'，却不太知道如何夸奖自己，就连'我做得很好'这样简单的话都很少说出口。"请记住，我们并不需要经理或客户的认可，工作中有了任何实质性的成绩，无论大小，我们都可以邀请同事、朋友或爱人与我们一起庆祝。其实，具体跟谁一起庆祝并不重要，只要对方是出于真心，就能带给我们快乐。我最珍视的一件艺术品是我的作家朋友瑞恩·麦克法顿（Ryan McFadden）送给我的奖杯，我告诉他自己签了这本书的出版合同，他替我感到高兴，于是送了我一个大理石牛角形状的奖杯，上面刻着"巨牛"两个字。他的礼物听起来或许有点傻，但他是我非常敬佩的同行，收到他送的礼物让我切切实实感受到了"庆祝"的心情，可以说他用一件有形实物记录了我艰苦奋斗所取得的无形成绩。大家知道吗？出书签约要经历的流程真是太多了，好不容易走到最后，怎么可以不给自己一句赞美？"哇，我终于做到了。"我非常感谢瑞恩的体贴，竟然想到送给我一个奖杯，让我实实在在地为自己庆祝了一把。即使到了今天，每次看到那个奖杯，我都会想起当初的成功，都能再次体会到当时的感受。

究竟如何才能得到别人的祝贺呢？我们可以先从祝贺他人开始。我们很快就会发现，自己传递出去的积极能量最终会返回来滋养我们自己。

三条捷径帮我们快速提升工作状态

如果大家还在想"快乐职场或许对有些人或有些工作可行，但对我来说却万万不可能"，那我建议各位了解一下朱迪·科内里森（Judy Cornelison）。按照惯常的想法，朱迪的工作与快乐真的是完全不沾边，她的工作单位是牙医诊所，工作职责是帮人清洁牙齿，我就曾接受过她的洗牙服务。我相信不会有人把洗牙作为儿时梦想的工作，朱迪当然也是如此。她干这一行完全是迫于现实的无奈选择：婚姻不幸，又有小孩要抚养，不找份工作如何生存？后来，职业顾问给她推荐了这份工作，一周只需要工作四天，收入也还不错，自己治疗牙齿还可以免费，对于没什么工作经验、必要时还得去孩子学校帮忙的朱迪来说，这当然是个不错的选择。再说了，她本人去看牙时并未经历过任何不快。于是，她鼓足勇气，接受了必要的培训，开始了新的职业生涯。可是，她很快就发现了这份工作的问题：大部分人都对看牙深恶痛绝，每个人坐到诊疗椅上时都是一副心不甘情不愿的架势。她从未想过自己的工作会严重影响到对方的心情。朱迪性格外向，喜欢跟人交流，任何不开心的互动都会郁结在她心里。总而言之，这份工作并不是不好，但着实一点也不快乐。

谁能想到，朱迪竟然机缘巧合地找到了解决办法。一次，一位患者来看牙，临近年末，对方就送了她一副新年快乐的搞笑眼镜。顾客走后，朱迪一时兴起戴上了眼镜，心想戴着玩呗。这时，下一位顾客走了进来，朱迪抬起头，内心已经准备好看到对方脸上"唉，我来看牙"的痛苦表情了，没想到对方看到朱迪的眼镜，先是一脸困惑，然后便咧嘴笑开了。眼镜帮二人打破了尴尬，于是，接下来一整天——除了洗牙操作时——朱迪一直都戴着眼镜，着实让气氛缓解了不少。

当天晚上，朱迪决定之后每天都要穿些特别的衣服，有时是增加些配饰，有时是全套装备。她戴过火烈鸟设计的帽子和眼镜，尝试过鲨鱼帽，披挂过圣诞彩灯，还穿过一套独眼、独角食人怪兽的紫色连体衣。可以这么说，只有我们想不到的，没有朱迪没穿过的。整整二十八年，她换了数千套衣服——一天也不例外。这一决定不仅改变了她自己的工作状态，也改变了每位患者的治疗感受。正是因为朱迪，看牙成了我当天甚至整个星期最快乐的事。很多人听到这儿或许觉得朱迪的做法并不新鲜，但真正让人开心的不是她的装束，而是她的积极态度：为了在狭小逼仄的诊室帮助顾客放松心情，她竟然想到了如此独特的招数。

朱迪的行为艺术带来了明显的效果。她说在自己乔装打扮以前，经常有患者要求洗牙前吸入笑气，以缓解紧张的情绪，但自从她改变装束以后，再没有人提出过类似要求。"我的打扮可以让他们放松下来。"当然，她的顾客也功不可没，逛街或旅行时如果看到好玩的东西，他们就会买来送给她，大大增加了她的储备。她的小孩有时会因为她的扮丑装扮而感到尴尬，尤其是有些顾客还会把朱迪的照片发上社交媒体，但朱迪从未有过一丝一毫的窘迫，"这对我完全不构成困扰，我甚至乐在其中，奇装异服已经成了我的个人标志。"

大家之前肯定想不到帮人洗牙这件事也值得"热情投入"，但朱迪却做到了。她坚持了这么久，给太多人带去了快乐。如果没有热情，根本做不到。我们从中也可以得到一个重要启发，如果大家还认为工作中不可能有乐趣可言，不妨仔细听听：我们千万不要狭隘地将工作中有没有热情态度归结于工作的内容，事实上，真正的热情只取决于我们的工作态度和方法。我们今天就可以把热情带入工作，有了它，再苦的差事也能带给我们快乐。

迈克尔·格维斯（Michael Gervais）博士的研究方向是高效心理学，他的研究工作对我产生了深远影响，让我充分认识到了"爱好陷阱"的巨大危险。所谓"爱好陷阱"，就是一种认为人生要想幸福必须找到并忠于某种特定爱好的错误认识。这其实是"幸福陷阱"

的一种变体，不亚于我们前面提到的"快乐跑步机"，相当于把自己的快乐寄托在了未来的某种状态上。难道此时此刻就不重要吗？难道未来一定就能遂人心愿吗？如果人生就是当下的状态，那可不就惨了！——然而，这一切正是我们一手造成的结果。

我们应该把更多的注意力放在当下的体验上，这样才能得到更好的结果。大家是不是觉得这话听起来很耳熟？没错，我们一直都在强调：为了培养快乐习惯，应该学会专注于当下，换作职场也是如此。大家千万不要以为，只要经历了怎样的职业晋升、取得了怎样的职业成就，就迟早都能获得职业上的满足。如果有其他人愿意这么想，就随他们去吧。我希望大家能问自己一个直接的问题：我该如何在手头的工作中找寻到更多快乐呢？

简而言之，我希望大家能暂时停下奋进的脚步。这很容易吗？非也！身处崇尚忙碌的文化加之我们自身认知的偏见，我们一直被鼓动着要着眼未来——更有甚者会把个别成功案例推给我们。要知道，他们的成就我们或许一辈子都难以望其项背。恕我在此要戳破大家的幻想了：不管耐克的广告怎么说，我们都不可能成为老虎伍兹（Tiger Woods）、埃隆·马斯克（Elon Musk），或任何一位跻身职场阶梯顶端的人。就算我们再努力、再忙碌，也不可能取得他们那样的成就。可惜啊，偏狭的认识蒙蔽了我们的双眼，我们满脑子想的都是那些个例，对普遍情况却视而不见，严重低估了从起点到终点所要付出的巨大努力（相关内容可以参考：https://share.michaelrucker.com/planning-fallacy）。有些人恨不得把全部时间和精力都投入工作，这很像把所有薪水都砸在超级百万乐透的彩票上，当然属于愚蠢行为，我们就算赌上全部薪水，基本上也不会提高中奖的概率。当然，大多数人还不至于这么傻，不会为了渺茫的机会赌上全部薪水,但为了工作牺牲大量宝贵时间的人却大有人在。

我并不是说这世上不存在值得用短期快乐换取长期成就的工作,也不是说追求职业爱好毫无意义可言。如果有人梦想成为一名医生,那当然需要努力奋斗啊,毕竟世界需要更多优秀的医生。至少目前来看,除非医学培训进行彻底的改革,否则除了努力付出,真的没有成为医生的更好办法。我想提醒大家,这世上很多人都在忘我地工作,却从未仔细思考自己的人生需求;很多人都在努力演绎别人撰写的剧本,等到意识到问题所在时已经为时已晚,再想改写剧本,打造一条更精彩的故事线已经不可能了。

我也不想宣扬"工作不需要取得成绩"的观点,大家当然可以追求专业上的卓越,但绝不该让工作成为生活的全部。还记得马尔科姆·格拉德威尔吗?他针对优秀小提琴家做过一项研究。在他看来,成功就是个时间函数,只要花费的时间足够多,就一定能够功成名就——大家或许还听过"累积一万小时"这一具体数字。可我们要清楚,格拉德威尔研究的不是如何成为优秀的小提琴家,而是如何成为全世界最好的小提琴家。我们中有多少人真的需要或真的想要在职业生涯中取得那么高的地位吗?另外,上述研究还存在一个问题:大家关注的只是工作时间的长短,却忽略了更为重要的一点,即时间的使用效率,这才是关键所在。优秀的演员都非常自律,能做到持之以恒、全情投入;不练习时,他们也能做到彻底放下,好好放松。他们的成功来自长期且专注的努力——需要经过刻意的训练——不是抓紧每分钟醒着的时间刻苦练习就能达到的效果。

每个人都会有过分关注未来而忽略当下的时候,如果发现自己深陷其中,不妨用以下三种方法唤醒快乐习惯:

1. 经常问问自己:我今天怎样做才能在工作中获得更多快乐?

不要把这个问题当成一个摆设,请准备好一张纸,列出三种能让自己在第二天甚至接下来一周的工作中注入热情、增加乐趣的办法。如果大家觉得很难,可以效仿我们第二章中提到的个体改造(清点)方法,仔细评估工作日历上的每项工作,比方跟几位有趣的同事一起开个会?索性走出会议室吧。把会议与更有趣的活动绑定在一起,这样不就能获得更多的快乐了吗?

2. 下班后就要把工作放下,好好投入生活。这一点听起来容易,但实际操作起来非常难,原因之前我们已经讲过很多次。但即便如此,认真考虑一下这个问题总没有什么坏处:研究表明,那些晚上能从工作中彻底抽离出来去放松消遣(从事开心和积极活动)的人,第二天上班时更容易拿出精神百倍的状态。

3. 必要时请大家跟我重复下面这句话:压抑热情(和快乐!)的并不是工作本身,而是我们做事的态度和方法。

第 10 章
苦中作乐,成就自我

> 夏日减肥的三十种方法：
> 一是管住嘴，二是迈开腿，三是……
> 我要说什么来着？抱歉，我忘了，因为我实在太饿了。
> ——玛利亚·本福德（Maria Bamford）

我们在上一章讨论了疲于工作的隐患，还学习了拥有职场快乐的创意方法。之所以要讨论这些是因为过于沉重的职场压力不仅不利于快乐，甚至会对我们的身心造成伤害。要知道，给我造成压力的往往都是些外在因素——包括公司老板、企业文化以及同事之间的攀比。

话虽如此，并非所有忙碌都会对我们造成伤害，发自内心的主动忙碌就是好的忙碌，这也就是我们所说的苦中作乐。苦中作乐的动力来源于人类渴望自我提升、学习新事物的基本欲望，如果能平衡好工作和生活，基于主观意图的奋斗绝对是一种健康行为。努力把事情做好或掌握一项新的技能，这些行为都会让我们感受到生命的活力。

我们如果只是一味追求简单、轻松的快乐，很可能出现以下两种情况。第一，我们可能会感觉非常无聊。想象一下，如果我们有幸被困在封闭的海滨度假胜地，每天能做的就是在沙滩垫子上躺着，一躺就是一个星期。最初的感觉一定棒极了，但过不了几天

（唤醒水平较低的人或许还能坚持几个星期），我们就会感觉心痒难耐。我们会渴望去火山口看看，或是潜到海底洞穴玩玩。终于，我们按捺不住，报名参加了一个徒步活动，开心地从海滩走了出去。我们在第二章提到过游戏设计师亚历山大·曼德里卡，针对这种现象，他也给出了自己的解释："如果我们感到无聊，DNA 就会提醒我们，'动起来，这样可不行，你会失去自身的优势'。"

第二，我们可能会感觉蠢蠢欲动，而大脑却想哄骗我们，希望我们通过增加快感缓解内心的不安。于是，我们继续躺在海边，没完没了地吃吃喝喝。这时候的我们仿佛成了一项著名研究里的老鼠，科学家将电线连接到老鼠的快感中枢，又给了它们一个按钮，老鼠只要按一下按钮，就能体验到强烈的快感。老鼠很快开始沉迷于按按钮的行为，最后甚至忘记了进食。这也就是说，为了获得快感，它们宁愿挨饿。这种轻易得来的快感——虽然让人感觉良好——却往往无以为继，而且具有很大的伤害性。

大多数人喜欢的是那种可以在轻松与艰难之间保持平衡的生活。如果太过"轻松"，我们就会主动寻求挑战，通过成长和学习提升自我。制定目标、为之奋斗，这样的努力总能给生活增添快乐。

这就是我们所说的苦中作乐——之所以说它苦，是因为这种快乐的获得充满了艰辛、不安和恐惧，有时甚至会让人感到无力和尴尬，这也是很多人原本希望提升自我到最后却以失败告终的原因。前方的路越走越艰难，希望却越来越渺茫，于是很多人干脆选择了放弃。

这时候，快乐就成了我们的救星！我们将在本章讨论如何在追求最宏伟、最复杂、最艰难的目标时施展自己的快乐习惯，只有这样，我们才能坚持下来，最终实现目标。大家最终一定会明白，因为有了快乐加持,即让开心成为我们的驱动力,追求目标不再只是为了捍卫自尊、满足需求,它还能让我们活得更加幸福。

大家都听说过铁人三项赛吧?那是一项著名的耐力三项全能比赛,要求参赛者在17个小时内完成3.9千米的游泳、180千米的骑行和42千米的赛跑。所以,参赛者都会极尽所能地提高自己的速度,平时会刻苦训练,参赛时会全力以赴。时间宝贵,为了节省时间,他们还会优化自己的设备和装束,有些人甚至连小便都不会停下来,会在比赛行进中解决。比赛真的太难了,就连一些优秀的运动员最终也只能是爬过终点,有人甚至在比赛过程中不幸离世。

我的状况如何呢? 31岁那年,我穿着冲浪短裤、戴着夏威夷花环完成了新西兰第二十届铁人三项赛。比赛之前,我在自行车上安装了一个扬声器,听从朋友建议,精心挑选并下载了很多提气的歌曲。我并没做什么额外的赛前准备,只是(效仿吹牛老爹——P. Diddy参加2003年纽约马拉松的造型)给自己剃了一个莫西干头。

我是那个以倒数第十二名的成绩冲过终点的参赛者吗?没错,是我。那是不是我个人的最好纪录?当然了,余生我都可以自豪地说自己是个铁人了!我的收获还不只这些:我提前十七个星期做了减重训练,参赛时,体重比之前减少了足足18公斤。我还发起了一项众筹(那时候还没什么众筹网站),其实就是跟一众好友打了个赌,说自己一定能完成比赛,而他们都认为我这个喜欢喝啤酒的胖子根本做不到。赛后,他们愿赌服输,我也大大方方地收了钱,开了一家梦寐以求的玉米煎饼摊儿。[只可惜,我的炫酷煎饼摊儿开了只有一个晚上。当晚,朋友帕特里克·费洛斯(Patrick Fellows)一直在帮我忙活,当天我们要办一场慈善活动——唉,说来话长,这事咱们以后有机会再聊。] 所有这些经历都成了我的美好回忆,我奔跑在美丽的陶波湖边,父母、兄弟、女朋友(现在的太太)站在终点为我呐喊欢呼,那个场景我一辈子都不会忘记。

我之所以能完成如此艰难的比赛,主要得益于我在制定目标和设计步骤时一直想着怎样能让自己开心,这是我的终极欲望、动力和规则。这也是我们本章讨论的重点,我会给大家提供很多建议,希望能帮助大家更好地将快乐融入宏大、复杂、大胆的目标:我们要想好恰当的理由,找到正确的方式。我们之所以喜欢自我提升,部分原因在于自我提升可以让我们发挥主动性,可以让我们自己掌握命运。即使挥汗如雨、肌肉痉挛、视力模糊、恶心想吐,我们也不会停下追求突破的脚步,这世上绝对没有比掌控自己的命运更让人开心的事了。

设定目标,让其为我所用

大家但凡给自己设定过目标,应该都听说过以下几个标准:目的明确、意义相关、期限清楚、能够衡量、可以实现。为什么一定要满足这些标准呢?因为只有满足了这些标准,我们才能从中获得最大的快乐。

我之所以会有此觉悟,完全要归功于亚历山大·曼德里卡。我曾经跟他讨论过电子游戏的设计,在他看来,人类对学习和挑战有着难以抑制的渴望,而电子游戏刚好为我们提供了这样一个机会。人这一辈子,有太多时候需要努力学习、应对挑战了,但电子游戏为我们提供的机会有其独到之处,它不同于真实的生活,可以满足我们的迫切需求——为我们提供一个明确且具体的反馈回路。游戏中,我们可能所向披靡,一级又一级地通关,也可能……不幸身亡（大家是不是感觉听到了游戏吃豆人不幸遇难的音效？），无论结果如何，这些都是游戏提供给我们的反馈。

接下来我们再来看看成年人的生活？时下网络上流行着一句话，"真实人生是最烂的游戏"。我们在真实人生中很难得到有用的反馈，因此也就很难判断自己前进的方向是否正确。比方说，我们在两份工作中选择了一份，可是选得对不对呢？没人知道，最糟糕的是我们永远都无从判断，就算二十年后再回头看，依旧没办法知道答案。话虽如此，真实人生也不是完全不给我们反馈——尤其会提供很多负面反馈，如被老板开除了，被爱人甩了。说到为数不多的正面反馈，最具代表性的要数职场晋升了，很像是告诉我们完成了通关，顺利进入了下一级。不过，现实生活中的确有太多无法把控的因素，如果单纯依靠某种反馈就草率做出决定，最终的结果很可能令人失望。

现在，就让我们按照前面提到的标准一起来制定人生目标吧！我们的人生也可以像电子游戏一样，充满各种惊险和刺激。我们一旦设定了明确具体、能够衡量的目标，就相当于为自己创造了一个通关的机会，成功也罢、失败也罢，总是能够获得某种有效反馈。

我们前面说过，好的目标除了明确具体、能够衡量，还要做到意义相关、可以实现，这就又把我们带回到之前一直强调的主动性。目标是否在我们的掌控之中？目标成果对我们来说是否真的重要？我们究竟是在考虑他人的想法，还是在忠于自己的内心？（稍后我们还会对主动权进行深入探讨。）当然了，好的目标还有最后一个标准，即时间明确。前面我们在介绍玩要时说过，明确时间会有很多好处，制定目标时也是如此。我们要给自己规定一个时间界限，如此一来，全力的付出似乎就变成了一个好玩的实验，而不再是一件没完没了的苦差事。

在我们详细讨论目标的制定与衡量之前，请允许我先给大家两点忠告。第一，亚历山大曾经说过："快乐是推动机器运转的高效燃料。"没错，适当的目标的确可以让人生变得像游戏一般有趣，但千万不要忘记一点，没有快乐的游戏绝对不是真正的游戏。我们制定的目标或许能够满足前面提到的所有标准，但实践过程中务必找到让自己开心的方法。如果我们把所有满足都推迟到未来——实现目标之后——很可能会让自己陷入危险境地。人生苦短，何必为难自己呢？再说了，我们完全可能因为丧失动力而中途放弃。第二，大家通过寻找快乐提升自身幸福感时——遵循第五章讲过的逃避逻辑——一定要确保自己的目标是把自己带去更好的地方，而不是逃避困难或是维护面子。牛津布鲁克斯大学的克里斯蒂安·埃利希（Christian Ehrlich）博士曾经针对人类努力的原因以及努力的方式做过深入研究。过去十年，埃利希博士重新构建了人类努力的种种原因，最终发现人类在三种情况下更容易获得幸福：(1) 目标令人心情愉悦；(2) 目标可以帮助他人（并非为了一己之私或出于别有用心）；(3) 二者兼而有之（我们下一章将重点探讨这种情况）。

我本人用了很长时间才领略到其中的奥义。大家都知道，运动和训练是我这辈子最爱的苦中作乐的方式。尽管最初我参加铁人三项赛的训练方法有点儿异想天开，但那之后的许多年我一直都秉持着"没有付出就没有回报"的心态认真坚持训练。考虑到健康体魄可以满足我的自尊，我还特意请了一些严厉的私教，希望他们能够帮我实现当时的想法。的确，他们不仅一直敦促我遵守训练计划，还用尽方法帮我提高成绩。我不能说那段训练没有带给我一丁点的快乐，但我确实不会天天盼着训练时间的到来。大家或许已经意识到我陷入了误区：连续几个星期甚至几个月高强度的训练只会让我心力交瘁，等到我调整好状态，一切又得重新来过，吃过的苦还得再吃一遍。

我在读博士期间曾对自然混合健身（CrossFit）的狂热爱好者们进行过一次研究，在他们身上发现了与我相同的现象。自然混合健身是一种高强度间歇性训练，一直以其严格苛刻而闻名，目前已经有了很多追随者。那些"自然混合健身迷"经常用一些夸张的表述（如轮次越多越好、屁股越低越好）告诫那些跃跃欲试的新人：混合健身可不是闹着玩的运动。最初，我调查的几乎所有混合健身迷都明确表示：尽管锻炼本身很令人疲惫，但它提供的社交功能和竞争氛围都非常难得。但是，到了最后，（我为数不多的）大多数受访者却都表示这种训练方式不具备可持续性，有些人甚至因为伤痛断送了自己的运动生涯。不仅如此，还有报道称自然混合运动会引发横纹肌溶解症，运动过量导致的肌肉受损永远都无法修复。话虽如此，很多粉丝依然表示自己非常喜欢自然混合健身运动——只是坚持起来存在一定困难。

等我到了四十多岁的年纪，我终于不再纠结自己的外表，不再需要靠外表满足所谓的自尊。此外，我当时对运动生理学及运动过量的后果也有了更加深入的了解，于是便选择另辟蹊径，改变了自己的健身方式。我摒弃了过去唯数据论的运动思路，花钱请来捷西（Jessie）做我的教练。我之所以雇她，并不是因为她承诺会帮我练就一身像"沙滩男孩"一样的健硕身材，而是因为她好动的性格让我相信跟她一起训练一定非常快乐。果不其然，我们的训练过程充满了各种乐趣,让我破天荒地坚持了整整一年。经过一年的训练,我终于又变回了一个健康的人。不经意间,我超额完成了当初制定的目标。那段时间,我一直觉得自己降低了健身目标——可结果呢?我竟然超额完成了任务。我这才意识到,自己之前的健身计划之所以失败,主要是因为我没做到持之以恒,但怎样才能持之以恒呢?只有快乐能帮我们坚持到最后。

大家永远不要忘记:无论目标如何,若是无法加入快乐成分,实现起来就会困难重重。我们接下来再来聊聊目标的衡量。要想升级通关,我们需要将目标量化——但是千万不要以遏制快乐为代价。

设定目标,让其为我所用

探讨后续内容以前,我想请大家想一个自己有信心完成的目标:可以是惦记许久的某件事,也可以是快乐档案给我们的全新灵感;可以关乎学习,也可以关乎个人表现,甚至可以关乎工作。大家千万不要有压力,不要觉得想出了目标就一定得完成,我此刻让大家想目标,是为了方便与各位一起探讨后面的内容。最后,别忘了,我们想好的目标必须有快乐为其加持。

如何理性看待数据

我虽然是加里·沃尔夫(Gary Wolf)和"自我量化"运动的忠实

粉丝，但有时也会对提升自我的量化方法提出疑问。所谓量化，在我看来就是通过数据认识自我，理论上讲，平日里我们监测的运动步数、冥想时长、消耗热量——凡此种种——都可以督促我们做出改变。市场也已通过电子产品的热销对所谓的自我量化运动做出了回应，日益普遍的跑步追踪器和苹果手表就是最好的例子，人们购买这类产品就是为了得到各种生物信息的反馈。

我还是先把话讲清楚，我个人并不反对量化操作，如果处理得当，数据非常能够说明问题，对我们也的确有用。但我也看到了量化生活的一个重大问题，所以希望大家能够给予重视。我在第一章谈到了冥想 App 影响了我冥想体验的事，但真正让我认识到量化的问题所在且让我时至今日还感到后怕的其实另有原因——稍后我再与大家详谈。那之后的几年，我发现不止我一个人会质疑量化人生的操作，也不只我一个人遭受过量化的负面影响。

乔丹·埃特肯博士（第四章讨论追踪幸福的问题时，我们曾经提到过此人）也研究过量化的害处，她在论文"个人量化的隐性成本"中与读者分享了六项实验的结果，非常深入地挖掘出了量化的负面影响。在一项实验中，埃特肯把大学生分成两组，一组戴着计步器散步，另一组不戴任何计步设备。研究结果完全符合我们的设想，计量统计的确会导致参与者的行为发生短期的改变。带着计步器的学生哪怕没人催促也会加快走路的速度，这其实也没什么不好。但埃特肯发现了一个非常严重的问题：佩戴计步器的人散步时远不如另一组学生开心。散步本来是件挺高兴的事，可戴上计步器后却成了完成任务。不仅如此，从长远角度看，量化统计还会严重影响我们的内在动力。大家还记得我当初接受体能训练的经历吗？我之所以无法坚持，就是因为内在驱动遭到了破坏，好在后来我找到了捷西，是她让我重新找回了训练的快乐。瑞秋·肯特（Rachael Kent）也针对那些用照片墙记录健身成果的健身达人做过研究，结果同样证明了量化存在的问题。

我之所以说量化的问题很严重，是因为大多数人对它还秉持着非常乐观的态度。埃特肯说："大部分人都看不到量化的问题，普遍认为量化有利于提升自身的体验。"她又补充道，"然而，日渐普及的量化反馈工具只会带给我们更多不开心的体验。"埃特肯博士的研究借助了一些社会心理学的基本观点，在她看来，人类一旦开始利用人为方式创造外来动力（将外在的奖赏、刺激、压力而非内在的对开心的渴望、对痛苦的规避或对自我身份的认同作为行为的驱动力），内在动力就会被逐渐消磨殆尽。我们要知道，内在动力比外在动力要强大且持久得多。曾经有人做过一项研究（研究结果被其他学者引用过至少四千多次），研究对象是两组学龄儿童，第一组孩子做完颜色填充游戏后会得到奖赏，第二组小朋友则没有，他们之所以玩颜色填充游戏完全是出于个人的兴趣。之后，研究人员取消了对第一组小孩的奖励——结果导致第一组孩子对游戏的兴趣骤减，而第二组孩子本来靠的就是内在动力，所以有无奖励对他们都不会有任何影响。我之前在健身俱乐部工作过，经常看到有会员因为忘记带运动监测设备——通过人为的激励设计（如用心率、步数累计分数）奖励运动行为的工具——而放弃锻炼计划。是呀，既然都没办法统计，那运动还有什么意义？

话说回来，就连埃特肯都承认：量化操作如果应用在"我们一心想要推动的事情上"——如设定一个合理目标——也能给予我们一定的帮助。比方说，"大家如果想提高跑步技能——哪怕不是为了跑得更快，而只是想了解可能影响到跑步状态的因素——量化追踪的确可以提供一些有用的信息，帮助我们学会新的技能或纠正错误操作"。

说到底，量化操作确实具备自己特有的优势，完全可以成为我们得力的工具。无论我们想衡量什么，量化都可以精准监测——只要我们衡量的事情本身有意义，且对实现我们的目标有帮助，量化就会成为一种积极的操作。相反，如果我们衡量的并非什么有意义的活动，那无休止的量化只会对我们的健康和幸福造成巨大伤害。我当初用各种健康追踪器做过实验，亲眼见证了量化的诸多坏处。我和同事把各种追踪设备随机发给了每位研究对象，其中包括活动追踪器、无线体重秤、手腕血压计等，然后告诉大家用所得到的设备记录相关的数据。我们原本以为有了追踪器，大家会选择更加健康的生活方式，没想到数据竟然引发了更多不健康的行为，且都有事实为证。其中一位研究对象原本是个了不起的自行车骑手——非常喜欢运动，没事就会骑上自行车到处转悠，整个人身体健康，心情愉快，丝毫没有感受到减肥的困扰。然而，很不幸，她被随机发放了体重秤。中期回访时，我们发现她竟然一口咬定自己需要减肥。作为研究人员，我的内心非常难过，甚至想过中断研究，以免她越陷越深。从那次研究之后，我越来越担心会有更多人为了改变自我而过度依赖量化的操作。

总而言之，如果大家打算使用量化的方法，操作起来一定要非常小心，要选择正确的绩效指标（以下简称 KPI）。KPI 是商界常用的指标，主要用来评判、衡量、追踪某个项目、倡议或活动，可以帮助我们了解事情的进展。既然如此，我们该如何正确选择 KPI 呢？

灵活操纵游戏，正确选择 KPI

我先跟大家分享一个关于铁人三项赛的小常识：在这项比赛问世初期，参赛者并不在乎完成比赛的时长，根本没有 17 个小时内完赛的时间限制，有些参赛者常常会花上整个周末完成比赛，每两项比赛中间甚至会找人聊聊天。史上第一届铁人三项赛举办于 1979 年，举办地为夏威夷的瓦胡岛。当时一位一直领跑的选手最后被人反超，只取得了第二名的成绩，原因是他的补给团队发现水没了，便给了他一瓶啤酒，导致他一路跟跟跄跄，差点撞上汽车。那次比赛第一名的成绩是 11 小时 46 分 58 秒。(到了 20 世纪 80 年代，铁人三项赛才有了 17 个小时完赛的规定，继而引发了后续一系列变化——至于说为什么要增加时间限制，没有人说得明白，会不会就是因为人类对量化的执着呢？)

我参赛时，铁人三项赛的气氛已经发生了巨大改变，大多数参赛者都野心勃勃，要么是想创造个人纪录，要么是想赢得比赛。我当时作为一个体重 115 公斤的胖子，参赛思路与别人都不一样，我只关注两件事：一是玩得开心，二是完成比赛。我彻底放下了所谓的自我，开心完成比赛才是我真正在乎且能够实现的目标。我如果在训练中一味地追求时间上的突破，恐怕早已说服自己退赛了。

后来我才意识到，当时的我，正是因为能够正视自己，而且选择了正确的 KPI，所以才在无形之中操纵了游戏，让自己成了最终的受益者。所以，找到适合自己的 KPI 非常重要：只有选对了 KPI，我们才能获得最后的胜出。我们再来回想一下"体味人生"的系列操作，这种选择 KPI 的做法就相当于是故事编辑，我们要根据自身特点设定目标方向及实施策略。

在此，我想给大家推荐一个选择 KPI 时的惯用套路。发明这一方法的既不是运动员也不是教练员，而是研究如何改变积习——如戒酒、戒毒——的临床心理学家。我第一次听说这个方法是在 2011 年，当时我还在读博士，结交了几位凯萨医疗机构研究成瘾的心理治疗师。当时，他们正在使用动机性访谈的方法帮患者做治疗，效果可谓卓有成效。动机性访谈的重点是让患者主导心理治疗过程，患者的主动权越大，他们发自内心做出改变的动机就越强烈，内在动力的效果自然要好于家人、健康人士或社会外界给其造成的压力。不仅如此，越是那种来自内在的动机，其影响效果也会越持久。

这种方法不仅适用于瘾君子，同样适用于我们普通人。也就是说，设定目标时，我们必须充分考虑自身需求，否则就很难从中感受到快乐，而一旦失去快乐，就算初衷再好，大多数人最终也会选择放弃。动机性访谈虽然是在临床医生主导下有患者参与的一个合作过程，但其中有些道理我们在单方面做决定时也很适用。

首先，了解个人动机：正视自己的真实欲望，摒弃那些貌似可以激励我们做出改变的善行推断。大家如果对自己太过苛责，自然就会压抑、无视甚至是曲解自己的真实感受，继而导致无法找到激励自己的动机。举个简单的例子，我们可以想想那些渴望减肥的人，他们真的在乎体重指数（BMI）吗？以我个人的健身经验判断，大多数人根本不在乎。真正激励他们运动的是即将到来的高中同学聚会，他们不想以臃肿的中年人的形象示人。大家会觉得他们这么想太过虚荣吗？或许吧。但大家觉得这种动力是不是比一些机械的数据更有效呢？如果答案是肯定的，那我们不妨也借助类似的动机来设定目标。对于减肥的人来说，医生或许会给我们一个目标体重或目标体重指数作为我们应该完成的KPI，但是，如果我们能用可否穿进某条裤子、裙子或之前穿不上的紧身衣作为参考指标，效果可能会更好。此外还有一个更有效的方法：我们可以按照个人想法制定一个从1到10的标尺，标记出以不同体重出席聚会自己的开心程度。当然了，每个人都有自己的小怪癖，我们不妨把它们也利用起来，越是独特，效果可能就越好。我们甚至不必与他人分享，就让它成为自己独一无二的超能力吧！

努力给老同学留下好印象，这一动机并不完美，有自尊心或虚荣心作祟，所有这类目标都有自身的弱点，但我们不可以因为它的缺点就无视它强大的驱动力。不过，我们再深入想想，一个人想减肥，究竟有没有什么利他的理由呢？——比方说，可以开心地跟自己的小孩在操场上赛跑。我们如果能够从多个角度了解自己的动机，便可以建立一套真正健康的KPI，继而支撑自己走得更远。

我们不仅要把能够激励自己的动力想清楚，还应该白纸黑字地写下来，时不时拿出来看看。如果发现自己已经不再认同上面的内容，就要重新思考，找到新的动力。

其次，掌控"操作方法"：如果大家已经想好了自己的动机，接下来就可以考虑如何实施了——包括应该采取的步骤以及衡量进展的节点。讲到操作方法，大家一定要遵从自己的内心，找到适合自己的方式。不管是什么目标，总会有所谓的专业或相关人士向我们推销他们心目中的最佳方法。一方面，大家不要抗拒他们的提议，但另一方面，我们也要认真考虑自己的喜好，正视自己的习惯和生活方式，这就是我们常说的"取其精华、去其糟粕"。走到这一阶段，我们一直探讨的快乐习惯又有了发挥空间，千万别忘了自己的欲望和快乐！有人喜欢写作，却又不愿早起？那就不要把写作任务安排在早上——不管别的大师怎么说，只要不适合我们，我们就可以选择无视。不喜欢在跑步机上运动？那就走出家门，去外面奔跑或徒步。不喜欢在野外骑车？那就买一辆动感单车在家里锻炼，尝试一下公路赛的虚拟赛道。

总而言之，大家只有提高了自身的快乐水平，才可能实现设定的目标。至于说衡量方法，我们也不要忘记那些对自己真正有用的动机。有个朋友告诉我她想塑形，所以买了体重秤。我问她为什么想塑形，她说希望自己的精力能更充沛，在身体和心理上都能变得更强大。在她看来，塑形就等于减肥，而每天称出来的数据则可以提供有效的信息反馈。我和她仔细分析了她的真实动机，她也认识到实现目标的有效方法是锻炼而不是节食。她之所以想要塑形，并不是不满意自己的外貌，而是不满意自己颓丧的状态，根据她以往的经验，锻炼可以帮助她改变情绪。于是，她决定不去关注体重的增减，而是设定了一个参加万米长跑的目标，还制订了如下计划：

合理目标：三个月内完成一次万米长跑

内在动机：改善自己的精神状态

考核指标：完成训练计划、跑完比赛、监测自己锻炼前、中、后期的能量水平和开心程度

关于 KPI 的一些思考

我们在制定具体目标或挥洒宏图大志时，请务必纳入至少一个让自己快乐的考核指标。

- 确保所有指标都在可控范围。我们再用减肥这件事做个反面教材：减重能否成功会受到很多因素的影响，包括个人体质、年龄阶段、激素水平等。很有可能该做的我们都做了，

但结果却依旧不尽如人意。

- **不要过分关注 KPI**。埃特肯曾经说过，不要过于频繁地接收反馈信息，要有合理的时间间隔。考核指标的目的是帮我们把握方向，确保我们持续前进，只要能做到这些，其目的就达到了。有些健身产品已经想到了这一层，就拿 Shapa 体重秤来说吧，我们站上去后，它显示的不是体重数据，而是体重变化趋势。山姆·哈里斯（Sam Harris）发明的起床冥想 App 原本包含了一个计数器，但后来研发团队决定删去这一功能，目的就是削弱人们为了获得人工虚拟货币而去完成冥想的动机，哈里斯将此类动机称为"精神物质主义"。

遭遇困难，耐心解决

我们需要面对现实：追求目标的旅途并不会像玩电子游戏一样让人欲罢不能，人生总会有低落痛苦、躺平摆烂的时候，这时候能拯救我们的只有快乐。我基于自身首次参加铁人三项赛的经验——外加参考了时下行为科学的研究——为大家总结了以下几点建议，希望大家在遭遇困难时依然可以保持乐在其中。

利用活动绑定，增加快乐诱惑：2008 年，理查德·塞勒（Richard Thaler）和卡斯·桑斯坦（Cass Sunstein）出版了《微动力：助力我们的健康、财富和幸福》一书，首次提出了"微动力"这一概念，我了解后便成了其忠实拥趸。所谓微动力，指的就是那些能够指引个体做出更好选择的微小改变。2009 年，德国大众集团制作宣传片时就采纳了这一理念，增加了快乐这一关键成分！大家或许都看过网络热传的宣传片《快乐真理》，其中最经典的一幕是他们问观众:"如果我们把爬楼梯变成一件好玩的事,会不会有更多人放弃扶梯选择爬楼梯呢?"随后,他们在斯德哥尔摩做了尝试,地铁站的台阶被他们改造成了钢琴琴键的样子,果然,很多行人为了"玩"而选择了爬楼梯,视频中爬楼梯的人数远远超过了坐扶梯的人数。

大众集团此举成功引导民众做出了健康选择,这也充分验证了塞勒和桑斯坦提出的理论。最近,B. J. 福格和詹姆斯·克利尔(James Clear)更是在各自的作品《微小习惯》和《细微习惯》中普及了这一理念,强调个体在自我提升过程中应更多关注微小变化,这样做有利于减少前进路上的阻力。福格提出过一个经典的例子:大家可能会设立坚持每天跑步的目标,福格认为这样的目标太大了,他建议把目标变成细小的事,越小越好:比方说每天都坚持换上跑鞋——然后奇迹就发生了,超额完成目标根本不成问题。

既然我们一直都在谈论快乐的力量,不妨换个思路——用快乐诱惑代替上面提到的微动力,即在朝目标前进的路上巧妙利用快乐来激励自己。诱惑可以很小,可以只是穿着漂亮衣服健身这么简单。我参加铁人三项赛训练时,最爱的就是花里胡哨的冲浪短裤,我不喜欢紧身裤或是昂贵的骑行短裤,又费钱又令人尴尬。大家每天可以用最喜欢的歌曲叫自己起床,还可以把孩子的胡萝卜切成五角星的形状。(研究表明,精心摆盘的食物不仅可以彰显家长对孩子的用心,还能切实增加用餐者食物的摄入量,对于孩子来说尤其如此。)

此外,快乐诱惑还可以通过活动绑定的方式实现。对我来说,铁人三项赛的训练中最难的部分就是骑行训练,这是我三个项目中最薄弱也是最不喜欢的运动。于是,我买了一套网络模拟训练设备,成功将骑行训练变成了我热衷的游戏,因为有了游戏的刺激,训练也变得充满了乐趣,我从此不仅不再抵触,反而每天盼着骑行训练了。正式比赛时,尤其是到了艰难阶段,快乐诱惑更是必不可少。我给车子装了一个扬声器,如此便可以一边听着朋友挑选的歌单一边完成比赛。那些歌曲不仅提振了我的士气,而且让我感觉朋友就在身边陪着我,仿佛一直在帮我呐喊助威(他们很难亲临现场,毕竟比赛的举办地是新西兰)。

明确目标,事半功倍:莎士比亚虽然是位伟大的诗人和剧作家,但他绝对是个差劲的行为科学家。为什么这么说呢?如果玫瑰的名字不是玫瑰,我们感受到的芬芳味道似乎就会大打折扣。研究表明,如果给健康食品贴上"浮夸"的标签,如"扭曲胡萝卜"或"炸药甜菜",人们对健康食品的选择就会明显增加。措辞真的很重要,所以大家一定要给自己的目标和任务起个喜欢的名字。就拿我来说吧,我从来不把铁人三项赛的训练称为训练,听起来就让人想吐!那可是我的"煎饼大计"——完赛后,我计划用朋友打赌输给我的钱在海边开一家煎饼摊儿。"煎饼大计"这个名字非常贴切,每次想起它都会让我嘴角上扬。不仅如此,它也为我提供了训练的动力,因为我知道自己是在为了"煎饼摊儿"而奋斗。大家也应如此,要给目标起个让自己开心的名字,可以搞笑怪异,也可以严肃认真,只要本人喜欢就好。

奖励自己,更好前行:伍利和菲什巴赫的研究已经告诉我们,即时奖赏的驱动力远超我们的想象。所以,我们每次不管是完成了一件大事还是一个小目标,都应该给自己奖励。(参考快乐档案)想想自己有什么小的嗜好,把它们都记录下来,需要时可以从中直接挑选。当然,我们一定要确保即时奖赏符合自己的长期目标(如果我们的最终目标是减肥,就不要因为燃烧了三百卡的热量而奖励自己一杯六百卡的奶昔)。

我至今仍清楚记得,铁人三项赛当天,我凌晨四点被闹钟吵醒时满脑子只有一件事:如果失败了,我该怎么办?这么长时间以来,我一直都努力压抑着对自己的怀疑,结果临近比赛时紧张和焦虑却扑面而来。我马上想起戴夫·斯科特(Dave Scott)发给我的邮件,他可是我家乡的一位传奇人物,第一个跻身加州戴维斯铁人名人堂。他在邮件中写道,"这不过就是一场比赛,有什么可怕的呢?"他说的没错!就算我跑不下来又怎样?当下肯定难免尴尬,但一切很快就会过去。各种不好的结果都是我自己琢磨出来的,就算真的失败了,只要我想得开,又能有什么大不了?

对于苦中作乐的事,我们一定要拿捏好分寸:既要严肃对待、认真准备,又不能太当回事而让自己不快乐,否则就会感到恐惧和压力。作为成年人,我们更要提防这种状态,尝试新事物感到尴尬、无力都很正常,不要因此而忘记初衷。

我们只要能在设定目标时加入快乐成分,内心就会更加踏实。既然参加铁人三项赛是为了开心,完不完赛又有什么关系呢?想到这点,我毅然决然地从床上爬了起来,出门开车接上了我最好的朋友迈卡(Micah)。说到朋友,我们正好就来讲讲快乐实现宏伟目标的又一关键要素,那就是身边的人。

快乐名人堂:丹尼尔·斯皮尔斯

"43个心愿"是一家创办于2005年的网站,属于一种早期的社会实验,旨在营造一种轻松的氛围,让人们在上面分享各自的目标。网站会问网友:"你这辈子有什么想做的事?"

网友需要自己列出43个目标。(设计者之所以选择43这个数字是因为比较可行,毕竟没有超过50。)在网站上大家也可以查看他人的选择,甚至可以给彼此加油鼓劲。2015年初网站下线之前已经吸引了数百万用户作答,其中最受欢迎的目标确实具有一定的潮流性,但其余大部分心愿都是大家耳熟能详的内容:减肥、改掉拖延症、跑一场马拉松。还有一些听起来会让人略感酸楚:雨中热吻、爱护自己、无视他人的看法。

丹尼尔·斯皮尔斯(Daniel Spils)是网站的联合创始人,他本人参考网友分享的心愿共完成了五百多个目标,"包括吃根香蕉、创办公司及完成婚姻大事"。只可惜,他在2016年以前始终未能完成一个特别的目标:"在地下室录制一张唱片。"(自1996开始,多才多艺的斯皮尔斯就一直在西雅图的阿猫乐队担任键盘手。)

后来,斯皮尔斯听到了一位前同事不幸离世的消息,他开始认真思考人生,"人类与外在的联结总是稍纵即逝,追求的目标也大都如此"。于是,他再次拿出自己的目标清单,下决心一定要完成录制唱片的心愿。他和妻子布兰奇恩(Brangien)组建了二人乐队,起名"争辩"。两人联合推出了十一首歌曲,全部是在家里的地下室录制完成。

有人为伴,百折不回

我们再来分析一下铁人三项赛:要想完成不可能的事,观众的鼓励必不可少。大家如果也参加过什么大的比赛,就会知道观众的反应非常重要,好的观众总是非常热情,他们会为运动员呐喊助威,会给他们递上水和零食,会挥舞着有创意的标语帮疲惫的选手提振士气,还会在赛后给你一个拥抱和亲吻,并把你最爱的玉米煎饼和啤酒塞到你手里(反正我太太看我比赛时就是这么做的)。

老实讲,如果没有那些支持我的人,我根本不可能完成比赛。莫西干头和冲浪短裤的确会增加趣味性,但家人和朋友的陪伴才是我快乐的真正来源,同时也给我留下了永远无法磨灭的宝贵记忆。比赛期间,我骑行刚过100英里就有点吃不消了,股四头肌严重痉挛,不得不下车走了一段。我以为自己完了,痉挛肯定一时半会儿都好不了,没想到奇迹出现,痉挛缓解,我竟然比最晚期限提前四分钟赶到了两个项目之间的过渡区。之后的比赛,我一路高歌猛进——虽然经历了2.4英里的游泳和112英里的乡间骑行,膝盖已经受伤,身体也无比疲惫——留下的都是美好回忆。

长跑是我最擅长的部分,我只用六个多小时就跑完了全程。我之所以能成功完赛,这一强项的确发挥了作用,但给我最大帮助的还是身边的人。我的父母都来到了比赛现场,虽然我是最后一名完成骑行比赛的选手,母亲却丝毫没放弃,一直大声鼓励着我。后来,跑步跑到大概五英里的位置,我又遇到了迈卡,他已经超了我一圈,估计用不了十三个小时他就能赛完全程。我与他击掌相互鼓励,看到他一路朝着终点进发,我心里也波涛汹涌,感觉膝盖不再紧绷,脚步也加快了不少。我听到观众都在给我加油,估计是因为看到了我的莫西干发型,他们大声欢呼——待我跑到第二圈时,欢呼声简直响彻了云霄。我比赛的最后两个小时,有一家当地人一直跟着我,还送了我一个花环,说很配我花哨的冲浪短裤。距离终点还有不到四分之一英里时,我的父亲不知从哪里冒了出来,开心地祝贺我坚持到了最后。就这样，我一脸傻笑地跑到终点，花了 16 小时 38 分钟 49 秒，我成功了！我名副其实是铁人了！

如何让我们的目标发挥社交功能呢？通常的建议是邀请他人监督自己。托尼·罗宾斯（Tony Robbins）之流可能还会鼓励大家把目标公开，先把大话说出去，实现的可能性就会更大，毕竟谁也不想丢脸。但是，怕丢脸这件事真的有用吗？在我看来，这种操作完全浪费了目标的社交功能。我们之所以想让更多人参与到自己的目标中来，主要是为了获得更多快乐，有了快乐，难道还需要他人监督吗？应该不用了吧。

这一理念已广泛流行于健身群体。20 世纪 90 年代，健身训练营曾经风靡一时，其指导思想就是来自群体的善意惩罚和严厉关爱。如今，最时髦的健身方式莫过于"灵魂循环""公路赛俱乐部"这些骑行课程了，它们都充分利用了群体积极向上的正能量，可以有效帮助会员在健身这条路上坚持更久。我在公路赛俱乐部有好几个喜欢的教练，其中上课气氛最好的还是捷西·金（Jessi King）的课程。金教练把自己定位成好客的派对主人，只要大家来，她随时热烈欢迎。她的课其实颇有难度，但因为实在太快乐了，所以几乎不会有人对难度提出疑问。大家如果上网浏览捷西的主页，可能都不会觉得她是一个健身教练，也丝毫不会感觉她在宣传自己的健身课程，因为上面根本没有提到任何类似卡路里、健身或肌肉酸痛等字眼。相反，我们会觉得她是在邀请自己参加一场能够激发出"群体力量"的"欢乐派对"。只要来到现场，就会有拥有一种"充满律动的沉浸式体验"。（如果大家也喜欢这样的运动，不妨尽快加入我们，一起开启快乐旅程吧。）

最后，请大家记住，朋友不仅可以成为我们的坚强后盾和生死之交，也可以成为我们探索新世界、掌握新技能的动力来源。我在朋友的朋友的脸书上看到的一则推送就可以充分证明这一点。凯莉（Carrie）在脸书上列出了一份清单，细数了自己想要学习或提升的技能——包括制作舒芙蕾、演奏电子琴和创意写作等。她用的是谷歌的在线表格，文字部分发出了如此感慨："过去25年，我错过了太多与家人、朋友相处的时间，现在我想做出改变，希望有机会跟大家学习一些新技能，更希望拉近你我之间的距离。"她请感兴趣的人在表格上留下自己的名字，表示自己会跟对方协调时间，通过Zoom视频会议向对方学习新技能。大家如果看到表格中有自己想学的东西，也可以在表格上登记姓名，所有人可以抱团打卡；当然，如果有人有擅长的本领，也可以列到上面，遇到感兴趣的人，便可以视频教学。最终，凯莉的在线表格共统计出了131个学习目标；三个星期后，约30个项目找到了愿意分享技能的老师或愿意共同学习的伙伴。这些人都是凯莉脸书上的好友，她本人参加的第一个视频会议是跟一位老朋友学习杂耍技能。

我们都知道，朋友可以带给我们非常积极的影响，当我们想要提升自己时，朋友的作用更是不容小觑。大家可以想想，你的朋友中有没有谁会愿意与你一起苦中作乐？

第 11 章
快乐为本，扭转乾坤

> 有些人目睹了现实,会问一句"为什么会这样?"
> 有些人怀揣着远大梦想,会问一句"为什么不能那样?"
> 还有一些人,终日忙于工作,
> 既没有时间看世界,也没有时间做梦。
>
> ——乔治·卡林(George Carlin)

1986年美国见证了一次伟大壮举,500万成人和儿童手拉手延绵了6 640千米,横跨了整个国家,如今上些年纪的人应该都记得那一天的场面。15分钟的活动把全国人民连接在一起,大家手牵手唱起了《天下一家》《美丽的美国》以及当天活动的主题曲。那场公益活动不仅为非洲筹集了5 300万美元的援助资金,也充分印证了集体的力量——这是多么美好的感觉啊。所有人都走出家门,拉起旁边人的手——无论是要好的朋友,还是陌生的路人——仿佛一起走进了神奇入口,共同迈向了我们之前提到的超越自我的快乐。

大家只要参加过集体行动,不管是什么形式的活动,肯定也都有过类似的感觉:无论是作为志愿者向有需要的人分发食物,还是为倡导社会变革而参与游行,抑或是团结在自认为能带来真正改变的政治候选人周围,我们都会获得一种超越自我的快感。所有人为了共同的事业联合起来,这是多么难得的机会,可以让我们走出自我,迈入更加广阔、更加充满希望的世界。

我们上一章提到过埃利希博士,他研究过人们制定目标的不同初衷,以及不同初衷对自身幸福所产生的不同影响。他的研究结果或许可以解释为什么帮助他人会提高我们自身的幸福感。过去,大部分学者关注的都是目标对"我"产生的影响,始终都在强调:如果一个目标可以提升当事人的主动权,其中的好处自然可想而知。埃利希开了先河,对人们奋斗的各种原因进行了分析,不仅扩大了之前研究的外延,而且聚焦了研究的重点,让我们可以充分了解那些依靠外来驱动的纯粹利他的目标,将对人类幸福造成怎样的影响。埃利希发现,个体选择目标时,即使考虑的不是"我",而是"我们",本人依旧可以从实现目标的过程中获得巨大收益。埃利希还认为人类为了建设美好世界而努力的行为(如助人为乐、保护环境)也是成就主观幸福的关键因素。简而言之,从善如流是提升自身幸福的绝佳手段。这种集体行为可以让我们实现从"我"到"我们"的跨越,继而迈进更为广阔的世界,达到"天缘奇遇"的境界。

回顾我们在第一章讲到的有关快乐的定义,大家会发现,集体行动竟然与快乐具有那么多相同特质:

行动趋向

二者都会促使我们从沙发上站起来、积极探索周遭世界。与其为了世界问题整日忧心忡忡,不如为了让它变好而真正做点什么。新闻和社交媒体没完没了地发布着各种坏消息,带给我们的是非常严重的无力感,行动至少可以让我们从中获得暂时的解脱。

心系他人

二者都会让我们走出自己固守的精神世界。我们并非孤身一人,可以与外面的世界产生互动,可以暂时放下自我和自身的烦恼，实现思维方式从"我"到"我们"的跨越。

鼓励自主

我们出于主动帮助他人与出于"责任"被迫做事是两种完全不同的感觉。一个人如果总是感受到压力或他人的眼光，自己也很容易变得刻薄。说到这儿，我想到了动画片《南方公园》，其中有一集讲的是兰迪·马什（Randy Marsh）在超市付款时拒绝为慈善机构捐款的事。收银员先是对兰迪大加斥责，结账前又强迫他对着扬声器大声说出"我不在乎饥饿的孩子"这样的话。周围都是排队结账的人，收银员大声念叨着："你买了冰激凌、伏特加、比萨饼，一分钱也没捐给饥饿的孩子，一共需支付37.83美元。"这个场景真的很讽刺，不过也很好笑，而且充分说明任何人在被人强迫做事时都会感到压力和尴尬。

大家的快乐档案中有没有哪些活动可以体现利他思想、志愿意识或行动主义呢？即使没有也没关系，我的情况有时也跟大家一样，其中的原因很多：没有时间、工作太忙，但凡有点自由时间总会先满足自身需求，好让自己暂时活得随性一些。我们一直深受西方文化的影响，总以为助力社会的活动会干扰我们从事真正重要的事，甚至可能成为我们成功路上的羁绊。

大家如果参与过公益活动就会知道，此类活动无法保证参与者每一刻都能获得开心感受，毕竟，解决重大问题、社会痛点本身就是个痛苦疲惫、步履维艰的过程。痛苦似乎无处不在，我们会感慨于他人的不幸，也会体恤自己的心痛，参与得越深，就意味着付出得越多，不仅要花费时间和精力，甚至可能面对巨大危险。

联手快乐，参与行动

变革者都知道，要想成功发起并推进某项运动，必须做到快乐与行动主义的有效结合，也就是要让活动绑定发挥最大效果。音乐人在发起社会变革时，之所以会充分利用自己的音乐，就是出于这种考虑。我们刚刚提到了歌曲《天下一家》，之前（在第六章）还讲过亚当·佛契和野兽男孩为了公益举办过数场大型演唱会。20世纪80年代，音乐在反对种族隔离的斗争中也发挥过巨大作用。其实，除了音乐，其他很多娱乐形式——幽默表演、舞台剧、募捐晚会——也都可以给人力量，助力活动形成影响、发挥影响。快乐可以吸引更多人贡献时间和精力，大家之所以积极参与某项运动，最开始或许就是为了获得快乐，但最后却很可能将其变成全心投入的事业。

我不知道大家是否将回馈社会视为一种道德义务，但我始终希望能有更多人将相关活动加入自己的快乐档案。我们为什么会不快乐呢？终日为了世界问题忧心忡忡，行动上却始终无动于衷，这样的人不可能快乐。大多数人都有心为公益贡献一份力量，但很不幸，这个社会存在太多问题，让我们不禁陷入一种选择疲劳。我们在第二章讨论快乐档案时，谈到过所谓的选择疲劳，即当我们面对太多无法理解的选择时，往往会陷入一种无力且不甘的状态，甚至会在内心产生巨大焦虑。周围充斥了太多集体创伤，让我们倍感沉重，仿佛所有重担都压在了自己肩上。而这时，越是感觉无能为力，内心的沉重感就会越强烈，即我们提到过的"虚无感"。有些人只会杞人忧天，有些人只会转发帖子表示"支持"，但这些都无济于事，只能加剧我们的"虚无感"。

同情心当然很可贵，我不想诋毁这种宝贵的情感，这比无动于衷要好太多了。然而，既然称之为同情心，顾名思义，就意味着只是心里的感受，缺乏相应的行动。我们如果能将快乐和同情结合在一起，就会有更大动力加入集体行动。如果大家想成为公益人士或是参与变革，别忘了融入快乐元素，有了它，即使遇到再多艰难险阻，我们也能继续勇往直前。

回馈社会，造福自己

大家如果也会因为人类面临的巨大挑战而感到焦虑不安，不妨多参加一些集体行动，一定能让我们重新振作起来——参与的活动如果能让人感受到快乐，那效果更是不言而喻。"快乐改造"是一家非营利机构，他们利用快乐协助推进了很多社区的公益事业，发挥了巨大的社会作用。该机构最初成立于新奥尔良，创始人是安琪拉·凯尔（Angela Kyle）和夏洛特·琼斯（Charlotte Jones），二人致力于通过玩耍的方式改变儿童的生活环境。2013年，"快乐改造"发起了机构成立以来的第一个项目：凯尔在新奥尔良一个黑人聚集的破旧街区租了一块用地，长27米，宽9米，将其改造成了一个布局巧妙、色彩绚丽的"设计游乐场"。我们一直在说培养自己故事编辑的能力，这绝对是一个绝佳的例子，"快乐改造"把原本破败的环境改造成了一个极具吸引力和包容性的快乐场所。之前，那里没有什么公园或游乐场，"快乐改造"入驻后带来了很多大型积木、形状各异的管线以及全套的组装玩具。在那里，每个人都可以尽情发挥想象力，房子、城堡、商店，想建什么就能建什么。显然，这一公益项目给人们带来了巨大快乐，但它的意义绝不仅于此。孩子们因为参与了"快乐改造"的项目，开始认识到自己也可以成为社区的变革者。凯尔说过，"[卡特里娜飓风过后]，孩子们通过大型积木的搭建亲自参与了建筑环境的改变，这让他们明白，原来自己不必只是被动的见证者，还可以积极参与其中，成为改变的缔造者"。

"快乐改造"希望能有更多孩子、成人及志愿者参与他们的项目，更希望他们都能够认识到自己也可以为改变当地环境做出更大贡献。没错，只要用心管理，社区、城市和地球就可以变成更美好的家园。我们不妨参考一下心理学家的解释：这种方法可以帮助我们建立自我效能感，说白了就是建立一种我们有能力面对任何挑战的信念。安吉拉曾经跟我说过，"社区志愿者的参与产生了意想不到的效果，每个人都大大提升了主动性、真本领和发声能力。当地的居民都是有色人种，深受所谓富人文化的冲击，而这些志愿者通过推广公共安全、社会流动、资源共享等重要事务，俨然已经成了社区规划的重要参与者。"

现实世界中，青少年和成年人如果能够积极参与集体行动，努力打造美好世界"格局"，也会感受到同样的力量。独自一人忧心世界问题可能会让人不知所措，但与他人一起做出积极改变却会给人以无穷的力量。一项针对英国青少年所做的研究发现，参与集体行动可以大幅提升自我效能感和自我意识。另外，与他人为了共同目标而一起努力的行为还能有效提升内心的关联度，前面我们讨论过，这也是打造幸福感的重要基础。

当前，针对政治行动所做的研究并不多，我们还不太能确定此类行动会带来怎样的心理益处，但已有大量研究表明，公益和志愿服务的确可以改善人类的身心健康。如果我们自愿花时间帮助他人，无疑会增加自己与外界的互动，产生更多情感上的归属和连接，科学已经证明其中的好处，包括缓解抑郁、降低血压、延长寿命。另有研究表明，哪怕只是向慈善机构捐款也能改善人的健康水平，也就是说，即使不是亲自参与的善行，也能带给我们巨大益处。

"快乐改造"的"工作"本身就很有趣，对于那些希望通过社区实践而改变自我的人来说，这绝对是一个双赢的好办法。安吉拉说过："玩耍的作用非常大，可以连接不同代际的人，当地的孩子和老人就是因为'快乐改造'而聚到了一起。我们接下来还将举办复活节找彩蛋或户外野餐的活动，孩子、父母、祖父母、叔叔、阿姨，每个人都可以参加，大家可以打成一片。'快乐改造'的出现改变了当地环境，给大家提供了一种全新的交流模式，后续还将带来更为深远的影响。"

快乐作起点，现在就出发

做公益本身是为了服务他人，却还要优先考虑自己的快乐，大家可能会觉得心里有些过不去。其实大可不必，因为只有开始行动，未来才可能应对更有挑战的工作，才能为了重要事业投入更多精力。即使满足刚好可以帮助我们开启更多选择，就算后续没有更多参与时间，这一次的付出也值得称道。我们一直在说：追求简单的快乐与追求严肃的事业之间并非水火不容、此消彼长的关系，如果用当下流行的即兴喜剧的热词来说，就是我们要摒弃"非此即彼"的心态，做到"先接受现实，再加以应对"。(这一说法已经从舞台延伸到整个社会，代表的是一种勇于探索、关注成长的心态。)

我们在第七章中提到过我的朋友格雷姆·斯达顿（Graeme

Staddon），我和他相相识在跑步俱乐部，那会儿我在伦敦小住，正是他给了我快乐行动主义的灵感。（我俩感情很好，曾经一起寻找过英国最美味的薯条和萨尔萨辣酱，虽然最后没找到，但俩人玩得很开心，而且品尝了不少好喝的啤酒。）2016 年，格雷姆的岳父因前列腺癌不幸离世，2017 年，他自己的父亲又被诊断出了乳腺癌（没错，虽然不多见，但男性的确也会罹患乳腺癌），好在最终他父亲战胜了病魔。从那以后，格雷姆决定尽自己的微薄之力帮助那些生活在痛苦中的人。2020 年初，他立下豪言壮语，宣布一年内要跑 12 场马拉松，希望每跑 1 英里就能为有需要的人募集 5 英镑的善款。如此算下来，全年可以募集 1 572 英镑。大家如果觉得每个月跑一场马拉松的想法已经很不靠谱，别忘了，51 岁的格雷姆之前已经很久没跑过步了，只是最近才重新拾起这项运动。他先是在众筹平台创建了一个捐款页面，然后就开始了自己的跑步计划。刚开始的两次马拉松都是他自己发起的活动，第三次他参加了英国南威尔特郡举办的拉尔树马拉松，一同参加的还有他的妻子。他本来还有很多单人跑及参赛的计划——没想到新冠疫情来了。英国跟全球许多国家一样，也实施了严格的封控管理，所有团体马拉松的活动只能被迫取消。

面对这种情况，或许很多人会选择放弃，格雷姆却没有，这足以证明快乐行动主义的巨大威力。格雷姆先是选了几个自己比较关心的社会问题，然后又用他崇尚且热爱的方式贡献着自己的力量。所幸的是，他懂得如何设计跑步路线以及如何保证补给，加之英格兰的封控政策并不妨碍户外锻炼（只要能保持安全的社交距离即可），因此他的计划还可以继续执行。

为了公益，他一个人跑起了马拉松，他的这一行动引起了强烈反响，当地新闻迅速进行了报道。他登上了广播节目，捐款网页也被疯狂转发。岁月如梭，时间很快来到了年底，他艺高人胆大，决定在12月来一次双程马拉松——从南安普敦的西区一直跑到普尔的沙洲，全程共计84千米，计划在10~12个小时内跑完，也就是说天没亮就得出发，天黑了才能跑到终点。最终他只用了9小时59分钟就完成了既定目标——算上这一次，他一年跑过的里程达到了2 127公里，筹集善款的金额共计5 692英镑，比他最初的目标多了2.6倍。

在大多数情况下，跑步完全属于个人运动，但格雷姆却将它和众筹结合到了一起，彻底改变了跑步的孤独体验。他在脸书上感谢大家通过线上、线下各种方式与他进行互动，有人跟他分享了亲人罹患胰腺癌、乳腺癌的故事，有人感谢他激励了自己更加积极地生活。

2020年对全世界的很多人来说都是孤独、单调、焦虑甚至沮丧的一年，可以做的事情寥寥无几。可2020年对格雷姆来说却是他人生最精彩的篇章，他不仅重拾了热爱的跑步运动，还鼓励了他人、资助了癌症研究等公益事业。他的事迹听上去让人很难不动心，是吧？

如果格雷姆能在没人跑马拉松的疫情期间通过跑马拉松的方式筹集到大笔善款，我们也可以发挥一下自己的想象力：我们可以借助自己的哪些兴趣和创意参与公益、奉献爱心呢？格雷姆的故事能否帮助大家打开思路？用心参与公益事业不仅可以满足我们的三个基本心理需求——主动权、真本事和关联度，同时还能让我们与外界建立更广泛的连接。

- **选择一项自己在意的公益事业**：如果我们所做的事情对自己

有特别的意义，参与时就会有更大的主动性。因此，不要为了所谓的热度和压力而选择一些自己并不在意的活动。我们要敞开心扉，探索更多可能，听从内心的呼唤。接下来，请大家认真想想可以把自己的公益爱心和时间精力投入什么地方。如今，社会上有太多问题需要解决，贡献力量的方法也可以多种多样。我们要把精力用在让自己有共鸣的地方，有了参与动力，能够乐在其中，我们才可能坚持到最后。

- **找到一种适合本人性格和技能的参与方式**：积极参与一项事业并不意味着集会时我们必须站到最显眼的地方。一项活动的筹备往往涉及方方面面的工作，包括发布信息、准备餐食、募集资金、房屋建造，等等。如果在帮助他人时还能发挥自己的独特天赋，我们就会对自己的能力更加自信，这也将对生活的其他方面产生积极影响，包括事业和家庭。

- **分享经验，传播正能量**：与他人分享自己参与公益事业的真实体验有诸多好处：不仅可以回顾自身感受，还可以强化坚持的动力。此外，分享也是一个增加关联度的好机会，既能让我们对工作本身加深认识，又能吸引其他感兴趣的人共同参与。

总而言之，我们要改变参与公益的驱动力，摒弃那些基于奖赏和利己的外在诱惑（"我得参加，这样才能获得奖励／才能让朋友刮目相看／才能耳根清净"），更多地仰仗于基于同理心的内在诱惑（"我参与是因为我乐在其中／是因为做善事让我很开心"）。这种转变不仅会带给我们更好的体验和结果，还会让驱动效果更加持久。

我们再来看一个例子，相信大家也会深受鼓舞。诺亚·卡根（Noah Kagan）是相扑应用 App 的创始人，因为想为自己所在的企业家群体打造一次有趣的活动，同时也希望能够做点公益，于是他发起了"相扑50公益骑行"活动。这项活动的确为他本人及打造了多年的企业家群体创造了很多欢乐，而且加深了彼此间的情谊。我之所以说得如此笃定，是因为我本人也参加了那场活动，他让我（和其他人）感受到了奖赏刺激和内在动力的完美结合。他请承办方兰斯·阿姆斯特朗（Lance Armstrong）基金会为赛事设计了40千米和80千米两条赛道，我们一开始就知道比赛会非常欢乐，当然也会有一定的挑战。他在赛前筹划了一场大型派对，特意邀请传奇魔术师乔纳·巴宾斯（Jonah Babins）上演了一场盛大的魔术表演。比赛结束后，我们在现场音乐的伴奏下享用了（诺亚本人最爱的）墨西哥卷饼和玛格丽塔酒。为了鼓励大家慷慨解囊，诺亚设计了各种激励手段：捐款若达到一定金额，捐款人可以免费获得一套商业指导私教课程。同时，活动每筹集300美元善款，就会为贫困儿童捐赠一台笔记本电脑，仅仅是首届活动就捐赠了50台笔记本电脑。

疫情期间，我一直住在北卡罗来纳的乡下，目睹了贫困儿童在接受线上教育时所面临的种种困难。我心里非常清楚，下次诺亚举办活动时我还会去捧场，能享用美味的墨西哥卷饼，（更重要的是）能遇到那么多有趣的人，何乐而不为呢？当然，我去参加活动不仅是为了好玩——毕竟参加的人越多，能够提供给贫困儿童的帮助也就越大。

快乐相聚，奉献公益

诺亚的故事充分证明了一点：我们如果能够邀请身边的人一起做公益，就能更加自然地将慈善和公益融入自己的生活。身边的人可以是我们的家人、朋友，也可以是任何我们真正关心的人。

我和老爸最愉快的共同回忆就是我小时候他带着我去参加一年一度的美国河流大清理。父亲曾经是位狂热的潜水爱好者，清理活动期间，他总是会穿上潜水装备跟其他潜水员一起潜入水中，而我们其他人则会登上救生艇浮在水面，配合潜水员做好辅助工作。潜水员在河底搜寻垃圾，我们在救生艇上兴奋地等着看他们发现各种垃圾。活动还设置了一些奖项，我记得有人因为打捞上来一台打字机而荣获了"失而复得、解开心锁"大奖。

其实，即便没有奖项，活动本身也非常快乐——或许是因为参与者几乎都是全家出动。几年前，我也带女儿参加了一次加州阿尔阿梅达蟹湾海滩的清理活动，我们当然非常关心海洋环境，但老实讲，如果活动无法带给我们一个开心周末，我们应该也不会星期六一大早爬起来，跑到海边戴着塑料手套捡一上午垃圾。组织者很有经验，他们把捡垃圾的公益活动设计成了好玩的家庭集会，还特意为小孩子安排了各种各样的游戏。我们知道附近的孩子都会过去，所以肯定会非常欢乐。就算没有任何喜庆活动，单纯是与老朋友、新面孔齐聚海边，在户外一起晒晒太阳、呼吸呼吸新鲜空气，也会让人心满意足。当然，真正让我们一大早从床上爬起来的还是各种欢乐活动的诱惑。

我们一定要多让小孩子参与这类有意义的活动，既能培养他们应对真实世界的技能，又能提高他们对自己的信心。Katamundi 是一家旨在培养儿童参与公益的知名网站，平台为公众提供了一系列参与公益的信息，包括如何寻找感兴趣的公益、如何设计公益思路、如何打造团队以实现目标等。网站创始人伊薇特·谢（Yvette Hwee）对我说过："我本人组织家人和朋友连续做了三年的公益，可以肯定地说,我们在携手努力的过程中收获最多的是快乐。与志同道合的人一道努力,这样的公益活动不仅能满足社交需求,还能帮助建立宝贵的归属感和价值认同。"

参与公益还有一种更为轻松自然的方式,那就是借助所在的工作单位,很多大型企业本身就会参与很多公益项目,或许其中某个能让我们产生共鸣?我们有哪些现成的活动可以参与?没有的话可否自己创建一个?马拉松旅游公司的创始人汤姆·吉利根（Thom Gilligan）在这方面就做得非常好,他将慈善融入工作运营中的方方面面。我们在第五章提到过我去南极参加过的马拉松,那次活动的组织方就是马拉松旅游公司,活动（连同汤姆·吉利根组织的所有南极马拉松之旅）的目的就是为"大洋守护者"募集资金。"大洋守护者"是一家非营利的科学机构,旨在监控全球气候变化以及旅游活动对南极——乃至整个地球——所造成的负面影响。无论在哪里举办活动,该公司都会想办法为公益贡献一份力量：他们在肯尼亚举办的马赛人马拉松为支持马赛族女性就读高中募集了资金；他们在马达加斯加帮当地诊所筹集了善款；在美国本地,他们又组建了波士顿马拉松募捐团队,（在连续20年的时间里）为波士顿查尔斯镇儿童俱乐部筹集到635 000美元善款。在吉利根和他的同事眼中,马拉松比赛不仅是对身体机能的挑战,也是改善人类生存状态的绝佳机会。他们组织的活动总能将马拉松与极限旅行冒险和慈善公益捆绑在一起,参与者也因此总能获得最巅峰的快乐体验。

马拉松旅游公司并非什么非营利机构,它需要赚钱,需要养活吉利根和他的所有员工。我之所以讲这个例子就是想告诉大家,快乐行善并不需要成立什么非营利机构,哪怕没有正式组织也没关系。任何人都可以参与公益,除了快乐、创意、意愿和行动力,其他什么都不需要。我们越是能主动练就一双慧眼，就越会发现做公益的机会其实就在我们身边。

奉献公益，从简单快乐做起

大家如果还没在自己的快乐档案中加入公益活动，不妨现在就花点时间想想这个问题，以下思路仅供参考：

- 报名参加快乐助跑公益活动
- 买票观看公益募捐演出或其他活动
- 参与社区清理或植树活动（亦可发起类似活动，号召邻居共同参与）
- 参与公益游行——提前与家人朋友一起制作标语也是一件乐事
- 把自己的运动轨迹上传至慈善里程应用 App，资助企业将根据上传里程捐出相应金额；也可以邀请朋友助力自己参加某项挑战
- 安排一次公益度假之旅
- 想办法利用自己的兴趣爱好（如陶艺、编织、首饰制作等）赚钱，把盈利部分捐给慈善机构
- 借助生日聚会的机会发起慈善募捐（这种方式在慈善机构"上善若水"的宣传下日益盛行）

大家如果已经有了很多做公益的选择，千万不要忘了我们之前提过的可变快乐。若是你已经对某项公益事业饱含热情，这条建议绝不想让你偏离正轨，既然已经走上了公益之路，请你在选好的方向上继续坚持。不过，如果你还在寻找阶段，盼着能将慈善活动

纳入自己的快乐档案，不妨先从一些小的善举做起。先让雪球滚起来，雪球才会越滚越大。朱莉安娜·布瑞恩斯（Juliana Breines）博士在接受《大善》杂志采访时曾经说过："我们要在日常生活中有意识地培养善心，即使心情不好也不影响我们做出慷慨之举。久而久之，善良就会变成我们的一种习惯，我们会因做了善事而感到更加幸福；心情好了，未来做善事的意愿也会更加强烈。"

快乐名人堂：冰桶挑战

大家还记得曾经风靡全国的冰桶挑战吗？活动的发起者是帕特·奎恩（Pat Quinn）和皮特·弗雷茨（Pete Frates），他们两位年纪轻轻就患上了肌萎缩侧索硬化疾病，也就是俗称的渐冻症。二人向对方和社会发起了一项从头顶浇冰水的挑战，希望此举能为渐冻症学会募集一些善款。他们疯狂的想法很快流传开来，最终竟然招募了几千名愿意参与的志愿者，包括许多社会名流，有比尔·盖茨（Bill Gates）、列奥纳多·迪卡普里奥（Leonardo DiCaprio）、乔治·W. 布什（George W. Bush）和奥普拉（Oprah）等。挑战现场和视频都成了快乐的缩影，这一点可想而知——但之所以会有这么多人参与，除了快乐，一定还有其他更深层次的原因。比方说，这项活动给了参与者绝对的主动权。奎恩、弗雷茨包括渐冻症学会并没有就视频的形式和参与者的言论发布任何规则，每个人都可以用自己喜欢的方式讲述自己的故事。正是因为这个，大家制作视频时才会收获到巨大的快乐，而收看视频的观众也会拥有同样的感受。随着活动持续发酵，参与挑战的创意也越来越多，有很多视频在公众视线中脱颖而出。其中有一个很火的视频，拍摄的是一个婚礼现场，在场所有人就这样穿着礼服参与了冰桶挑战。该活动之所以能火，一方面是因为大家可以看到名人或朋友冷水浇头的好笑反应，另一方面在于其挑战的部分（第二章提到的边缘行为）着实吊足了大家的胃口。面对刺激的冒险，无论是参与其中，还是观看别人的反应，无疑都将是一种快乐体验。

不管让人快乐的究竟是何原因，总之引起的反响非常好。2014年活动最火的那段时间，渐冻症学会网站的访问量从挑战前的每天2万次飙升到每天450万次，有一个晚上竟然收到了1 130万美元的捐款。整个活动下来，学会共收到捐款1.15亿美元。记得当时还有人担心如此荒唐的活动会破坏公益事业的严肃性，但在我看来，有这种想法的人才真的有点荒唐：如今，活动的两位发起人已经先后离世，弗雷茨是在2019年，奎恩是在2020年，离开时都不到40岁，怎么可能有人因为这场活动的疯狂而低估了这种疾病的严重程度呢？

相反，正是因为这样一场活动，弗雷茨和奎恩至少可以在临死前看到一线希望：哪怕身处困境，只要保持真诚和快乐，就一定会影响到更多人。2019年，一家独立研究机构发布报告，称冰桶挑战筹集的捐款使渐冻症学会的年度研究经费增加了187%，由此资助的研究不仅发现了五个与渐冻症相关的新基因，还为潜在治疗的临床试验提供了巨大帮助。

快乐从表面上看似乎轻如空气，但实际上却拥有着惊人的力量。冰桶挑战也因此成了主流慈善的重要转折点，新一代慈善家受到启发，改变了古旧的筹款模式 [包括富人大型派对、莎拉·克劳克兰（Sarah McLachlan）献声倡议广告等］，加入了更多快乐的元素。

利他行为与追忆过往

前面我们说过，追忆过往是"体味生活"的重要手段，同样，它也会对公益行动的回报产生巨大影响。研究人员凯伦·高（Kellon Ko）、赛斯·马戈利斯（Seth Margolis）、茱莉亚·雷瓦德（Julia Revord）和索尼娅·鲁博米尔斯基（Sonja Lyubomirsky）做过一项研究：他们把参与者随机分成四组，要求第一组做些有益社会的行为，第二组回顾自己过去的公益经历，第三组既做事又回顾，第四组（作为对照组）什么都不做。结果显示，前三组人员均明显体会到了幸福感的提升，没错，哪怕只是回顾之前的善行也能像切实参与一样，让人心情愉悦。当然，我并不想让大家随便做点什么利他的小事，以后完全依靠回忆来改善自己的情绪！这绝不是我的初衷！但相关研究的确验证了一个道理，即快乐和善行都能带给我们巨大好处，哪怕时间过了很久，只要我们在恰当的时候追忆过往，内心还是会感到无比幸福。

自我怜惜与自我调整

2020年5月8日是我人生的至暗时刻。当时正值新冠疫情初期，每个人都生活在封控状态；而在那之前不久，我又得知了母亲被诊断出阿尔茨海默病的消息；我所在的健身行业更是濒临崩溃，全国各地的健身俱乐部纷纷破产,公司再怎样开会也想不出好的出路;同样还是那段时间,我的脑子和身体都开始不听使唤,不仅经常头痛,还出现了严重的脑雾症状。无论是当时出现的压力,还是新冠预后导致的长期症状,又或者二者兼而有之,总而言之,我强烈地意识到自己的身体正在每况愈下,所有问题一下子都集中爆发了出来。

话虽如此,当时的我还是受到"黑命贵"运动的感召,像很多人一样开始了个人反思。5月8日那天,我参加了一次游行活动,虽然规模不大,但却意义斐然。我先是加入了一个线上团体,活动要求每人步行2.23英里,用以纪念阿曼德·阿伯里(AhmaudArbery)短暂的一生。阿伯里本来只是在佐治亚州布伦瑞克的家附近跑步,却不幸遭遇枪击而导致身亡。活动当天,我一个人从居住的小区走出来,心情异常沉重:原来许多我认为理所当然的自由和机遇,对于他人来说则可能是永远无法企及的特权。我知道周围也有人参与了这项活动,但内心依然觉得非常孤独,导致我在行动时也一直惶恐不安。当晚,我躺在床上辗转反侧,从那天开始,重度失眠竟然伴随了我好几个月。

很不幸,虽然我很想帮忙,却犯了一个重要的"禁忌"。当天出发时,我已经意识到自己非常疲惫,但始终觉得应该做点什么,毕竟最让我受不了的是我们前面一直在说的"虚无感"。

我在这里想提醒大家:每一位从事服务行业的人员(包括我们第三章提到的那些想要救死扶伤的医生)都面临着身心疲惫的巨大风险,这会严重破坏社会运动、同理心、利他行为及其他善行的可持续性,就连那些充满热情——因为相信美好未来而不断努力——的人,也可能会彻底放弃初衷。研究发现,出于奉献公益的压力,很多人可能会在应该说"不"的时候犹豫不决,即使自己已身心俱疲,依然觉得难以开口;他们甚至会因为自己感觉到压力而羞愧,后续更是不会关照自己的情绪和状态。

我当时可不可以做得更好呢?当然可以。我完全可以邀请朋友跟我同行——行动结束后再跟他们找个地方坐坐,释放一下复杂的情绪。就算没机会说话,只要有朋友或陌生人与我并肩前行,内心的孤独感和压力也会得到缓解。

事实上,我最应该做的是在之前几个月就做出改变。回想那段日子,我几乎切断了自己所有的快乐来源,而当下却毫无意识。但凡是经验丰富的活动人士心里都很清楚,许多人(包括他们自己)根本看不到斗争胜利的那一天。我们为之奋斗的事业需要漫长的努力,或许要几年甚至几十年才能完成。从事政治运动跟做研究一样,一辈子哪怕只有一次重大发现就已经很幸运了。这也就是说,大家如果想要持续长期地参与公益事业,必须首先保证自己的情绪,否则根本无法坚持。

社会改良并不意味着要时刻保持满腔义愤、踌躇满志的状态。喜剧演员崔娃·诺亚(Trevor Noah)在接受《卫报》采访时也表达过类似的观点。记者问他表演时为什么不表现得更愤怒、更激烈呢?毕竟,他作为混血,见识过南非的种族隔离统治,童年的生活也充满了暴力和政治动荡,而且还遭受过继父的虐待,真的有太多激烈的话题可以讲述了。诺亚用他擅长的幽默方式给出了解释:"如果一种情绪无法帮你成长,为何要让它一直成为你的羁绊呢?你沉浸在自己的恼怒、愤懑和痛苦之中,而你所生活的社会并不能对你的愤怒感同身受,甚至根本不知道你的苦闷。你只是在一味地自我消耗,除此之外没有任何实际意义。"他非常感谢自己的母亲,是母亲让他懂得面对生活最有用的情感就是爱和欢笑："我们把不幸讲成笑话，逗笑的不仅是观众，还有我们自己。"

刚开始的时候，大家或许会感觉很难控制自己的情绪反应，这很正常，我们一定要善待自己——与其说善待自己，不如说强迫自己——让自己改变视角，从生活中找寻快乐。我们都不是天生的战士，大家可以参考很多人参与公益慈善的方法：慈善是一辈子的事，绵薄之力也难能可贵，没有人要求我们必须一下子倾尽所有。

2020年年底，我选择以身试法，主动尝试各种快乐手段。刚开始的确非常笨拙，但后来，我成功地找到了第五章中提到的逃避方法，连同其他几种手段，我重新找回了曾经的自己。

大家千万不要等到世界上所有问题都解决了再去寻求快乐，问题不可能有都被解决的一天。每个人都应该给自己留出空间，允许自己恢复活力、庆祝进步、联系外界、追求欢乐——这么做的目的不仅是善待自己，更是帮助他人，这也再次证明了快乐习惯的重要意义。讲到这里，相信大家已清楚认识到一点，那就是这世界有这么多黑暗，想要追求快乐并不容易，所以需要我们对自己多加督促。我不认识崔娃·诺亚的母亲，但我猜她用爱对待世界的态度一定是有意识的选择，真正实践起来肯定有诸多不易。

我们可以把快乐作为自己参与公益的出发点，至于说终点在哪里，完全由我们自己说了算。大家越是在乎自己的感受，懂得用开心、怜悯、奉献来充实自己的心灵，就越能轻松应对成长路上偶尔出现的困难。如果我们能一直坚持，就能获得巨大回报，最终感受到前所未有的归属、满足、愉悦和欢乐……甚至可能获得福至心灵的巅峰体验，达到"天缘奇遇"的境界。

结语

快乐星球

> 我确实有自己的"信念",
> 但总结下来其实还是米歇尔(Michelle)的那句话,
> "世界混沌,行善就好。"
>
> ——帕顿·奥斯沃特(Patton Oswalt)

小时候,我非常喜欢《惊险岔路口》系列读物,经常和住在附近的小朋友交换着看,还会彼此分享不同的故事结局。虽然大家读的是同一本书,但因为每个岔路口的选择不同,所以每个人领略到的都是不同的故事,分享起来真是欢乐无穷。我喜欢自己看过的每一本《惊险岔路口》,但最爱的还是那本《走进不明飞行物》。故事的主人公是身为读者的"你",正乘坐豪华超音速飞机"和谐号"从纽约飞往伦敦。飞行期间,你突然遭遇外星人劫持,被送上了一艘雪茄形状的太空飞船。随着故事不断推进,你发现自己已经彻底离开了地球——冒险之旅就此开启。

这种读物总会出现各种各样的结局——有的好、有的坏,有的还会出现巨大反转——读者早已见怪不怪。可是,这本《走进不明飞行物》却标新立异,不管如何选择,最终的结局全都是不幸,让人心里很是别扭。故事不断发展,你却无法确定是不是真的存在乌托邦式的快乐星球。那地方听上去很美,可不管怎么选,就是没有一条故事线能将你带去那里。

我们几个住在附近的小孩前前后后读了好几遍，还认真画出了不同选择所导致的不同故事线，盼着能找到通往终极星球的路径。然而，仔细研究、认真分析了各种可能的结果后，我们得出了根本无法抵达终极星球的结论。

至少，这是我们当时的想法。可是后来有一天，我一个人安静地再次拿起这本书。我没有做任何选择，只是从头到尾认真地通读了一遍。没想到，谜底就在书里，我终于找到了终极星球！我明白了，只要勇于打破常规，哪怕只是最简单的方式，也可能引领人们抵达向往的终点。

如果换作清教徒，他们肯定会觉得自己被这本书给骗了，可我却不这么看。我丝毫没有被骗的感觉，因为我成功破解了密码：终极星球的玄妙之处就在于不管你如何选择都无法抵达那里，所有传统套路在这里都行不通。答案就藏在书里，终极星球一直等着被你我发现。

我们再说回快乐：快乐就是我们的终极星球，它一直都隐藏在平凡生活的点滴之中，本来显而易见，不知为何却让人难以捉摸。或许有人能引领我们找到正确的方向——但最终要想抵达终点，离不开我们自己的好奇心和能动性。

万事皆空

我亲爱的读者朋友，这世间有太多事捉摸不定，但有一件事可以确定，那就是每个人的生命都会走到尽头。(有人提醒过我，说这是一本关于快乐的书，不应该涉及死亡，我因此一直拖到最后才敢夹带这部分私货。)很多人都跟我哥哥一样，过早地离开了人世。

我要感谢大家读到最后，希望我的话能引发各位的共鸣。下一次，当我们再想为了所谓更重要的东西而放弃快乐时，不妨更加审慎地考虑这样做的代价。我们总听人说"很多东西生不带来死不带去"，这句话反映的是一个普世真理，即生命有限。我们应该知道什么东西更重要，在此基础上做好计划，活出精彩的人生。这话说起来容易，但做起来难，大部分人生活的方式好像永远不会跟这个世界告别似的。没错，人类的初始设置就决定了我们不太愿意去思考自己的结局，汤姆·匹茨辛斯基（Tom Pyszczynski）、杰夫·格林伯格（Jeff Greenberg）、谢尔顿·所罗门（Sheldon Solomon）这几位研究人员在《心里的虫子》一书中对这一现象做了非常深入的探讨，并首次提出了"恐惧管理理论"。因为人类大部分的身体设计都是为了实施自我保护，所以一想到这些系统最后都将背叛我们，心里产生的认知冲突当然会让我们心生恐惧。

死亡提示

与其恐惧死亡，不如积极面对？大家可曾在生命的某个阶段突然意识到生命的无常？我意识到这一点是因为哥哥的去世；而红色风投的首席执行官瑞克·埃利阿斯（Ric Elias）对死亡的认识却来自天上飞过的大雁。

2009年1月15日的纽约，天气宜人。午后，瑞克·埃利阿斯登上了返回北卡罗来纳的美航1549号航班。飞机刚刚飞了900多米，瑞克和同行的乘客就突然听到一声爆炸的巨响。原来是一群大雁撞到了飞机，导致飞机引擎全部失灵。没过两分钟，机组人员告知大家做好迎接冲击的准备，飞机一路坠落，冲向了休斯顿河。

瑞克知道自己命不久矣，飞机坠落过程中他脑子里闪现出各种想法，很多都是在后悔自己曾经放弃了很多本该快乐的机会，当初以为人生还很长，不必急于一时，结果现在一切都晚了。用他的话说就是，那种后悔就像"我收藏了很多红酒，却都来不及开瓶品尝"。瑞克还意识到自己把太多时间浪费在负面情绪上，完全没有想过长久下来给自己造成的影响。

好在瑞克和其他乘客都幸运地活了下来。经历了"哈德逊幸存奇迹"后，瑞克彻底变了，他要改写自己人生的剧本："如果酒已经准备好，宾客已经到位，我不会再做任何拖延，我会当即开瓶邀客人一起品尝。那一次的紧急迫降、那一次的人生领悟彻底改变了我的生活。"没有人能准确判断出自己死亡的时间，但我们可以向那些有过濒死经验的人取经，避免有朝一日遭遇他们内心的遗憾。

这里的死亡提示指的是某些可以提醒我们生命无常的物件——我们也可以用它来提醒自己好好享受生命的馈赠。瑞克把他的酒柜当成了自己的死亡提示，而我的死亡提示则是一张我和哥哥的合影，那是我俩共同经历的最后一次冒险旅程，照片中我们正排队等着乘坐全世界最高的金达卡过山车。那张照片就放在我的办公桌上，下面垫着兰迪·鲍什（Randy Pausch）的《最后一课》。如果是出门在外，我的死亡提示就变成了父亲通知我布莱恩去世的电话录音。每次当我感觉自己需要重新燃起对快乐的欲望，死亡提示都会给我巨大的力量。父亲的语音留言尤其有用，如果我到了一个新地方，有机会与当地的老友重聚，但又感觉太麻烦而犹豫不决时，语音留言就会适时发挥作用。如果大家也想找到适合自己的死亡提示，倒数计时器或许是个不错的选择，我推荐大家试试这款免费产品，上网就能下载（https://share.michaelrucker.com/memento-mori）。

下次，当我们需要提醒自己追求快乐人生时，不妨看看自己的倒数计时器。

正视死亡可以成为一种强有力的工具，指引我们积极寻找快乐，消除各种"我本来可以"的遗憾。为何会如此呢？因为正视死亡可以给我们动力，鼓励我们适时表达真实的自我，不要等到为时已晚再去后悔。有些人恰恰是在意识到自己时日无多之后，反倒变得格外高产，大卫·鲍伊（David Bowie）就是一个典型的例子。他于2016年去世之前的18个月活得非常精彩。如果我们懂得生命的可贵，就会更好地善待自己，就会与亲人朋友拥有更多快乐的时光。

既然如此，为什么非要等到别人用死亡提醒自己人生苦短呢？既然快乐与各种或日常或重大的责任并不矛盾，为什么要把快乐拖延到最后呢？我们只有认识到生命的有限，才能更好地发挥自己的能动性，才能活出生命的精彩。

生而为人，谁都离不开痛苦，不管我们喜不喜欢，痛苦都是生命旅程中无法逃避的部分。我曾一度认为自己能够找到一种投机取巧"蹭"人生的方法，从而躲避掉各种令人不快的压力。现在我才意识到自己当时的想法是多么愚蠢：否认事实只能加剧痛苦，痛苦和死亡本来就是人类的初始设置，我们注定会经历亲人的离去，很多残忍的变化都将超出我们的掌控。我真心希望大家读过这本书后可以充分认识到痛苦的本质，当然，也不要忘记快乐也将与你我同行。有了快乐，我们才有能力应对人生的痛苦。如果我们懂得用心体会生命的馈赠，甚至可能超越痛苦，成就更好的自我。

可是话说回来，如果我们不加选择地盲目享乐——即便快乐的方式无穷无尽——内心也永远不会得到满足，于是我们便开始诉病快乐。而反之，如果我们能够用心寻找，哪怕是痛苦也无法阻挡我们追逐快乐的脚步。不仅如此，我们还可以让痛苦和快乐和平相处。我们仿佛打开了一扇通往新世界的大门，不仅能感受到更多快乐，而且还能解锁更多人生的道理和智慧。生命给了我们很多敬畏和神奇的时刻，但只有达到"天缘奇遇"的境界我们才能真正有所体会。

如果我们能够欣然接受"人生终有落幕的一天"，是不是就会拥有更加精彩的人生呢？

正视死亡是最好的开始

如果我们想要感受生命的奇妙，正视死亡是最好的开始——人终有一死，所以千万不要过分焦虑，只有充分认识到谁都无法逃脱死亡的结局，才会拥有彻底改变的动力。从纯科学的角度来看，我的研究大多是基于一些名人逸事或回顾性的总结[①]，但配合上其他相关研究，我相信大家一定能对死亡之于生命的意义有更为深刻的理解。

"死亡之于生命的意义"，这句话乍看起来或许有些矛盾，但许多心理学家都已达成共识，认为我们对待死亡的态度不仅会影响自身的幸福感，还关乎我们能否实现自我。对死亡感到焦虑是很正常的反应，对不开心的事情，每个人都会感到恐惧。我想重点提醒的是那些无法接受"人终有一死"的人。1975年，约翰·W.甘布尔（John W. Gamble）博士做了一项科学研究，探讨了正视死亡与自我

[①] 如果大家对回顾性研究感兴趣，不妨看看邦妮·威尔（Bronnie Ware）的书。她曾对人类遗憾的情绪做过非常深入的研究，并基于研究结果撰写了畅销书《临终前的五大憾事》，相信大家读后一定能活得更加从容。

实现二者之间的关系。结果显示，那些被认为活出了自我——能够完全接纳自我和他人——的人，更能够正视死亡；相较而言，那些丧失自我的人则很难接受人终有一死的事实。

这一说法反过来是否依然成立呢？如果大家都能正视死亡，会不会像我、瑞克·埃利阿斯及很多人一样，拥有更大的动力实现自我呢？答案似乎不能一概而论。凯瑟琳·诺加斯（Catherine Nogas）、凯西·施韦茨（Kathy Schweitzer）和朱迪·格伦斯特（Judy Grenst）几位博士经研究发现，死亡焦虑和成就需求之间并没有直接联系。由此看来，对死亡的恐惧本身并不会激发出任何动力。事实正好相反，恐惧死亡不仅不会让我们提高效率，反而会妨碍我们参与活动、制订计划。

我们与死亡的交锋并不一定非要以焦虑收场，我们完全可以采取接纳的态度——一切都将随着我们态度的改变而改变。约翰·雷（John Ray）和雅各布·纳杰曼（Jackob Najman）两位博士曾经做过一项研究，发现人类对成功的渴望与接受死亡的态度呈正相关。如果我们能够正视死亡（而不是恐惧死亡），就能更好地明白"人生苦短"的道理，就会更加从容地享受人生。

普遍来讲，正视死亡还关乎人生那些更为高级的意义。心理学家在（用人生意义量表 PIL）研究人的使命感时发现，得分越高的人越能用更加积极的态度面对死亡。迈阿密大学的约翰·布莱泽（John Blazer）主持过一项针对死亡与人生意义所做的研究，在他看来，如果我们能够接受死亡，就能更加审慎地思考人生的目标和意义。一个人如果懂得了生命的真谛（不是虚妄地只知道追求地位和金钱），在面对死亡时，就会表现得更加从容。

凤凰涅槃，悦享人生

有些心理学家甚至认为接受死亡是人生的终极目标。按照大卫·索贝尔（David Sobel）的说法，我们只有正视死亡，才能实现真正的成长。他在书中写到，所谓死亡就是一种与所爱的人和物分离的体验。如果我们能放下对死亡的恐惧，就能放下控制和操纵的欲望，不仅能消除对失败的焦虑，还能获得更多人生的馈赠。一些治疗师会用循序渐进的方法引导患者正视死亡，这已经成为一种重要的治疗手段。当前还涌现出了很多"死亡咖啡店"，让人们可以有机会聚在一起，毫无忌讳地谈论死亡这一话题。

人这一辈子都会或多或少经历一些"小"的死亡——搬到另一座城市、与初恋或相处多年的恋人分手、换了一份新工作，这些经历都与死亡有相似之处。这些"小的里程碑"可以激发我们采取行动，追求新的抱负，可以让我们稍微体验一下面对生死时的心理状态（当然不会像真正面临死亡时那么强烈）。如果我们能够认真思考，人生的很多得失都可以为我们打开一个新天地，让我们增长见识，积极采取行动。

专门研究悲痛的学者伊丽莎白·库伯勒-罗斯（Elisabeth Kübler-Ross）曾经对死亡做过非常精辟的总结：

死亡是开启人生之门的钥匙，我们只有认识到个体生命的有限，才能获得更大的力量和勇气，拒绝外界强加给我们的人设和期许，才能把生命中的每一天——不管能活多久——用于自身的成长……如果大家意识到自己醒来的每一天都可能是生命的最后一天，自然会把时间花到自身成长上，在结识了更多人的同时做到不忘初心，活出自我。

兰迪·鲍什博士是卡内基梅隆大学一位教计算机的教授，说到面对生死的健康心态，他绝对称得上是我心目中的英雄。2007年9月18日，他给卡内基梅隆大学的学生、同事和朋友上了"最后一课"，做了一段题为"实现童年梦想"的讲话——讲话中，他谈到自己如何实现了童年梦想，所以也希望能帮助他人梦想成真。那一天，他无论看起来还是听起来都非常健康，但事实上却早已被诊断出患了胰腺癌，只剩下2~5个月的生命。

兰迪小时候有几个非常具体的梦想——包括体验失重、参加橄榄球联赛、为《世界百科全书》贡献一个词条、成为柯克（Kirk）船长那样的人（这个梦想后来被他改成了"见到柯克船长本人"）、在游乐园赢得一个毛绒玩具、成为迪士尼的梦幻工程师。毫不夸张地讲，是兰迪开了快乐档案的先河。他在最后一堂课上讲了自己如何实现了几乎所有梦想，而他对人生的感悟则可以简要总结为："我不知道怎样才能活得不快乐，我虽然人之将死，但依旧过得很开心，剩下为数不多的日子，我还会继续快乐地活着，要不然还能怎样呢？"他还跟大家分享了人生最为宝贵的一条经验："永远要像孩子一样对这个世界保持好奇，这一点十分重要，不仅可以带给我们前进的力量，还能让我们向他人伸出援手。"

兰迪对待快乐的执着以及活在当下的勇敢和自由一直激励着无数人，我也成了最大的受益者。即使面对死亡，他也能表现得乐观而阳光。在我看来，之所以有那么多人爱他，就是因为他的人生态度，他感染了太多人，给太多人带去了欢乐。此外，或许还有一个原因，那就是兰迪做起事来从不拖沓，从不会让自己留下遗憾。对他来说，人生最重要的事就是活出精彩，他虽然只活了47年，却给我们留下了宝贵的精神财富，让我们懂得了追求快乐的巨大力量。他最后一场演讲极具感染力，吸引了全球数百万人的关注，而他的《最后一课》也成了《纽约时报》的热门畅销书，他向读者毫无保留地分享了自己最后一课的感受（以及很多人生感悟）。兰迪·鲍什的人生虽然不长，却给我们留下了很多财富，他一边快乐地生活，一边为社会做出了巨大贡献。

精彩人生，快乐无限

当今社会彻底改变了我们的生活，几乎所有人都在用肤浅的"虚无"来安抚自己的内心。每次情绪低落，只要看到社交媒体上有人为我们的帖子点赞，当即就会心生欢喜，接下来要做的自然是再发一条帖子，不会想到应该主动联系现实生活中那些能够带给我们真实欢乐的人。

可是，要想活得精彩，就得增加非凡体验，就要认真做出选择。成长的顿悟时刻不可能凭空出现，需要我们采取行动去争取，增加它们出现的频率。要想拥有逆袭人生，首先就要改变自己。我们可以先从日常的点滴中慢慢寻找快乐，时间一长，就会养成一种新的行为习惯——做出正确的全新选择。开始或许只是异想天开的尝试，最后却可能引领我们到达"天缘奇遇"的境界，快乐会为我们照亮前进的道路。大家难道不想知道养成快乐习惯后的一个月、一年或十年间，自己的生活将会发生怎样的美好变化吗？

最后的请求

我们终于一路走到了最后，感谢各位花了这么长时间阅读我的作品。如果大家喜欢，不妨把这个快乐分享给更多的朋友。我希望咱们可以共同努力，把快乐的力量传递给更多的人。另外，如果大家有任何问题或想法，都可以与我联系，我将随时恭候，盼着与各位展开对话，希望我们能一起继续快乐的旅程。

大家或许已经注意到了，我在每一章开头都引用了一位喜剧演员的话。我之所以这么做，多少是为了纪念我的哥哥，我俩都钟爱喜剧，可以说，是喜剧带给了我们特别多的快乐。在结语这个部分，我开篇引用的是帕顿·奥斯沃特的话，我觉得那段话特别适合出现在故事的结尾，其中包含了他妻子米歇尔的八字箴言。他们二人相识于喜剧俱乐部（用帕顿的话说是一见钟情），只见了一次面，二人便难舍难分很快步入了婚姻的殿堂，婚后还生了个可爱的女儿。只可惜，十一年的幸福婚姻最后却因为妻子米歇尔的意外离世而终结。

奥斯沃特说他和妻子有过漫长的哲学争论。奥斯沃特虽然是个无神论者，却表示自己愿意以开放的心态看待任何"其他认知逻辑"或其他指引宇宙的精神力量。米歇尔却提出了反对意见，在她看来，"万事皆有因"是这个世界上最大的谎言，与之相反，一切都是一种混沌的存在。在网飞制作的令人心碎的特辑《湮灭》中，奥斯沃特笑中带泪地调侃道，"没想到，我太太竟然用最残忍的方式证明了她的想法。如果宇宙中真的有某种智慧力量操纵着我们的人生，那他编写的剧本简直是烂透了"。

幸好，他的妻子给他留下了解药。最初，妻子的离开对他造成了致命的打击，连续几个月的时间，无论使用怎样的逃避手段，他都无法走出痛苦；最终，还是妻子的智慧拯救了他。这一智慧也可以在我们遭遇人生低谷时疗愈我们的痛苦，她用简简单单的八个字为丈夫指明了通往"天缘奇遇"的道路：

世界混沌，行善就好。

帕顿说过："如果你想与上帝——或任何你心目中的神——对话，就一定要善待周围的人，因为这是与神明沟通的最好方式。善待家人、善待爱人，把爱传递出去……或许大家并不知道该如何播撒爱的种子，但一定能判断出自己是否在帮助他人。"

科学研究充分印证了米歇尔·麦克纳马的箴言，带着一颗快乐的心参与公益会让我们活得更加幸福——所有能够让我们与他人建立真诚的连接、让我们能够遵从本心自由生活的善行都能让我们变得更加幸福。如此看来，快乐和善良才是一对形影不离的伙伴。

大家或许已经领略了这本书的精髓，正在努力养成自己的快乐习惯，恕我再跟各位唠叨最后一句：世界混沌，行善就好；我们一定要追求快乐的生活。

原文注解及参考文献、索引等
请扫描以下二维码进行阅读